RECHERCHES
POÏÉTIQUES
I

COLLECTION D'ESTHÉTIQUE

Sous la direction de Mikel DUFRENNE

— 21 —

RECHERCHES
POÏÉTIQUES

TOME PREMIER

TEXTES DE

RAYMOND BELLOUR, NOËMI BLUMENKRANZ-ONIMUS, DOMINIQUE BOSSEUR,
JEAN-YVES BOSSEUR, JACQUES GUILLERME, KARL KERENYI,
RENÉ PASSERON, FRANCK POPPER, MARINA SCRIABINE,
ÉTIENNE SOURIAU, *membre de l'Institut*, TZVETAN TODOROV,
MICHEL ZÉRAFFA, FRANCIS ZIMMERMANN

ÉDITIONS KLINCKSIECK
1975

ISBN 2-252-017-22-8
© Éditions Klincksieck Paris, 1974

TABLE DES MATIÈRES

Ce volume, le premier de ceux qui seront consacrés à la Poïétique, est le fruit de recherches poursuivies depuis plusieurs années sur ce thème par le Groupe de Recherches esthétiques du C.N.R.S. Élargissant un concept que Valéry limitait aux arts littéraires, ces études se proposent d'analyser les démarches qui président à l'instauration de l'œuvre d'art — le rapport dynamique qui unit l'artiste à son œuvre tandis qu'il est aux prises avec elle — de retracer les étapes du trajet entre genèse et structure; enfin de tenter de retrouver, par une méthodologie comparative, les rapports qui peuvent exister, d'un art à l'autre, entre de tels trajets.

D'autres volumes suivront celui-ci, consacrés au matériau, à l'improvisation, à l'interprétation, à la création collective.

Nous sommes particulièrement reconnaissants à M. Souriau, membre de l'Institut, d'avoir bien voulu se joindre à nous pour le tome I de ces Recherches poïétiques. Nous remercions aussi Mᵐᵉ Magda Kerenyi de nous avoir donné l'autorisation d'y adjoindre l'important texte de K. Kerenyi sur la naissance du mythe du héros.

L. B.-G.

LA POÏÉTIQUE

PAR RENÉ PASSERON

Notre travail commun, dans cet Institut[1], relève de l'esthétique et des sciences de l'art, domaines si riches que la variété des objets et des méthodes risque fort de laisser place à des distorsions, voire à des contradictions, dont l'inconvénient majeur serait de rester floues. Si j'ai proposé, au moment où nous avons débattu ensemble d'un programme nouveau pour le Groupe de Recherches esthétiques[2], une mise au point du concept de poïétique, c'est qu'à mon sens, la poïétique existe depuis longtemps et qu'elle se cache comme un élément dilué, inavouable, à l'intérieur de l'esthétique générale. Or, il n'est pas sûr, à y regarder de près, que telle doive être, diluée ou non, sa meilleure place. Les autorités scientifiques qui ont baptisé notre Institut ont éprouvé le besoin d'ajouter à *Esthétique* la mention *Sciences de l'Art*. Pourquoi donc? Il fallait sans doute que le mot art fût prononcé, non seulement pour éviter que les dames en quête de massages ou de *liftings* vinssent sonner à notre porte[3], mais pour que fût souligné ce qui, dans notre objet d'étude, relève d'autres fonctions, psychologiques ou sociales, que la sensibilité réceptrice, les fonctions instauratrices, par où l'artistique, au sens opératoire du mot, se distingue de l'esthétique. Ce n'est donc à rien moins qu'une définition plus claire de l'esthétique que doit parvenir une recherche sur la notion de poïétique.

Poïétique ou esthétique, certes, il serait possible de reculer devant la définition de tels concepts[4], dont on ne cesserait pour autant d'user, dans une sorte d'impressionnisme intellectuel, où la pénombre sentimentale serait propice aux fioritures verbales. L'esthétique, l'art, la philosophie,

---

1. Institut d'Esthétique et des Sciences de l'art, 162, rue Saint-Charles, Paris, 15e. Le présent texte est un exposé fait devant les membres du Groupe de Recherches esthétiques du C.N.R.S., implanté dans cet Institut.

2. Le précédent travail du Groupe de Recherches esthétiques portait sur *L'année 1913, les formes esthétiques de l'œuvre d'art à la veille de la première guerre mondiale*, Paris, Éd. Klincksieck, 1971-73, 3 vol.

3. Il n'est pas sans intérêt pour une étude de l'évolution du concept d'esthétique qu'une *pratique*, ou un art appliqué, qui va de la chirurgie à la gymnastique en passant par le « visagisme » et l'hygiène soit reconnu au répertoire des métiers sous le nom d'esthétique.

4. D'autres concepts peuvent désigner des recherches voisines, tels l'érotique, l'hédonique, l'eudémonique, la sémiotique et la sémiologie, etc., voire l'heuristique et l'herméneutique.

la science, etc., on en parle ici et là, on les professe, on en vit, mais on a
parfois la coquetterie d'affirmer avec le sourire qu'on ne sait pas ce que
c'est — que ça n'existe plus, ou que ça n'a jamais existé — tant sont à
craindre les *essences* d'une pensée médiévale, modèle historique (croit-on)
d'une fixité mentale que l'on conteste, et dont il semble qu'on soit bien
peu libéré, si l'on veut à ce point la fuir. Comme si définir l'outil conceptuel
dont on se sert n'était pas — en dehors de tout fixisme essentialiste — la
condition même des opérations de connaissance que l'on projette, la condition d'une efficacité de la pensée et des mots dans les domaines qu'ensemble
ils prétendent dominer. Toute science se choisit d'abord un objet d'étude,
dont elle n'a connaissance qu'insuffisante; et ce choix même est constitutif
du concept qui la définit, sans que l'objet qui l'occupe soit pour autant
clarifié[5]. La peur du concept (qui n'est pas toujours, hélas! une peur des
mots) nous vient des courants irrationnalistes du XXᵉ siècle et aboutit,
non sans paradoxe, à un néo-positivisme, auquel la notion de structure
apporte les éléments osseux dont il a besoin pour éviter de s'enliser dans
le miroitement descriptif. Les dossiers de faits constitués de la sorte sont
précieux pour la réflexion qui doit s'y appliquer et celle-ci ne saurait se
développer sans dépasser, dans une optique opératoire — et non dogmatique[6] — le tabou des définitions. Ce que nous a appris Bachelard, l'inter-
conceptualisme de son « rationalisme ouvert », ce qu'il a tiré lui-même
des leçons de Freud, et la critique marxiste des idéologies constituent
des prescriptions méthodologiques : loin de nous inciter à un scepticisme
quasi nihiliste devant les concepts suspects de sclérose ou de vide, la critique
scientifique nous porte à les attaquer, à les mettre en question, à les démystifier, à les redéfinir, non à les abandonner à leur viscosité idéologique.
S'ils doivent rester souples et mobiles, ce ne peut être que *contre* les facilités
confusionnelles, à un niveau supérieur de synthèse dialectique que les
sciences de l'art (comme les sciences humaines, et toutes les autres sciences)
doivent, avec la philosophie et non contre elle, s'efforcer d'atteindre.

Il est possible d'entendre par esthétique — à l'opposé des sciences
de l'art qui sont des sciences positives — une réflexion normative sur
l'ᾄσθησις. Ce mot désigne une sensation qui ouvre les portes à la connaissance, une faculté de percevoir et de comprendre dans la perception même[7].

---

5. Par exemple, le concept de criminologie est à la fois la condition et le produit d'un
travail de recherche dans le domaine qu'elle vise avant d'en connaître exactement le contenu.
6. Le dogmatique et l'opératoire s'opposent fondamentalement, car l'outil est posé
comme perfectible, voire transformable de fond en comble, si besoin est, non le dogme.
7. Le *Bailly* emprunte ses principales références à Euripide, Thucydide et Platon. La
comparaison d'ᾱἴσθησις avec ἡδονή est instructive. Aucune nuance concernant le plaisir n'apparaît
du côté de l'ᾱἴσθησις.

Ainsi conçue, l'esthétique serait centrée sur le sens que lui donne Kant dans la *Critique de la raison pure*. Mais, sans renier cet objet essentiel, l'esthétique s'est élargie aux émotions qui accompagnent souvent la perception, et le mot prend alors son sens actuel — qu'il a déjà dans l'*Aesthetica* de Baumgarten, puis dans la *Critique du jugement*. L'esthétique consacre, donc, son étude à la perception émotionnelle, quel que soit l'objet qui la frappe, l'art ou la nature. Et l'on ne voit pas comment, par quel critère obscur, on pourrait, avec Ch. Lalo notamment[8], exclure de l'esthétique un domaine du perçu, et poser comme « anesthétique » tout ce qui ne relève point de l'art. Une intrusion subreptice de la poïétique dans la réflexion sur la perception émotionnelle dite esthétique peut seule expliquer, sinon justifier, une telle exclusive : comment le domaine de l'art serait-il délimité sans référence aux conduites qui instaurent les œuvres?

Si l'on réserve le domaine de l'art comme seul objet de l'esthétique, on définit celle-ci d'une manière à la fois trop large et trop étroite, comme la science normative des critères du beau — ce mot englobant pour l'instant toutes les catégories esthétiques possibles — et des formes qu'il faut créer pour le réaliser. Trop étroite : elle se limite arbitrairement aux phénomènes d'art; trop large : elle s'empare de la réflexion sur une activité instauratrice qu'elle risque d'enfermer, sans autre justification, dans le monde de la sensibilité. Nous convenons que l'histoire des idées et des mots a institué peu à peu ce décalage par rapport à l'étymologie, mais nous ne voyons pas les raisons épistémologiques que nous aurions de nous y résigner, sous prétexte d'une contrainte historique. L'esthétique, telle qu'elle s'est formée et développée depuis plus d'un siècle, devait sans doute en passer par là, et les plus grands auteurs, de Hegel à Souriau, ont placé parmi ses problèmes majeurs celui d'une définition de l'art comme activité instauratrice[9]. Si, pendant cette même période, une philosophie et une science du travail se constituent, non sans un retard remarquable, au point que le travail puisse enfin être considéré comme une « fonction psychologique »[10], l'activité de l'artiste doit être étudiée elle aussi indépendamment de tout autre critère que les siens propres. L'esthétique n'a rien à perdre à se limiter aux problèmes que posent la sensibilité, le goût, le beau dans l'art et dans la vie. Notre vie quotidienne (et les « environnements » qu'on lui fait) ont même un besoin urgent qu'elle prenne ses responsa-

8. *Cf.* Lalo, *L'esthétique expérimentale contemporaine*, Paris, Alcan, 1908, p. 192; *Introduction à l'esthétique*, Paris, A. Colin, 3e éd., 1935, p. 89 *sq.*, etc.

9. *Cf.* Hegel, *Esthétique*, trad. S. Jankélévitch, Paris, Aubier, 1944, t. I, pp. 21, 55, 63, 134; Étienne Souriau, *L'avenir de l'esthétique*, Paris, Alcan, 1929, livre III, « Qu'est-ce que l'art? ».

10. Ignace Meyerson, « Le travail, fonction psychologique », *Journal de Psychologie*, 1955, no 1, p. 1.

bilités en ceci. Donnons enfin son existence épistémologique plénière à une science philosophique dont nous savons, depuis pas mal de temps déjà, que le domaine est spécifique. Appelons poïétique l'ensemble des études qui portent sur l'instauration de l'œuvre, et notamment de l'œuvre d'art.

Valéry, on le sait, a déjà employé ce mot. Partant de la poétique, au sens d'Aristote et de Boileau, pour en garder presque le mot, mais très peu la chose, il se propose d'étudier la genèse du poème. Poïétique? Il n'ose pas toujours employer ce terme nouveau. Il s'en tient à la tradition dans son *Introduction à la poétique :* « le nom de *poétique* nous paraît lui convenir (à cette science), en entendant ce qui a trait à la création et à la composition d'ouvrages dont le langage est à la fois la substance et le moyen — et point au sens restreint de recueil de règles ou de préceptes esthétiques concernant la poésie »[11]. On voit que Valéry (opposant poïétique et esthétique d'une façon qui ne nous paraît pas exacte[12]) s'en tient aux arts du langage, précisément à la poésie dont il a la pratique. Élargit-il sa perspective dans sa *Première leçon?* Il semble suggérer cet élargissement, et il prononce le mot de poïétique en le justifiant par des allusions au vocabulaire des médecins (par exemple l'hématopoïèse, l'hématopoïétique) : « le faire, le ποιεῖν, dont je veux m'occuper, est celui qui s'achève en quelque œuvre et que je viendrai à restreindre bientôt à ce genre d'œuvres qu'on est convenu d'appeler *œuvres de l'esprit.* Ce sont celles que l'esprit veut se faire pour son propre usage, en employant à cette fin tous les moyens qui lui peuvent servir »[13]. Remarquons qu'est effleuré ici le difficile problème de la distinction de l'œuvre d'art dans la catégorie générale des œuvres, toute œuvre de l'esprit n'étant pas pour autant, sans doute, œuvre d'art. M. Jean Pommier, qui a pris la succession de Valéry au Collège de France, cite, dans sa leçon inaugurale du 7 mai 1946, la définition valérienne de la poïétique :

« Qu'est-ce en effet que la Poétique, ou plutôt la Poïétique? On va vous le dire. C'est tout ce qui a trait à la création d'ouvrages dont le langage est à la fois la substance et le moyen. Cela comprend, d'une part, l'étude de l'invention et de la composition, le rôle du hasard, celui de la réflexion, de l'imitation; celui de la culture et du milieu; d'autre part, l'examen et l'analyse des techniques, procédés, instruments, matériaux, moyens et supports d'action[14]. »

11. Paul Valéry, *De l'enseignement de la poétique au Collège de France*, « Introduction à la poétique », 2ᵉ éd., Paris, Gallimard, 1938, p. 13.
12. Les « règles et préceptes » concernant la poésie s'adressaient aux poètes, et relevaient d'une poïétique prescriptive autant que de l'esthétique.
13. « Cours de poétique », *ibid.*, p. 26.
14. J. Pommier, *Paul Valéry et la création littéraire*, Paris, Éd. de l'Encyclopédie française, 1946, pp. 7-8.

En bref, l'objet étudié par Valéry, ce n'est pas l'ensemble des effets d'une œuvre perçue, ce n'est pas non plus l'œuvre faite, ni l'œuvre à faire (comme projet), c'est l'œuvre en train de se faire. La poïétique n'a aucune raison de se limiter aux arts du langage. Pendant que Valéry poursuivait sa méditation, le surréalisme, de son côté, fondait son éthique sur l'idée que la poésie ne se fait pas seulement avec des mots. Sa leçon ne peut plus être méconnue. Nous proposons donc d'élargir la position de Valéry à tous les arts. Une perspective plus ambitieuse pourrait même l'élargir à toutes les œuvres de l'homme. On a parlé de l'*homo viator*, de l'*homo ludens*, de l'homme révolté, chacun y va de son interprétation de l'humain : comment nier que ce n'est plus par une ingénieuse doctrine mais par une science humaine, liée à toutes les autres, qu'il faut montrer en quoi et de quelle façon l'homme est constructeur[15]?

Limitons-nous à l'œuvre d'art. Elle prend place entre le ποιεῖν et l'αἴσθησις, entre l'artiste qui la propose et le public qui la reçoit. Sur elle convergent trois types de regards scientifiques et philosophiques, celui de la poïétique, celui de l'esthétique, celui des sciences de l'œuvre en tant que telle.

1. Un jugement de goût est un fait positif pour une sociologie de l'art, il est un objet de contestation critique, scientifiquement éclairé, pour l'esthétique, telle que nous l'entendons. Celle-ci ne saurait complètement se confondre avec les sciences de l'art qui s'occupent des œuvres sous l'angle de leur diffusion et de leur réception, voire de leur demande. Psychologie, sociologie, ethnologie, histoire, économie politique sont là pour éclairer ses jugements, ou l'amener à les suspendre. La thèse de Robert Francès sur la *Perception de la musique*, celle de Raymonde Moulin sur *Le marché de la peinture en France*, ou les travaux d'Évelyne Hurard sur le goût musical en France saisi à travers les programmes de concerts sont de bons exemples de ce qu'on pourrait appeler esthétique positive. La critique d'art est en partie l'objet de ces sciences, qu'elle voudrait aussi pratiquer plus ou moins. L'esthétique normative, qui donne son niveau (et sa prudence) philosophique au jugement de goût, perdrait tout intérêt à ignorer le dossier scientifique de l'œuvre dont elle s'occupe.

2. L'approche poïétique de l'œuvre d'art passe également par la psychologie, la sociologie, etc., plus la technologie de l'art. Mais les cha-

---

15. « Par toutes ses conduites l'homme est constructeur », écrit M. Ignace Meyerson, mais l'œuvre ajoute à l'acte « le durable et l'achevé », *Les fonctions psychologiques et les œuvres*, Paris, Vrin, 1948, p. 28.

pitres de ces sciences[16] qui traitent les problèmes qui la concernent ne
sont pas les mêmes que ceux qui ont trait à l'esthétique : en gros, l'opposition entre la perception (la connaissance) et l'action (créatrice) doit
être maintenue ici. Les enquêtes de poïétique positive s'adressent aux
artistes, considérés, en dépit d'une certaine mode actuelle, comme des
spécialistes en quelque travail. Parfois, l'attention est captée par l'artiste
lui-même, dont on établit la biographie, dans l'intention plus ou moins
claire d'y référer l'œuvre. Les idéologies lyriques du génie et de l'inspiration
sont à la fois conditions et produits de cette poïétique déviée. Car l'objet
spécifique de la poïétique n'est pas l'artiste, mais le rapport dynamique
qui l'unit à son œuvre pendant qu'il est aux prises avec elle.

3. Quant aux sciences propres de l'œuvre d'art en tant qu'œuvre,
elles sont également mêlées d'esthétique et de poïétique confuses. Elles
s'occupent des structures spécifiques de l'œuvre pour chaque type d'art,
compte tenu des différentes écoles (ou « langages ») qu'on y peut distinguer.
Elles peuvent alimenter une philosophie générale de l'œuvre comme telle.
La musicologie, la science du pictural (puisqu'on ne parle pas de pina-
cologie), la scénologie, la filmologie, la poétique au sens classique et les
sections de la linguistique appliquées aux usages particuliers des langues
selon les types de discours se consacrent particulièrement à ce qui relève
de la convention dans l'art, et de l'artifice. Plus généralement, la stylistique, l'iconologie comme étude du processus d'élaboration historique
des images, les tentatives de classification des arts et l'examen de leurs
correspondances entrent dans cette catégorie.

Bref, la poïétique est la promotion philosophique des sciences de
l'*art qui se fait:* pour elle, par exemple, la peinture est un phénomène
d'atelier. Inversement, l'esthétique est la promotion philosophique des
sciences de l'art qui se consomme : la peinture y est un phénomène de
galerie, de musée, de lieu public[17]. Le domaine qui leur est commun, à
juste titre, celui des sciences de l'œuvre dans sa structure spécifique, leur
est trop souvent l'occasion de s'embrouiller l'une dans l'autre. Le schéma
suivant résume tout cela :

16. Il ne s'agit pas seulement de sciences humaines : la technologie des différents arts,
de la musique à la poterie en passant par l'architecture et la peinture, intègre des éléments
considérables de mathématique, de physique et de chimie.
17. Jouant avec la question « Qu'est-ce que l'art? », J.-C. Lebensztejn se demande « où
est l'art ». Sa réponse manifeste clairement l'impérialisme de l'esthétique : « Notre espace
de l'art, c'est, par excellence, le Musée. Ce qui veut dire : dans notre culture, l'œuvre d'art
est ce qui, réellement ou virtuellement, a lieu dans le Musée », « L'espace de l'art », *Critique*,
n° 275, avril 1970, p. 321.

	ποιεῖν			αἴσθησις	
	faire → créer			ressentir → connaître	
	instauration			réception	
	de l'œuvre			de l'œuvre	
artiste	――――――→	OEUVRE		――――――→	public
	poïétique			*esthétique*	
	psychologie	sciences		psychologie	
	sociologie	des structures		sociologie	
	histoire	spécifiques		éco. polit.	
	technologie	de l'œuvre :		histoire	
	etc.	musicologie		etc.	
		scénologie			
		filmologie			
sciences de		etc.			sciences de
l'art qui se					l'art qui se
fait					consomme

SCIENCES DE L'ART

Ceci étant, plusieurs remarques s'imposent.

1. Il va de soi que ce *distinguo* que nous venons de développer entre le ποιεῖν et l'αἴσθησίς ne supprime en rien les relations, ni même les glissements, d'un secteur à l'autre. Par exemple, l'artiste fait partie du public, il est consommateur d'œuvres, il a lui-même un goût. D'autre part, le public est souvent créateur, consciemment ou non, dans la fête, la cérémonie, et certaines formes actuelles de manifestations où l'on sollicite sa créativité. Que l'on fasse l'esthétique du goût des artistes, soit, il faut également penser à la poïétique de la création collective et de la vie privée. La poïétique a intérêt à ce que soit étudié plus clairement le goût des artistes, qui est loin de rendre compte à lui seul des normes esthétiques de leurs œuvres. Il est de son ressort de s'occuper des modes de création collective, dont les produits ne sont pas forcément le reflet du goût esthétique des mêmes collectivités.

2. L'ensemble des mots français (ou grecs, ou latins) qui désignent des activités productrices est complexe. Comportement, travail, œuvre constituent déjà trois classes plus ou moins emboîtées. La différence entre ποιεῖν et πράττειν nous empêche sans doute de considérer l'artiste comme un praticien (ou un pratiquant), la question de savoir à quelle condition la *praxis* devient créatrice reste posée[18]. Le concept de γένεσις semblerait apporter à la pratique l'élément qui la rendrait novatrice, si la γένεσις ne renvoyait à une ontogenèse planifiée. La création artistique relèverait-elle d'une embryologie? Les exemples qu'étudie Tzvetan Todorov, quand il

18. Seul le travail humain, pour Marx, est créateur de valeur économique : à quelles conditions le travail devient-il, en outre, créateur de valeur esthétique?

ramène la création à l'endogenèse d'un texte à partir de sa cellule germinative, semblent l'établir dans des cas précis. D'autres exemples donneraient plus de place à la rupture novatrice ou au hasard fructueux. Et la cellule germinative n'est-elle pas, aux racines du développement qu'on en fait, l'objet d'un choix fondamental, voire le produit d'une pulsion[19]?

3. L'œuvre comme telle est clarifiée plutôt par le processus de sa production que par celui de sa consommation[20]. Peut-être faut-il considérer celle-ci, d'époque en époque, comme une lecture créatrice[21]. Elle nous renseigne plus sur la mentalité des « consommateurs » que sur la réalité de l'œuvre. La lecture esthétique porte sur l'œuvre achevée, ou au moins présentée. La lecture poïétique doit porter, en outre, sur les étapes de l'instauration, sur les processus particuliers de la genèse. Ces processus, situés dans le temps, peuvent nous renseigner sur leur époque. La permanence diachronique de l'œuvre (qui est loin d'être assurée par le seul musée, eu égard aux différences entre les arts) pose à l'esthétique un problème qui lui est propre, celui de l'histoire de la lecture de l'œuvre. La poïétique a aussi ses problèmes de diachronie : le temps modifie les œuvres, il les achève (dans les deux sens du mot). Les regards successifs qu'on a portés sur « l'antique » sont fonctions de l'histoire culturelle, mais l'antique lui-même a matériellement changé depuis l'Antiquité.

4. L'ambiguïté irritante de l'enseignement de l'art doit être clarifiée, voire dépassée par une distinction entre poïétique et esthétique. Il s'agit de choisir ce que l'on enseigne aux Beaux-Arts, ou au Conservatoire. Est-ce un goût? Un style esthétique? Ou bien une technique, un langage,

---

19. Si A. Dumas ne crée Balsamo que par un acte de réflexion productrice sur son propre texte — « en train », pour lui, mais achevé pour nous, ce qui est tout de même une rude différence phénoménologique! — c'est qu'il s'est lui-même, en l'occurrence, fait le maître d'une sorte de poïétique intégrée. Loin de nier la poïétique comme science spécifique, ce phénomène, où l'on peut déceler la structuration par transparence à travers la structure, offre à la poïétique l'un de ses plus intéressants sujets d'étude. Il suffisait, d'ailleurs, de refuser de s'enfermer dans le seul texte de Dumas et de pratiquer, tant soit peu, la méthode comparative pour donner son sens plénier à la poïétique : la Révolution française est un *Corpus* suffisamment consistant pour que le comparatisme impose le point de vue poïétique devant les œuvres des auteurs qui s'en sont inspirés et qui l'ont étudiée : Dumas, Michelet, Soboul n'ont pas fabriqué le même Marat...

20. Un remarquable exemple en est donné par l'analyse que fait J.-F. Lyotard de l'hyperréalisme : tant qu'on en reste à ce que les œuvres font ressentir aux gens, c'est la confusion, dès que l'auteur fait intervenir le processus d'élaboration des images hyperréalistes, le phénomène devient significatif d'un désir oblatif d'enfouissement de l'artiste dans la mécanique de son propre travail. *Cf.* Lyotard, *Chroniques de l'art vivant.*

21. Expliquant la méthode de Panofsky, Bernard Teyssèdre montre à quelles conditions la « re-création esthétique » évite de rester subjective, en sorte que, « loin d'être arbitraire », (elle) rende écho à la « création artistique ». Erwin Panofsky, *Essais d'iconologie*, trad. franç., Paris, Gallimard, 1967, Présentation, p. 11.

un savoir? En fait, ce sont des techniques qu'il faut apprendre; pour le reste, on ne fait que subir des influences, dont il faudra se jouer. D'où la nécessité de développer dans cet enseignement une formation de la personnalité qui la rende indocile aux poncifs et stimulera les facteurs psychologiques de sa créativité. L'enseignement artistique doit être à la fois technique et socratique.

5. La poïétique ne va pas sans traiter des données qui relèvent de la morale. Il existe à coup sûr une éthique de la création. Le surréalisme, qui voulait faire de l'artiste le « simple appareil enregistreur » de pulsions intérieures, ne transige pas avec les conditions d'une pureté morale qui justifie en la préparant sa spontanéité « automatique ». De nombreux textes, le *Traité du style* d'Aragon, entre autres, savent très bien distinguer une œuvre et une dictée automatique. Le dépassement de l'individualisme dit bourgeois par certains artistes actuels, qui recherchent l'anonymat ou la création collective, relève d'une éthique de la création et concerne la poïétique. Inversement, la notion juridique de « créateur » (qui ne va pas sans quelque flou) et la protection des droits d'auteur ou de compositeur qui en découle ont tout lieu d'être précisées par la poïétique[22].

6. Les rapports de la poïétique avec la sociologie sont plus difficiles que ceux de l'esthétique. La sociologie de la novation, dont parle Gurvitch[23], tente de saisir la rupture avec les conventions formelles, leur réanimation' l'écart qui s'instaure, au moment où l'on crée, entre les mots qu'on emploie, censément connus par tout le monde, et le sens qu'on leur donne. Comment la « sociologie de l'esprit » peut-elle appréhender les phénomènes de novations? Ne doit-elle pas attendre que l'anti-conventionnel qui vient de surgir soit, à son tour, devenu convention? Une philosophie de la liberté dans l'art dépend de certaines conclusions de la sociologie de la novation. Nombre de malentendus sur l'art et son rôle social, voire politique, notamment la conception de l'art-service, doivent être dissipés par une poïétique soucieuse d'aller à l'essentiel.

22. Dans l'article d'Olivier Revault d'Allonnes, « Science esthétique et science juridique » *Revue d'Esthétique*, t. IX, fasc. 3, juillet-septembre 1956, p. 242, c'est en fait un critère poïétique qui tranche le problème posé. *Cf.* également la thèse du même auteur, *La création artistique et les promesses de la liberté*, Paris, Klincksieck, 1973, qui est un remarquable ouvrage de poïétique.

23. *Cf.* Gurvitch, *Vocation actuelle de la sociologie*, Paris, P.U.F., 1950, p. 4 : la « sociologie engagée et pragmatique », qu'il distingue d'une part de la « sociologie empirique et relativiste » et, d'autre part, de la « sociologie en profondeur », étudie la société « en train de se faire » et, par exemple, « le problème du renouveau... des styles esthétiques ». Notons qu'à la VIᵉ section de l'École pratique des hautes Études, M. Serge Moscovici a étudié en 1971 *l'innovation scientifique et technique* par les méthodes de la psychosociologie.

7. L'obscurité, qui n'est peut-être que prétendue, du concept de création pourrait m'être opposée : c'est un concept romantique, confus, voire théologique, à connotation aristocratique fâcheuse, où risquent de s'emmêler d'autres concepts de même farine, comme l'inspiration, l'*Einfühlung*, l'ἔργον ποῖον... Je ne pense pas qu'une science doive avoir peur d'un concept confus, quand elle en fait un objet d'étude et non un outil de travail. L'appétit intellectuel, qui est le signe de sa santé, la porte au contraire à s'attaquer aux concepts les plus confus, aux dossiers les plus troubles. Quand Bachelard disait que la science est avant tout « science du caché », il soulignait que c'est justement l'obscur qui intéresse le chercheur. La poïétique doit se développer d'autant plus clairement que son objet, la création artistique (ou autre), est un phénomène obscur.

8. Il en va de même pour des concepts corollaires qui portent tous un certain degré d'obscurité, comme créativité, spontanéité, effort créateur, inspiration, expression et libération par l'œuvre, influence, emprunt, filiation artistique, citation, plagiat, copie, fabrication (qu'est-ce qu'un faiseur?), élaboration, conception, exécution, retouche, refonte, finition, aboutissement, *non-finito*, œuvre ouverte, art stochastique, aléatoire, anti-art, etc. Ils figurent dans des textes d'esthétique[24], alors qu'ils relèvent d'une analyse de la conduite créatrice. Le programme de la poïétique vise à clarifier, sur des faits, le sens de tous ces mots.

Ses méthodes semblent de trois ordres, qui constituent aussi trois niveaux.

1. Au niveau d'une poïétique positive, elle adopte les méthodes de toutes les sciences humaines, appliquées concurremment dans une sorte de pluralisme. Les techniques les plus précises d'établissement des faits doivent lui permettre de constituer les dossiers descriptifs dans les domaines qui la concernent. Pour ce qui est des méthodes ou hypothèses explicatives, qui ne vont pas sans retomber parfois dans le vieux travers réducteur et unificateur de certaines traditions philosophiques, la prudence nous conduit à pratiquer ce que nous avons appelé une méthodologie du *non*. La mise en système linguistique, le diagnostic psychologique ou la réinsertion matérialiste du cheminement de l'art dans son contexte historique ne sauraient être refusés : le dogmatisme négatif est aussi stérile que l'autre. Mais toute méthode à prétention explicative doit d'abord *laisser être* l'objet qu'elle

---

24. Une section du Vᵉ Congrès d'Esthétique, Amsterdam, 1964, était consacrée au *non-finito*, une autre à la *création artistique*. Cf. *Actes du Congrès*, La Haye-Paris, Mouton, 1968, p. 217 et p. 959.

étudie. Sinon elle installe devant lui un écran systématique, au lieu d'enrichir et d'éclairer scientifiquement son interprétation.

2. Il est possible de faire appel à l'introspection de l'artiste, aux descriptions exactes qu'il donne de son expérience, à l'analyse phénoménologique de ses rapports avec son œuvre. Les réticences en ce domaine sont notables. Dans un livre comme *La vie secrète de Salvador Dali*, le peintre ne consacre qu'une trentaine de lignes à la façon dont il travaille. Mais ces confidences, même parcimonieuses, sont utiles. Il est bon que le spécialiste de poïétique ait lui-même une expérience personnelle de la pratique d'un art. Valéry a sans doute fondé la poïétique sur les réflexions que lui suggérait son travail de poète.

3. Enfin, à un troisième niveau, il faut intégrer cette connaissance des faits à une réflexion normative. En tant que science critique, la poïétique prend place à côté de la morale, de l'esthétique et de la logique. De même que la logique, au moins en ces deux espèces que sont la méthodologie et l'épistémologie, est une réflexion normative, menée parfois par le savant lui-même, sur la recherche du vrai, sur les moyens qu'il faut employer pour parvenir au vrai — et constitue donc des dossiers positifs d'ordre historique et d'ordre introspectif (ou auto-critique), puis couronne cela par une recherche des critères qui permettent d'arriver plus sûrement à la vérité —, de même la poïétique, appuyée sur des faits précis, nous semble pouvoir être une réflexion normative sur l'activité instauratrice en général, et plus particulièrement sur l'activité instauratrice dans le domaine de l'art. Nous proposons donc de définir la poïétique comme la science normative des critères de l'œuvre et des opérations qui l'instaurent.

Quelques corollaires accompagnent cette définition.

1. La normativité de la poïétique n'est pas celle de l'esthétique : elle la précède en quelque sorte dans l'ordre des choses. L'œuvre est un fait pour le musicologue, par exemple, qui en étudie la structure : elle est une valeur pour l'artiste qui tend à la réaliser. Qu'on se souvienne de la belle analyse de M. Étienne Souriau, « Du mode de l'existence de l'œuvre à faire »[25], où l'œuvre apparaît pour l'artiste comme un « monstre à nourrir ». Étant saisie du point de vue de l'artiste, l'œuvre est une valeur pour la poïétique, qui examine comment et pourquoi elle se réalise. Un des grands problèmes de la poïétique (et qui, à lui seul, suffirait à justifier l'autonomie de cette science) consiste à déterminer le critère de l'œuvre comme valeur, en trou-

25. *Bulletin de la Société française de Philosophie*, 1956, nº 1.

vant, au niveau de l'objet structural appelé œuvre, les indices de sa qualité
d'œuvre, et même de chef-d'œuvre. Ce problème est encore plus difficile (et
plus spécifique) quand il s'agit de saisir le critère de l'œuvre à l'état naissant.
Les plus spontanés parmi les artistes ont senti qu'il y a quelque chose qui
qualifie spécifiquement l'œuvre en train comme orientée vers sa plénitude.
Ils n'ont pas toujours réussi à dire ce que c'était. Une poïétique, même
ambitieuse, ne pourra peut-être pas plus le dire qu'une logique ne parvient
à rendre entièrement compte d'une pensée qui parvient au vrai.

2. La dialectique conservation-novation est un des objets fondamentaux de la poïétique. Dans *La création artistique*, André Malraux
écrit : « toute création est, à l'origine, la lutte d'une forme en puissance
contre une forme imitée ». La poïétique privilégie l'idée de novation. Ce
qu'il y a d'héritage dans la culture humaine est sans cesse revivifié par nos
fonctions esthétiques, rarement par nos fonctions poïétiques[26]. Dire que
l'interprétation d'une œuvre ancienne va jusqu'à sa réinvention n'est qu'une
façon de parler. Ce n'est pas la même chose d'aller au Louvre ranimer
la *Joconde* en la regardant dans les yeux, et de peindre, au XXe siècle, une
peinture de ce siècle, ou même une imitation de la *Joconde*. Il y a là deux
modalités qu'on ne saurait confondre. La poïétique s'intéresse avant tout
à l'instauration de l'œuvre parmi les objets matériels offerts à nos interprétations.

4. A l'intérieur de la poïétique générale, il est possible de distinguer
des espèces : 1° Une *poïétique formelle*, très proche de la poïétique générale,
partirait de la phénoménologie du faire. Elle tenterait de saisir ce qu'il
y a de créateur dans tout acte créateur quel qu'il soit, quel que soit l'objet
créé. Ou bien, à l'instar de la glossématique de Hjelmslev, elle calculerait
la combinatoire des instaurations possibles à partir d'éléments donnés,
voire quelle modification il faudrait apporter à un ou plusieurs de ces
éléments pour élargir le champ des instaurations possibles. 2° On nommera
poïétique dialectique celle qui s'occupera des domaines où l'objet créé
appelle un certain mode de création de la part de l'artiste. On l'a souvent
souligné déjà, tel matériau appelle telle forme. Parfois, l'artiste n'est que
l'arbitre dans cette sorte de combat. Ou bien il est lui-même partie pre-

---

26. Cet héritage serait plutôt saccagé que revivifié par le goût de refaire, de moder-
niser, d'être à la mode, etc. Le vandalisme des constructeurs intéresse la poïétique autant que
l'esthétique : il a fait dire à M. Gilson que « l'homme est le plus dangereux ennemi de la peinture » (*Peinture et réalité*, Paris, Vrin, 1958, p. 98). Quand Varsovie reconstruit à l'identique
sa partie la plus ancienne, ce qui ne va pas sans produire un objet ambigu, il ne s'agit pas d'une
création, mais d'une reconstitution qui, justement, s'interdit toute nouveauté.

nante dans une dialectique où intervient son *projet*. Soumis à l'esclavage de l'œuvre, il est pourtant le maître absolu de son apparition : personne ne pourra le remplacer, s'il vient à laisser son travail inachevé. D'autres rapports dialectiques, depuis les plus intimes jusqu'à ceux qui rendent compte des tensions entre infrastructures et superstructures dans les sociétés de classes, capitalistes ou non, concernent la poïétique dialectique. 3° Ajoutons, à ces deux espèces principales, toutes les sections spécialisées de la *poïétique appliquée* à chaque art, compte tenu en outre des modalités intentionnelles qui nous interdisent de confondre par exemple l'art décoratif, l'art-service, l'art-recherche, l'art commercial, voire l'art d'agrément, etc. Le recoupement de ces différents secteurs produit des modalités de création ou de fabrication qu'il serait en général inexact de transposer au niveau d'une poïétique formelle.

Le quatrième corollaire nous servira de conclusion. La poïétique ne saurait se limiter au domaine de l'art. Le nombre des activités humaines subsumées par la notion d'œuvre est considérable. On est en droit de parler d'une poïétique des religions, des langues, des mythes, des philosophies, des techniques et des sciences, des mœurs et du droit, comme d'une poïétique politique. La poïétique générale devra déterminer en quoi ces activités sont créatrices ou non. Elle devra aussi établir la spécificité de l'art parmi les activités créatrices de l'homme. Les liens de la poïétique avec l'esthétique, la morale, la logique sont souvent instructifs. La création artistique est parfois comparée à un véritable syllogisme. Ce logicisme poïétique souligne qu'en peinture, par exemple, une fois posées quelques touches sur un tableau, une structure naissante se constitue, et qu'il suffit à l'artiste d'obéir à ce qui *vient*. Il a de moins en moins de liberté au fur et à mesure qu'il avance, et l'aboutissement de l'œuvre est comme la conclusion d'une sorte de logique interne.

Cette vision close du travail instaurateur, certainement juste dans certains cas, n'enlève rien à l'idée d'ouverture — qui ne s'applique pas seulement à « l'œuvre ouverte », mais sans doute à toute œuvre réellement novatrice. Le peintre Bazaine écrit qu'à chaque œuvre « l'important est d'avoir perdu le fil ». Il ne déduit pas son œuvre nouvelle de ses travaux antérieurs. Quand Bachelard parle de « rationalisme ouvert » il désigne un rationalisme qui se dépasse en se créant. Quand Bergson décrit le « héros moral », il montre que la « morale ouverte » est créatrice de nouvelles valeurs. La novation est ouverture vers l'avenir. Ouverture vers un vide à remplir. La lutte créatrice de l'homme avec ce vide, tel est l'objet de la poïétique.

POÏÉTIQUE ET POÉTIQUE SELON LESSING

PAR TZVETAN TODOROV

Dans le livre I de sa *Rhétorique*, Aristote formule une distinction dont il devait ignorer qu'elle fut promise à un tel avenir : pour étudier un discours, disait-il, on doit isoler trois facteurs : « celui qui parle, le sujet sur lequel on parle, celui à qui il parle » (1358 *ab*), ou encore : le caractère de l'orateur, le discours même, les dispositions de l'auditeur (1356 *a*)[1]. Codifiée aujourd'hui par la théorie de la communication, cette tripartition (dont l'un des éléments se subdivise aussitôt en deux, le discours même et son sujet) fonctionne jusque dans le domaine de l'esthétique, en permettant de classer les différentes conceptions de l'œuvre d'art[2], ou même les différents types d'études qui prennent l'art comme objet : d'où la distinction que René Passeron fait apparaître entre une *poïétique*, dont l'objet est l' « instauration », la création des œuvres, une *esthétique* au sens étroit, qui s'occupe des œuvres « sous l'angle de leur réception », et, entre les deux, des *sciences de l'art* (telles que la poétique, la musicologie, etc.) qui traitent des « structures spécifiques de l'œuvre ».

C'est à l'examen d'une des frontières ainsi tracées que nous voudrions consacrer les pages qui suivent, celles entre poïétique et sciences de l'art, en restreignant d'ailleurs par deux fois encore cet objet : synchroniquement d'abord, en nous limitant à la seule littérature (d'où la proximité troublante de *poïétique* et *poétique*); du point de vue diachronique ensuite, en choisissant un moment particulier de l'histoire de l'esthétique, que nous croyons du reste privilégié : celui que constitue l'œuvre esthétique de Lessing.

Nous partirons donc de cette question : quelle idée se fait Lessing de la poïétique? Ou, de manière un peu plus détaillée : à supposer qu'on admette un certain déterminisme dans le surgissement d'une œuvre d'art (et c'est bien le cas de Lessing), de quoi ce déterminisme est-il fait? Quelles sont les forces, les contraintes qui conditionnent la présence (ou l'absence)

---

1. *Cf.* Roland Barthes, « L'ancienne rhétorique », *Communications*, 16, 1970, p. 179.
2. Ainsi chez M. H. Abrams, *The Mirror and the Lamp*, Oxford, UP, 1953, pp. 3-29, qui garde les quatre éléments distincts et identifie, en conséquence, les théories expressive, pragmatique, formelle et mimétique.

de tel ou tel élément artistique dans l'œuvre, le choix dont elle est l'aboutissement?

Commençons par les mauvaises réponses, écartées par Lessing. L'œuvre
n'est pas ce qu'elle est en raison d'un réel dont elle serait la transposition;
autrement dit, il ne s'agit pas d'un déterminisme d'imitation. L'attitude
de Lessing à l'égard du principe de l'imitation, alors omnipuissant, est
complexe. Il ne se décide qu'exceptionnellement à le rejeter en bloc, et la
plupart du temps, en particulier dans des affirmations générales, il le répète
comme une évidence qui ne se discute pas (« cette imitation qui est l'essence
de l'art du poète » : *L*, VII, 1964, p. 78; « ce qui est une imitation de la
nature ne peut pas être un défaut » : *DH*, LXIX, pp. 321-322)[3]. Mais
c'est un tout autre esprit qui anime ses analyses particulières, et l'affirmation implicite qu'elles contiennent résonne tout au long de son
œuvre.

Rappelons d'abord l'exemple qui devient le point de départ du *Laocoon* :
comment expliquer que le personnage principal du célèbre groupe sculptural, bien que souffrant atrocement, ouvre à peine la bouche? Winckelmann
l'explique par le caractère noble des Grecs, autrement dit par le principe
d'imitation. « Quelle que soit la passion qu'expriment les œuvres d'art
des Grecs, elles trahissent une âme grande et paisible » (*L*, I, 1964, p. 53).
Lessing fait remarquer que, dans des œuvres littéraires peignant pourtant les
mêmes Grecs que caractérisent la noble simplicité et la grandeur tranquille
(ainsi dans le *Philoctète* de Sophocle), les personnages se permettent de
gémir, de crier et de se plaindre autant que n'importe quels autres humains.
Il est pourtant vrai que la bouche de Laocoon sculpté est à peine contractée.
Comment l'expliquer? C'est que les lois de la sculpture imposent de peindre
la douleur d'une manière tout autre que celles de la poésie. La sculpture
comme la peinture ne peuvent représenter qu'un seul moment d'une action;
il faut donc choisir le moment le plus fécond; « or, cela seul est fécond
qui laisse un champ libre à l'imagination » (*L*, III, 1964, p. 68); il ne faut
donc pas choisir le moment du paroxysme mais celui qui le précède ou le
suit. De même, « puisque cet unique instant acquiert par l'art une durée

---

3. J'ai adopté le système de références suivant pour les œuvres de Lessing : pour la
Dramaturgie de Hambourg (abréviation : *DH*) : le numéro de section en chiffres romains,
la page de la traduction française de 1869 en chiffres arabes; pour le *Laocoon* (abréviation : *L*) :
le numéro de chapitre en chiffres romains, le numéro de la page, précédé de l'année de publication de la traduction française (1877 ou 1964), en chiffres arabes; pour toutes les autres
œuvres : l'édition des *Gesammelte Werke* (abréviation : *GW*) de l'Aufbau-Verlag, 1968, avec,
en chiffres romains, le numéro de volume, en chiffres arabes celui de la page; pour la correspondance : l'édition de Robert Petsch, *Lessings Briefwechsel mit Mendelssohn und Nicolai
über das Trauerspiel*, Darmstadt, Wissenschaftliche Buchgesellschaft, 1967 (1re édition 1910)
(abréviation : *Briefwechsel*). Je modifie parfois les traductions existantes.

immuable, il ne doit pas exprimer ce qui ne se conçoit que comme transitoire » (*ibid.*). Ainsi s'expliquent d'autres choix faits par des peintres antiques (les tableaux d'Ajax, de Médée). Et Lessing conclut : « En examinant les motifs indiqués pour expliquer la modération que l'auteur du Laocoon a apportée dans la douleur physique, je trouve qu'ils sont tous tirés de la nature même (*von der eigenen Beschaffenheit*) de l'art, de ses limites nécessaires et de ses exigences (*Bedürfnissen*) » (*L*, IV, 1876, p. 27). Les motifs ou raisons de la présence de tel élément dans l'œuvre ne se situent pas en dehors de l'art, dans la réalité grecque qui serait imitée, mais dans le principe constitutif de chaque art, dans les contraintes imposées à l'œuvre par sa propre forme.

Dans ses *Traités sur la fable*, Lessing rappelle une exigence que le critique suisse Bodmer avait formulée à l'égard des auteurs de fables : qu'ils observent le comportement des animaux à la campagne et en particulier lors de la chasse, pour y découvrir des caractéristiques semblables à celles des hommes. Et il réplique : « Le professeur peut s'épargner la peine d'aller avec son élève à la chasse s'il sait pratiquer une sorte de chasse à l'égard des anciennes fables » (*GW*, IV, p. 84). Il vaut mieux connaître les lois du genre dans lequel on écrit que de s'adonner à l'observation des êtres dont on parle.

Dans la *Dramaturgie de Hambourg*, Lessing s'interroge sur les rapports qu'entretient la fiction littéraire avec la vérité historique. Si l'œuvre était déterminée par ce qu'elle représente (imite), la plus grande vérité historique donnerait l'œuvre la plus parfaite. Lessing inverse la relation : si les faits historiques peuvent, éventuellement, servir la fiction, ce n'est que dans la mesure où ils se conforment à certaines exigences qui sont précisément celles de l'art (et ici Lessing cite avec approbation l'avis d'Aristote selon lequel non le vrai mais le vraisemblable convient à la poésie). « Si le poète a besoin de faits historiques, ce n'est pas simplement parce qu'ils sont arrivés, mais c'est parce qu'il en inventerait difficilement d'autres qui convinssent mieux à son objectif (*Zwecke*) du moment. (...) Quelle est la première qualité qui nous fait paraître un récit historique digne de foi ? N'est-ce pas sa vraisemblance intrinsèque (*innere Wahrscheinlichkeit*) ? » (XIX, pp. 94-95). Le discours historique lui-même est déterminé, non seulement par les faits qu'il relate, mais aussi par les lois qui lui sont propres; cela est encore plus vrai pour la poésie. Ce qui amènera Lessing à conclure : « Il me semble toujours que c'est une bien moindre faute de ne pas conserver à ces personnages les caractères qu'ils ont dans l'histoire, que de pêcher dans les caractères librement choisis, soit du côté de la vraisemblance intrinsèque, soit du côté de l'enseignement qui doit en ressortir »

(XXXIV, p. 166). C'est la vraisemblance intrinsèque et non la vérité extrin-sèque qui modèle l'œuvre particulière.

Dans la même *Dramaturgie*, Lessing parvient à une mise en question plus profonde, plus principielle du dogme de l'imitation. Le déterminisme de l'imitation doit être rejeté en raison de sa facilité même : n'importe quel assemblage de traits pourrait être justifié par l'imitation — puisqu'on trouve tout dans la nature; pourtant nous admettons certaines œuvres et en rejetons d'autres; c'est donc que la prémisse de départ, l'exigence d'imi-tation, est elle-même inadmissible. « Que l'exemple de la nature, par lequel on prétend justifier ici l'alliance de la gravité la plus solennelle avec le comique bouffon, pourrait aussi bien servir à justifier tout monstre drama-tique, où l'on ne trouverait ni plan ni liaison, ni sens commun[4]. Et alors il faudrait cesser de considérer l'imitation de la nature comme le fondement de l'art; ou bien par cela même l'art cesserait d'être l'art. Il se réduirait à quelque chose d'humble comme est le talent d'imiter en plâtre les veines du marbre. Quoi qu'il fît, ses œuvres ne seraient jamais assez étranges pour ne pas pouvoir passer pour naturelles; on ne contesterait ce mérite qu'à l'art qui produirait une œuvre trop symétrique, trop bien propor-tionnée et combinée, quelque chose enfin de ce qui fait l'art dans les autres genres » (LXX, p. 325). C'est à partir de ce refus que Lessing élabore une passionnante théorie de la fonction de la littérature et, plus généralement, de tout symbolisme... Mais revenons à notre problème.

Ce n'est pas l'objet imité, le référent, qui est le facteur déterminant de l'œuvre; il faut donc l'écarter de la poïétique. Une autre réponse vient alors facilement à l'esprit, naguère comme aujourd'hui : ce facteur, c'est l'auteur. L'auteur qui décide de rendre les personnages souriants ou tristes, qui leur transmet ses idées ou ses obsessions, qui choisit chaque mot, chaque lettre de son texte... Le refus de Lessing sera ici moins direct mais plus ferme encore. Quelle que soit l'œuvre qu'il analyse, il ne s'intéresse jamais à la personnalité de l'auteur, comme si celui-ci, non plus, n'était pas un facteur déterminant de l'œuvre. Il écrivait déjà dans les *Lettres sur la littérature moderne* : « Que nous regarde la vie privée d'un écrivain? Je dédaigne de tirer de là le commentaire de ses ouvrages » (*GW*, IV, p. 103); et il s'en explique plus longuement dans la *Dramaturgie de Hambourg*, où il prend à partie la curiosité du public (et des critiques) pour la person-nalité de l'auteur : « Comment donc s'imagine-t-on qu'un poète est fait?

---

4. Diderot trouve un argument semblable dans *Jacques le Fataliste :* « La nature est si variée, surtout dans les instincts et les caractères, qu'il n'y a rien de si bizarre dans l'imagination d'un poète dont l'expérience et l'observation ne vous offrissent le modèle dans la nature » (*Œuvres romanesques*, Garnier, 1962, p. 553).

Autrement qu'un autre homme? (...) Et quelle faible impression a dû faire
la pièce si, sur l'heure même, elle n'inspire d'autre désir que celui de comparer la figure du maître avec son ouvrage? Un vrai chef-d'œuvre, ce me
semble, s'empare de nous de telle sorte que nous perdons de vue l'auteur,
et que nous considérons son ouvrage moins comme le travail d'un individu
que comme le produit de la nature impersonnelle. (...) Ainsi, au fond, un
homme de génie devrait se trouver bien peu flatté du désir que lui témoigne
le public de connaître sa personne. D'ailleurs, quel avantage cela lui donne-
t-il sur une marmotte que le petit peuple n'est pas moins curieux d'avoir
vue? Il n'en est pas moins vrai que la vanité des poètes français paraît s'en
être fort bien accommodée » (XXXVI, pp. 179-180).

Lessing ajoute cet argument paradoxal qui rappelle la parabole de
Henry James dans *La maison natale*: « Je soupçonne que la beauté extraordinaire du poème d'Homère est la vraie raison qui explique pourquoi
nous savons si peu de choses de sa personne et de sa vie. Devant un vaste
fleuve aux eaux mugissantes, nous demeurons étonnés, sans songer à sa
faible source cachée dans les montagnes. Ainsi nous ne voulons pas savoir,
nous aimons à oublier qu'Homère, le maître d'école de Smyrne, Homère,
le mendiant aveugle, est le même dont les ouvrages nous charment à ce
point. Il nous transporte parmi les dieux et les héros : or, il faudrait qu'on
s'ennuyât bien dans leur société pour y faire des questions sur l'huissier
par qui l'on a été introduit » (*ibid.*).

La véritable œuvre d'art n'a pas d'auteur : on ignore tout de la vie
d'Homère *parce que* ses poèmes nous satisfont tant. Ce n'est pas l'individu
qui écrit mais un esprit impersonnel. Ainsi se trouve rejeté, après le facteur
réaliste, celui de la psychologie individuelle : ce n'est ni le référent, ni
l'auteur qui font de l'œuvre ce qu'elle est.

Ajoutons, avant de passer à la conception positive de Lessing, avant
de chercher ce qu'*est* la poïétique — puisqu'on a établi ce qu'elle n'était
pas —, qu'il ne faut pas comprendre cette attitude de Lessing comme une
version quelconque de la théorie de « l'art pour l'art ». Lessing refuse la
détermination externe mais n'exige pas moins de l'art une finalité qui le
transcende. Dans le *Laocoon* il réclame que le nom d'œuvre d'art ne soit
appliqué qu'aux œuvres qui ne se soumettent à aucune exigence externe
(notamment religieuse) : « Je voudrais qu'on n'appliquât le nom d'œuvres
d'art qu'à celles où l'artiste a pu se montrer véritablement tel, c'est-à-dire
où la beauté fut son seul et unique but » (IX, 1964, p. 93). Mais cela ne
veut pas dire que la production de l'œuvre est une fin en soi (ce qui sera
la thèse de Moritz et de Novalis) : Lessing appartient à un siècle où les impératifs moraux priment tout; sa théorie, en partie au moins, est, dans la

terminologie d'Abrams, « pragmatique », c'est-à-dire orientée vers le lecteur, d'où des mises en garde très nettes comme : « Inventer et imiter en vue d'un certain dessein (*Absicht*) est ce qui distingue l'homme de génie des petits artistes, qui inventent pour inventer et imitent pour imiter : ils se contentent du petit plaisir attaché à l'usage de leurs moyens; ils font de ces moyens tout leur dessein » (*DH*, XXXIV, p. 169). La non-contradiction de ces deux énoncés définit avec précision la position historique de Lessing (après un certain « classicisme » et avant le « romantisme », comme on dit dans les manuels) : la beauté est le seul but de l'artiste mais l'art ne doit pas être autotélique pour autant.

Face à cette mauvaise version de la poïétique, qui cherche les causes de l'œuvre en dehors de l'art — appelons-la l'*exogenèse* —, Lessing va défendre avec brio une nouvelle conception, qui est en même temps sa principale contribution à l'esthétique, et qui est celle de l'*endogenèse* des œuvres. La présence ou l'absence d'un élément dans le texte est déterminée par les lois de l'art qu'on pratique.

Cette affirmation générale se spécifie et se diversifie à de multiples niveaux. Premièrement, les lois de la poésie sont différentes des lois des autres arts, de la peinture en particulier, parce que le matériau de l'une est le langage, celui de l'autre, l'image (ou, dans le cas de la musique, le son, etc.). Le matériau impose ses contraintes aux œuvres : telle est la grande thèse du *Laocoon*, trop connue pour qu'on l'expose ici dans le détail[5]. Nous avons vu déjà comment elle a permis d'expliquer les cris dans *Philoctète*, d'une part, la légère contraction de la bouche de Laocoon lui-même, de l'autre. Mais l'exemple le plus frappant de son application est l'analyse des descriptions homériques. Le matériau linguistique, linéaire dans l'esprit de Lessing, rend la description littéraire — c'est-à-dire la suspension du temps — indésirable. Or les descriptions d'Homère sont parfaites. Comment est-ce possible? C'est qu'Homère, sensible à la contrainte du matériau, ne décrit jamais les objets en eux-mêmes, mais toujours un processus, aussi temporel que celui du langage : celui de la fabrication ou de l'utilisation de l'objet. « Si, par exemple, Homère veut nous montrer le char de Junon, il faut qu'Hébé le construise pièce par pièce sous nos yeux ». « Homère veut-il nous montrer le costume d'Agamemnon? Il faut alors que le roi revête devant nos yeux, pièce par pièce, la fine tunique, le grand manteau, les beaux brodequins, le glaive ». De même pour le sceptre d'Agamemnon, pour le bouclier d'Achille, ou pour l'arc de Pan-

---

5. J'ai tenté de l'analyser dans une autre étude, « Esthétique et sémiotique au dix-huitième siècle », *Critique*, 1973, **308**, pp. 26-39.

darus. « Ainsi les diverses parties de l'objet, que nous voyons juxtaposées dans la nature, se succèdent tout aussi naturellement dans ses tableaux et accompagnent, si l'on peut dire, d'un pas égal le cours du récit. Par exemple, quand il veut nous peindre l'arc de Pandarus, un arc de corne, de telle et telle longueur, bien poli et garni de feuilles d'or aux deux extrémités, que fait-il ? Nous énumère-t-il sèchement, un à un, tous ces détails ? Nullement, ce serait cataloguer cet arc, le présenter comme modèle, mais non le dépeindre. Il commence par la chasse du bouquetin qui a fourni la corne ; Pandarus l'avait épié dans les rochers et l'avait abattu ; les cornes étaient d'une grandeur extraordinaire, d'où son idée de faire un arc ; on les façonne, l'artiste les ajuste, les polit, les garnit ; et nous voyons ainsi se créer chez le poète ce que nous ne pouvons voir que fini chez le peintre » (XVI, 1964, p. 111-116).

Mais il ne suffit pas de dire, pour expliquer la production de l'œuvre littéraire, que le poète a le langage comme matériau. A la suite de ce premier choix fondamental (langage plutôt qu'image) viennent d'autres, plus spécifiques mais non moins importants. Il y a tout d'abord celui entre écriture assertive et fiction ; ou, dans les termes de Lessing, entre métaphysique et poésie. C'est à la distinction entre ces deux types de discours qu'est consacré un écrit qui inaugure ce qu'on pourrait appeler ses « recherches poïétiques » : *Pope un métaphysicien!* (1755), écrit en collaboration avec Moses Mendelssohn. Lessing y démontre l'inanité qu'il y a à traiter un poète (Pope en l'occurrence) comme s'il était un philosophe (la comparaison porte sur Leibniz). Les écrits de l'un et de l'autre obéissent à des règles différentes, qui découlent de l'option initiale pour un type de discours plutôt que pour un autre. « Que doit faire le métaphysicien avant tout ? Il doit expliquer le sens des mots qu'il veut employer ; il ne doit jamais les utiliser dans une acception autre que celle qu'il vient d'expliquer ; il ne doit jamais leur substituer d'autres mots qui ne leur seraient équivalents qu'en apparence. De tout cela que doit observer le poète ? Rien. L'euphonie lui est déjà une raison suffisante pour choisir une expression plutôt qu'une autre et l'alternance des synonymes est pour lui une beauté » (*GW*, VII, p. 233). La nature de l'œuvre est, une fois de plus, conforme aux lois propres à son espèce ; endogenèse plutôt qu'exogenèse.

La fiction n'est pas, elle non plus, un tout indivisible. Lessing consacrera trois livres importants à l'étude de ses sous-espèces, à savoir les *Traités sur la fable*, la *Dramaturgie de Hambourg* et les *Remarques éparses sur l'épigramme*, ainsi que de nombreuses pages disséminées dans d'autres écrits. Il ne faut pas juger la valeur de son hypothèse générale sur le déterminisme de la forme à partir des résultats particuliers auxquels il aboutit :

l'hypothèse peut rester valable, même si les observations particulières sur lesquelles repose chacune de ses applications se révèlent inexactes; notre conception du langage et de ses propriétés a pu évoluer depuis l'époque de Lessing (on ne considère pas, comme d'ailleurs Herder le remarquait déjà à l'époque, que la linéarité du langage en soit une caractéristique constitutive), cela ne nous empêchera pas, aujourd'hui encore, de déduire les propriétés de la littérature à partir de celles du langage. Mais les descriptions des sous-espèces littéraires que Lessing nous a laissées ne valent pas seulement en tant qu'illustration de son hypothèse; elles restent, sur de nombreux points, les meilleures analyses dont on dispose de telle ou telle catégorie littéraire. Pour cette raison, elles méritent qu'on les rappelle brièvement ici.

Dans ses analyses, Lessing procède par oppositions binaires : il ne définit un genre qu'en l'opposant à un autre; et il ne se soucie pas d'unifier dans un tableau d'ensemble toutes les catégories ainsi mises à jour. C'est donc à nos risques seulement que nous pouvons dresser ce plan général. A la base du système nous mettrions l'opposition entre le *narratif* et le *symbolique* (même si ces termes n'apparaissent jamais dans ce contexte chez Lessing). Comment interpréter cette opposition? Lessing s'y emploie à plusieurs reprises. Dans le premier de ses *Traités sur la fable*, il la rapproche de celle du particulier et du général : dans le genre narratif (exemple : la fable), on décrit des cas particuliers; dans le genre symbolique (exemple : la parabole) on parle en général de cas possibles. Donc l'opposition est entre ce qui *est* réellement arrivé (le narratif) et ce qui *peut* arriver (le symbolique). Le temps passé comme le sujet individuel sont des moyens linguistiques qui servent un même but : attester la réalité de l'action. « Le *cas singulier* qui constitue la fable doit être représenté comme étant réel (*wirklich*). Si je m'en tenais à la seule possibilité, on n'aurait eu qu'un *exemple*, qu'une *parabole* » (*GW*, IV, p. 39). « La réalité (*Wirklichkeit*) n'appartiendrait qu'au singulier, à l'individuel; et on ne peut penser une réalité sans individualité » (*ibid.*, p. 40). « Le commentateur introduit la parabole par un ' comme si '; et il raconte les fables comme quelque chose qui s'est réellement produit » (*ibid.*, p. 43). Le narratif s'oppose au symbolique comme le réel au virtuel, comme le singulier au général.

Au même niveau de généralité (et aboutissant, probablement, à la même répartition des œuvres) se situe une seconde interprétation de l'opposition initiale : elle devient celle entre *action* (exemple : la fable) et *image* (exemple : l'emblème). « Tantale assoiffé au milieu des eaux est une image, et une image qui me montre la possibilité de manquer du nécessaire alors que le superflu abonde. Mais cette image est-elle pour autant une fable? »

Non, et la raison en est qu'ici manque l'action. Qu'est-ce qu'une action? « J'appelle action une suite de changements (*Veränderungen*), qui font ensemble un tout. — L'unité du tout repose sur l'accord des parties en vue d'un but final » (*ibid.*, p. 24). Le but final de la fable est la sentence morale. Cette opposition, on le voit, préfigure celle du *Laocoon* entre récit et description.

A l'intérieur du genre narratif on opposera la fable à la tragédie et à l'épopée; mais cette nouvelle opposition n'est pas sans rappeler la précédente : la fable est, dans une certaine mesure, un genre hybride, qui participe des deux versants à la fois. « L'action de l'épopée et du drame doit posséder, en dehors du dessein (*Absicht*) que l'auteur lui attache, un dessein intérieur, qui lui appartient en propre. L'action de la fable n'a pas besoin de ce dessein intérieur, elle est suffisamment accomplie lorsque le poète a atteint, grâce à elle, son dessein à lui » (*ibid.*, p. 35). L'auteur de fables peut abandonner ses personnages aussitôt après qu'ils ont servi à illustrer sa sentence; alors que le dramaturge doit poursuivre leur logique propre, s'il veut que l'action soit véritablement accomplie et non seulement interrompue. Les personnages du théâtre ou de l'épopée existent en quelque sorte en eux-mêmes; ils trouvent leur raison d'être dans leur logique interne. Ceux de la fable, au contraire, n'existent qu'en fonction d'une intention qui leur est extérieure. La littéralité du texte épique ou dramatique s'oppose au rôle transitif, soumis, de l'action dans la fable.

La même distinction se trouve reprise dans la *Dramaturgie de Hambourg*, où Lessing s'interroge sur les différences entre deux œuvres : un conte moral de Marmontel, repris en drame par Favart. Comme on peut s'y attendre, selon Lessing ces différences ne découlent ni de la dissemblance des deux auteurs, ni des circonstances représentées ici et là, mais uniquement des contraintes de la forme. « L'auteur de la fable, écrit Lessing, peut interrompre l'action où il lui plaît, dès qu'il a touché son but (*Ziel*); il ne s'inquiète pas de l'intérêt que nous prenions au sort des personnages qui lui ont servi pour cette action. (...) Le drame, au contraire, ne prétend nullement donner une leçon déterminée, qui découle de la fable de la pièce; il a pour objet les passions allumées et entretenues par le cours des événements et par les péripéties de sa fable, ou le plaisir que nous procure une peinture vraie et vivante des mœurs et des caractères. » Voilà qui explique l'attitude différente des deux auteurs : « Donc, s'il est vrai que Marmontel ait voulu nous enseigner par son récit que l'amour ne subit pas la contrainte, qu'on doit l'obtenir par des soins et de la complaisance, et non par la majesté et par la force, il avait raison de terminer comme il l'a fait. (...) Mais lorsque Favart voulut transposer ce conte sur la scène, il ne tarda pas à sentir que la forme dramatique (*die dramatische Form*) faisait évanouir, pour la plus grande partie, la démonstration de la maxime morale ; et que, lors même que cette démonstration pourrait être entièrement conservée, la satisfaction qu'on en éprouverait ne saurait être ni assez grande ni assez vive pour tenir lieu d'un autre plaisir, qui est plus essentiel au genre dramatique. (...) Mais comme il ne pouvait changer ces caractères dès le début sans se priver d'un grand nombre de jeux de scène qu'il jugeait tout à fait accommodés au goût de son parterre, il ne lui restait plus qu'à faire ce qu'il a fait » (XXXV, pp. 173-175). Favart ne pouvait agir que comme il a agi ; et ce, sous la pression inexorable de la « forme » (ici, dramatique). A travers cette triple opposition — du général et du particulier, de l'image et du récit, de l'allégorique et du littéral —, Lessing semble cerner une même catégorie qui décide du tout premier choix que doit opérer celui qui s'engage dans le champ de la littérature.

En poursuivant l'exploration de la carte des genres, on arrive à des subdivisions plus familières : tragédie et comédie, poésie épique et lyrique. C'est dans les lettres qu'il adresse en 1756-57 à Mendelssohn et à Nicolaï que Lessing s'attarde particulièrement sur ces distinctions. Voici en exemple une discussion de la différence entre tragédie et poésie héroïque (*Heldengedichte*). « Pourquoi brouiller les espèces de poésie sans nécessité et laisser empiéter le domaine de l'une sur celui de l'autre ? Tout comme dans la poésie héroïque, l'admiration est la chose principale, et toutes les autres passions, la pitié en particulier, lui sont soumises — de même, dans la tragédie, c'est la pitié qui est la chose principale, et toute autre passion, l'admiration en particulier, lui est soumise, c'est-à-dire ne sert à rien d'autre qu'à aider à susciter la pitié. Le poète héroïque laisse son héros malheureux pour mettre en lumière sa perfection. L'écrivain tragique met en lumière la perfection de son héros pour rendre son malheur d'autant plus pénible » (*Briefwechsel*, p. 80).

Parvenu à ce point, on pourrait s'interroger dans quelle mesure ce déterminisme de la forme, professé par Lessing, est autre chose que l'exigence classique d'une soumission aux règles des genres traditionnels. On pourrait croire, à première vue, que Lessing est lui-même fidèle en cela à la tradition, lorsqu'il affirme par exemple : « Un poète peut avoir beaucoup fait, et cependant avoir perdu son temps. Il ne suffit pas que son ouvrage produise un effet sur nous : il faut encore que ce soit l'effet qui lui convient, en raison du genre auquel il appartient » (*DH*, LXXIX, p. 371). Mais il ne faut pas en rester à l'effet superficiel de telles phrases ; car tout dépend, ici, du sens que prend le mot « genre » ; c'est même dans ce contexte que la conception de Lessing apparaît dans toute sa spécificité.

Sans le dire de manière explicite, Lessing modifie radicalement le sens de cette notion (et, plus généralement, de celle de « forme »)[6]. Plutôt que de concevoir le genre comme un ensemble de règles extérieures auxquelles les œuvres doivent se conformer, Lessing cherche à montrer les rapports structurels des éléments constitutifs du genre entre eux; d'où l'opposition entre genres internes et externes, ou logiques et normatifs, ou encore, dans ses propres termes, entre les propriétés essentielles (*wesentliche Eigenschaften*) du genre et ses propriétés accidentelles (*zufällige*), « que l'usage a rendu nécessaires » (*DH*, LXXVII, p. 357); c'est aussi la différence, dans l'activité du critique, entre décrire et prescrire. L'unité de temps est un caractère accidentel du drame, inventé par les théoriciens du classicisme et qui ne trouve aucune justification dans la logique même du genre; en revanche, l'existence d'une dimension temporelle (par opposition à la spatialité de l'image) est un trait essentiel de tout récit. Ou bien : Batteux donne une longue liste des ornements appropriés à la fable. « Mais tous ces ornements entrent en conflit avec l'être véritable (*wirklichen Wesen*) de la fable » (*GW*, IV, p. 74), ils ne sont pas essentiellement nécessaires mais seulement habituels. Et qu'en est-il de la présence d'animaux dans les fables, est-ce là une de leurs « propriétés essentielles » (p. 46)? Ce qui est essentiel ne sont pas les animaux eux-mêmes, mais la fonction qu'ils assument de manière appropriée : à savoir de constituer une typologie de caractères notoires et constants. Les véritables règles ne sont pas l'affaire d'un législateur mais découlent de l'essence du genre; c'est pourquoi aussi elles ne se constituent pas en une simple liste mais forment un système où tout se tient. Une règle en implique une autre : par exemple, puisqu'il ne faut qu'une morale par fable, la brièveté s'impose. On parcourt le chemin des caractéristiques de surface aux propriétés profondes et, de là, à l'essence même du genre. Ou inversement : « A partir de mon principe fondamental, écrit Lessing, découlent de manière facile et heureuse non seulement les règles bien connues mais aussi une foule de nouvelles règles » (*Briefwechsel*, p. 55). De même, dans la *Dramaturgie*, où il ramène la définition aristo-

---

6. Comme le remarque Joseph Frank dans son étude fondamentale « La forme spatiale dans la littérature moderne » (tr. fr. dans *Poétique*, 1972, 10, pp. 244-266; l'original anglais date de 1945). Il écrit notamment : « Des critiques divers s'en sont pris à l'un ou l'autre de ces jugements (de Lessing) et ont estimé que cela leur permettait de battre en brèche ses positions : mais cette attitude laisse supposer qu'ils n'ont pas compris l'importance du *Laocoon* dans l'histoire de la théorie esthétique. On peut fort bien se contenter d'utiliser les intuitions de Lessing comme instruments d'analyse, sans chercher à déterminer la valeur d'œuvres individuelles selon les normes qu'il a prescrites : c'est même à cette unique condition que la signification profonde du *Laocoon* peut être perçue. Ce n'étaient pas des normes nouvelles que proposait Lessing, mais une nouvelle manière d'envisager la forme esthétique » (*op. cit.*, p. 246) C'est en cela que Lessing est le véritable fondateur de l'esthétique moderne.

télicienne de la tragédie à ce qu'elle comporte d'essentiel, et conclut : « De ces deux idées on déduit parfaitement toutes les règles du genre, et même la forme qui lui convient, qui est la forme dramatique » (LXXVII, pp. 357-358). Seul E. A. Poe professera un déterminisme interne aussi absolu[7].

Mais comment découvrir ces essences? Le cas est relativement simple au niveau le plus général, celui de la littérature par opposition aux autres arts : ici c'est le matériau — c'est-à-dire le langage — qui détermine les choix fondamentaux. Mais comment justifier les subdivisions de la littérature? Une voie possible aurait été : par les subdivisions du langage; mais Lessing ne l'empruntera pas, il ne la mentionne que pour la rejeter : « Il serait regrettable que ces deux genres (épopée et tragédie) n'aient aucune différence plus essentielle que celle de la durée, ou de l'interruption du dialogue par le récit du poète, ou de la division en actes et livres » (*Briefwechsel*, pp. 89-90). Une autre voie, beaucoup plus traditionnelle, aurait été : procéder par induction, à partir des œuvres des classiques grecs et latins; mais c'est ici précisément que Lessing se sépare de la doctrine du « classicisme ». Non qu'il n'érige pas les œuvres d'Homère et de Sophocle en exemple continuel : il le fait très volontiers; mais il ne peut pas s'en contenter : le faire aurait signifié que la perception est la base de toute connaissance. Lessing, au contraire, exigera toujours que l'on procède en plusieurs étapes : d'abord une observation exacte, à partir de là, la découverte d'une règle abstraite, enfin, présentation du fait observé initialement comme une instance parmi d'autres de la catégorie universelle qu'il vient d'établir. C'est par ce refus de s'en tenir aux modèles légués du passé que Lessing se désolidarise des critiques antérieurs : « Tous acceptent la forme dramatique, dans la tragédie, comme une tradition : elle est ainsi parce qu'elle a été ainsi autrefois; et on la laisse telle qu'elle est parce qu'on la trouve bonne comme cela » (*DH*, LXXVII, p. 358). L'originalité de Lessing est de remonter des règles empiriques à un principe abstrait, et seules les règles qu'on peut en *déduire* sont à retenir[8].

La grande différence entre un Boileau et Lessing est que pour le premier le système des genres est posé une fois pour toutes, alors que pour le second

---

7. « Il est dans mon dessein de démontrer qu'aucun point de sa composition n'est dû au hasard ou à l'intuition — que l'œuvre avançait vers son accomplissement, pas à pas, avec la précision et la consécution rigide d'un problème mathématique » (*Philosophie de la composition*).

8. Dilthey notait déjà : « Ce n'est qu'après avoir trouvé les lois par induction qu'il donne, exactement comme le recommandent les plus grands exemples en sciences naturelles, une théorie explicative globale, à partir de laquelle se laissent déduire les procédés des arts particuliers; et c'est à la fin seulement qu'il montre l'accord entre cette théorie et toute une série de procédés d'Homère que l'on n'avait jamais encore pris en considération » (*Das Erlebnis und die Dichtung*, Stuttgart-Göttingen, 1957, p. 34; l'étude date de 1867).

c'est un système ouvert. Le déterminisme absolu que proclame Lessing a quelque chose de paradoxal : il repose sur des bases toutes relatives, relativistes même. Il y a comme une dérision d'être aussi exigeant et logique dans le détail alors que le choix premier et décisif est, après tout, arbitraire : un choix en vaut un autre. On l'a vu un peu plus tôt dans la comparaison entre épopée (poésie héroïque) et tragédie : l'une érige l'admiration au sommet des passions, l'autre la pitié; aucune n'est pour autant meilleure que l'autre, et ce premier choix n'est déterminé par rien. Cependant, aussitôt qu'on a fait ce premier pas, tout est joué, à la liberté totale succède soudain, comme par enchantement, une nécessité absolue. La prédominance de la pitié détermine le choix de l'intrigue, celle-ci préjuge de la nature des caractères, qui à leur tour exigent tel vocabulaire plutôt que tel autre. Ou un autre exemple : que penser du soufflet sur scène? « S'il y a un genre de drame d'où je voudrais plutôt voir bannir les soufflets, ce serait la comédie. Car ici quelles peuvent en être les conséquences? Tragiques? Mais alors elles sont au-dessus de la sphère de la comédie. Ridicules? Alors elles sont au-dessous et n'appartiennent qu'à la farce » (*DH*, LVI, p. 269). En soi le soufflet n'est ni bon ni mauvais; simplement, il implique une série de corrélations, qu'il ne faut pas ignorer; en conséquence (et comme dans l'œuvre tout se tient), bon pour la tragédie et la farce, il n'a pas de place dans la comédie. La logique interne des genres est absolue, implacable, mais le choix d'un genre plutôt qu'un autre est entièrement libre. Les traits essentiels ne sont pas intrinsèquement différents des traits accidentels, ils n'ont sur ceux-ci que l'avantage d'être choisis les premiers : la différence entre les deux est de *position*, à l'intérieur d'une stratégie. Il n'y a pas de mauvaises substances mais des mauvaises relations : quel que soit le point de départ, on pourrait rester cohérent avec soi-même; et c'est en cela que consiste le genre : c'est la logique des relations mutuelles entre éléments constitutifs de l'œuvre.

Le système des genres n'est pas clos; autrement dit, il n'est pas préexistant à l'œuvre : le genre naît en même temps que le dessein de celle-ci. Celui qui crée avec succès des genres nouveaux est le génie; le génie n'est rien d'autre qu'un *génothète*. C'est ainsi que Lessing interprète cette notion, essentielle pour l'esthétique du XVIIIe siècle[9]. « Que veut-on finalement dans le mélange des genres? Qu'on les sépare aussi exactement que possible dans les traités dogmatiques, à la bonne heure; mais quand un homme de génie, dans des desseins plus hauts, en fait entrer plusieurs dans un seul

---

9. Pour les autres aspects de cette notion chez Lessing et sa place dans le contexte historique, on consultera P. Grappin, *La théorie du génie dans le préclassicisme allemand*, Paris, P.U.F., 1952, en part. ch. IV.

et même ouvrage, il faut oublier le livre dogmatique et voir seulement si l'auteur a réalisé son dessein. Que m'importe qu'une pièce d'Euripide ne soit ni tout récit ni tout drame? Nommez-la un être hybride; il suffit que cet hybride me plaise et m'instruise plus que les productions régulières de vos auteurs corrects, tels que Racine et autres » (*DH*, XLVIII, p. 236). La cohérence interne, et non la conformité à une règle externe, est ce qui assure le succès de l'œuvre. Il n'y a donc aucune contradiction entre le génie et les règles, si l'on considère celles-ci comme inhérentes à la forme artistique choisie. « Les critiques ajoutent (...) : ' Les règles étouffent le génie! ' Comme si le génie se laissait étouffer par quelque chose! Et encore par quelque chose qui vient de lui, comme ils l'avouent eux-mêmes! (...) Le génie (...) porte en soi le contrôle de toutes les règles » (*ibid.*, XCVI, p. 435). La cohérence interne est la seule exigence à l'égard du génie — comme de l'art. « Je voudrais du moins, si ses personnages n'appartiennent pas à notre monde réel, qu'ils pussent appartenir à un autre monde, à un monde où les phénomènes seraient enchaînés dans un autre ordre qu'en celui-ci, mais n'y seraient pas moins étroitement enchaînés (*eben so genau verbunden;* (...) car tel est le monde particulier de l'homme de génie qui, pour imiter le Génie suprême (...) en petit, déplace les parties du monde présent, les change, les rapetisse, les grandit pour s'en faire à lui-même un tout, auquel il attache ses propres desseins » (*ibid.*, XXXIV, p. 167). Le génie n'imite pas le monde que Dieu a créé mais Dieu qui crée des mondes cohérents; la logique de Lessing n'est pas théo-logique. Telle est en condensé sa position sur le problème de la forme (et donc de l'endogenèse) : peu importe quel est le monde (le genre) choisi, il suffit que les phénomènes y soient « étroitement enchaînés »...

Une fois les règles identifiées et formulées, comment vérifier leur justesse? En les faisant fonctionner, en les appliquant successivement et en confrontant le résultat final avec notre image intuitive du genre en question. C'est en particulier dans ses *Traités sur la fable* que Lessing procède de cette manière : « On trouve dans Aristote : ' Élire un magistrat par le sort, c'est comme si le propriétaire d'un vaisseau, ayant besoin d'un pilote, tirait au sort lequel de ses matelots le serait, au lieu de choisir avec soin le plus habile d'entre eux pour remplir cette place. ' Voilà deux cas particuliers qui appartiennent à une même vérité morale générale. L'un est celui que l'occasion présente dans le moment même; l'autre est celui qui est inventé. Ce dernier est-il une Fable? Personne ne le regardera comme tel. — Mais s'il y avait dans Aristote : ' Vous voulez nommer vos magistrats par le sort, je crains qu'il ne vous arrive comme à ce propriétaire de vaisseau qui, manquant de pilote ', etc., ceci promet une Fable; mais pour quelle raison? Quelle différence y a-t-il entre ce morceau et le précédent? Que l'on y fasse attention, on n'en trouvera pas d'autre que celle-ci : Dans le premier cas on introduit le propriétaire du vaisseau en disant : *C'est comme si* (un propriétaire, etc.). Ce propriétaire n'y est que dans l'état de possibilité; au lieu que dans le second il existe réellement, c'est un tel, propriétaire de vaisseau » (*GW*, IV, pp. 38-39). Pour éprouver la vérité de sa règle, Lessing lui fait produire une instance particulière qu'il teste par notre intuition; c'est alors seulement que la règle est confirmée ou infirmée.

Autre règle : la nécessité qu'il y a de représenter des animaux. « Que dans la fable du Loup et de l'Agneau, on mette Néron au lieu du Loup, et Britannicus au lieu de l'Agneau, elle aura perdu dès lors ce qui en fait une Fable aux yeux de tout le genre humain. Si au lieu du Loup et de l'Agneau on mettait le Géant et le Nain, elle y perdrait beaucoup moins, car le Nain et le Géant sont des individus dont la dénomination seule fait assez connaître le caractère. Mais qu'on transforme (*verwandle*) plutôt cette fable en la suivante qui se passe entre des hommes... » (*ibid.*, p. 51). Suit une autre version de la fable[10].

On voit qu'il ne s'agit pas ici de donner simplement un exemple; ou, si l'on préfère, que le statut même de l'exemple est profondément modifié. L'indice de la règle explicite, nous le savons aujourd'hui par la grammaire générative, est de pouvoir engendrer des énoncés conformes à l'image intuitive que nous avons de chaque genre. La règle sert à *produire* le texte (ou à *transformer* un texte en un autre). Chemin faisant, Lessing a inventé un mode d'analyse qui se trouve aujourd'hui à la base des sciences humaines; dans les termes de Dilthey, « c'est le premier grand exemple d'un mode de recherche analytique dans le domaine des phénomènes de l'esprit »[11].

Partis de la question de l'origine des œuvres nous sommes imperceptiblement passés à celle de leur structure : la description scientifique des œuvres égale leur production. En effet : deux équations séparées possèdent un terme commun : connaître les œuvres, c'est en connaître les causes formelles, et en même temps : ce sont les causes formelles qui produisent les œuvres. En appliquant la loi de la transitivité on obtient : connaître les œuvres, c'est savoir les produire. Car il n'y a pas d'abîme, selon Lessing, entre l'activité de connaissance et l'activité d'invention. « Pourquoi les

10. On trouvera d'autres instances de cette attitude « générative » chez Lessing citées dans P. Szondi, « Tableau et coup de théâtre », *Poétique*, 1972, 9, pp. 11-13, et dans K. Stierle, « L'Histoire comme Exemple, l'Exemple comme Histoire », *Poétique*, 1972, 10, pp. 180-181; mais elles y sont commentées d'un autre point de vue.

11. *Op. cit.*, p. 33.

inventeurs et les têtes indépendantes manquent-ils aussi fortement dans tous les arts et sciences? La meilleure réponse à cette question est une autre question : Pourquoi ne sommes-nous pas mieux éduqués? » (*ibid.*, p. 81). C'est d'ailleurs bien dans le sens d'une production que se terminent les *Traités sur la fable*. Lessing voit une « utilité particulière » des fables dans l'enseignement : en les connaissant, on apprendra à les inventer; ayant appris ce qu'est l'invention dans un domaine, on pourra l'étendre à tous les autres. Et il suggère des procédés concrets qui permettront aux élèves d'inventer des fables ou de transformer une fable en une autre. Car, il ne faut pas l'oublier, le déterminisme formel que prêche Lessing s'arrête au niveau générique; à l'intérieur de chaque genre de nombreuses variations sont possibles (et d'ailleurs en partie réalisées)[12]. Examinant chaque fable dans la perspective de son genre, on découvre qu'elle n'est qu'une des innombrables fables qui peuvent être produites à partir de la même formule abstraite. Préfigurant l'attitude d'un Valéry ou d'un Queneau, Lessing découvre la *littérature potentielle :* à partir d'une seule œuvre, en en variant les éléments dans le cadre fixé par les règles du genre, on peut obtenir des milliers, des millions d'autres œuvres... On pourra « soit interrompre l'histoire plus tôt, soit la prolonger davantage, soit en changer telle ou telle circonstance, de sorte qu'on y reconnaisse une morale différente » (*ibid.*, p. 84). Et Lessing de nous donner des exemples de cette machine combinatoire, puisés dans son propre recueil de fables! « La célèbre fable du lion et de l'âne commence ainsi : Un lion et un âne avaient des affaires communes et allaient à la chasse ensemble. — Ici le professeur s'arrête. L'âne en compagnie du lion? Comme il devait être fier de cette société! (*Que l'on voit la huitième fable de mon deuxième livre.*) Le lion en compagnie de l'âne? Et ne devait-il avoir honte d'une telle société? (*Que l'on voit la septième.*) Ainsi sont nées deux fables, par le petit détour que l'on fait subir à l'histoire dans l'ancienne fable; détour qui mène également à un but, mais but différent de celui que s'était posé Esope » (p. 84). Grâce à la connaissance de l'endogenèse, une fable en produit d'autres.

« A la véritable critique appartient la capacité de produire ce qui doit être critiqué », écrivait Novalis. Lessing serait alors le premier véritable critique : la connaissance se confond chez lui avec la capacité de production, la poétique avec la poïétique. La limite ne peut plus être tracée entre l'étude de la création et l'étude de l'œuvre : la poétique, c'est la poïétique. Plus précisément : la meilleure forme de poétique (et, en fait,

---

12. « Remarquez bien que je ne parle pas de l'issue (de la tragédie), parce que je laisse au poète de décider s'il va couronner la vertu par une issue heureuse ou s'il va la rendre encore plus intéressante par une issue malheureuse », écrit Lessing (*Briefwechsel*, p. 55).

la seule scientifique) est une poïétique de l'endogenèse. On connaît véritablement l'œuvre lorsqu'on est capable, à partir de cette connaissance, de la reproduire, de produire d'autres œuvres du même genre. L'attitude scientifique coïncide ici avec l'attitude créatrice; les deux sens du verbe « engendrer », technique et poétique, se fondent en un.

Il n'y a donc pas lieu de distinguer la poétique de la poïétique de l'endogenèse. En revanche, l'opposition entre endogenèse et exogenèse, ou même plus exactement entre la genèse abstraite des formes et la genèse concrète et factuelle de l'œuvre individuelle, cette opposition mérite de devenir le centre de notre attention. L'erreur commune était de considérer les œuvres comme le produit de la pure exogenèse; dans un mouvement de réaction contre la tradition, Lessing élimine entièrement les facteurs externes de la genèse : la déformation n'est pas moins grande. Connaître les uns et les autres, saisir le mouvement même de leur articulation : tel doit être l'objectif de la poïétique (de la poétique) aujourd'hui.

LE LANGAGE POÏÉTIQUE

PAR MICHEL ZÉRAFFA

La poïétique, telle qu'elle a été définie comme notion et comme discipline par R. Passeron[1], fera ici l'objet d'une réflexion d'ordre critique et épistémologique. Cette réflexion procèdera en outre des nombreux débats théoriques qui ont eu lieu entre les membres du Groupe de Recherches n° 10 (CNRS) et des recherches poïétiques entreprises par ceux-ci depuis plus de deux ans. La poïétique, sa théorie, ses méthodes possibles, seront mises en question sans être pour autant remises en cause : l' « objet poïétique » est pleinement reconnu à titre d'hypothèse, dont seuls pourront en définitive confirmer ou infirmer la validité les recherches qui s'effectuent, si l'on peut dire, en son nom. Est admis comme fondement de réflexion, dans l'examen des faits d'art, la nécessité de distinguer entre la catégorie du faire et celle de l'être : d'une part l'élaboration de l'objet (qui n'est pas encore objet), de l'autre cet objet constitué, appartiennent à deux registres sinon séparés, du moins séparables, et qu'il s'agit justement de différencier selon des principes et par des démarches rationnels.

La poïétique nécessaire

L'expression « catégorie du faire » indique cependant que l'on situe cet exposé sur le plan des concepts. On ne souhaite pas donner du poïéticien l'image d'un observateur étudiant les états successifs d'un ouvrage artistique, ou encore, devant cet ouvrage terminé, interrogeant l'artiste sur la genèse et le développement de sa création. De telles études sont certes constitutives du savoir poïétique, mais ne le fondent pas. Un savoir concernant l'œuvre « en train de se faire » recourra le plus possible à des données concrètes, mais n'aura rien d'empirique : il devra au contraire s'intégrer dans une texture complexe de connaissances, composée de l'esthétique, des sciences de l'art et des nombreux secteurs des sciences humaines qui concernent, de près ou de loin, les phénomènes artistiques.

1. R. Passeron, « La poïétique », *Revue d'Esthétique*, 3, 1971, pp. 233-246.

En d'autres termes, la poïétique doit s'imposer, légitime et spécifique, dans le champ actuel du savoir. Une science crée son objet quand et parce que ce dernier lui est présenté par un certain état des autres sciences. Ainsi une pensée historienne sur le langage (philologie, grammaire historique, phonétique) fit apparaître à F. de Saussure l'idée de linguistique structurale. Mais les autres sciences ne font apparaître qu'hypocritement une science à instaurer : elles l'offrent au chercheur du fait même qu'elles le recouvrent, l'accaparent ou le négligent. En l'occurrence, l'objet dont R. Passeron a eu le mérite de dévoiler et de dénoncer la présence voilée ressortit d'abord à l'ensemble des pensées et des actes qui élaborent l'œuvre d'art, ensuite aux commentaires scientifiques ou critiques suscités par cette élaboration. Indéniablement, la poïétique vient à son heure parce que *le* poïétique figure, mais sans contours précis, à titre de simples indices, dans l'esthétique et dans d'autres voies de la connaissance[2]. Science des modalités de l'instauration artistique, la poïétique demande des travaux de dévoilement, puis d'établissement d'un appareil conceptuel, des recherches appliquées enfin.

Il n'est de connaissance que médiatisée. De même que l'histoire, science du passé, s'exerce toutefois à partir de l'état présent des sciences historiques, de même le poïéticien devra-t-il tout ensemble expliciter et abolir la distance, ou plutôt l'épaisseur d' « épistémologie » qui le sépare forcément de son objet : l'art qui se fait. En dépit du formalisme de son esthétique, Hegel a rappelé que « c'est au moment où le marcheur n'est plus là que son empreinte, sa trace, apparaît dans la poussière » : le mot indique le sacrifice de la chose[3]. En droit seulement (un droit qui justement doit être révélé comme fait par le chercheur), l'existence précède l'essence. En réalité (dans l'histoire, ou plutôt en raison de l'accumulation des données scientifiques et des discours critiques), l'essence précède l'existence. Il en est de l'art et de l'esthétique, pour reprendre un mot d'I. Meyerson, comme de l'idée de personne : ils descendent du ciel sur la terre, — se référer à la pensée de Meyerson nous paraît d'autant plus opportun qu'aux yeux du fondateur de la psychologie historique et comparative l'homme se définit par ses œuvres, depuis ses créations artistiques jusqu'à ses institutions sociales elles-mêmes[4].

La poïétique, science du faire, questionne en premier lieu la science de l'être, — l'esthétique. Considérant l'engendré, celle-ci élude des phéno-

2. *Id.*, pp. 233-234.
3. Communication de Cl. This au colloque *Art et science. De la créativité* (Cerisy La Salle, 1970), U.G.E., Paris, 1972, p. 294.
4. I. Meyerson, *Les fonctions psychologiques et les œuvres*, Paris, Vrin, 1949.

mènes d'engendrement sur lesquels elle peut pourtant de moins en moins se dispenser de prendre appui. On a récemment souligné comment Hegel fonda sa démarche esthétique sur le logos au détriment du visuel ou de l'audible[5]. De même, l'idéalisme de Croce, allant tout droit de la conception à l'expression, aura-t-il éludé les œuvres dans leurs aspects génétiques. En revanche, l'esthétique moderne a dû se laisser hanter par la poïétique, tant les artistes eux-mêmes, et d'autres connaissances concernant plus ou moins directement les arts, privilégiaient leurs composantes physiques, et non plus leur statut métaphysique. Il reste que la poïétique (ou plutôt son objet) se trouve encore incluse dans l'esthétique générale comme un « élément dilué, inavouable »[6]. D'où la nécessité, sinon d'un renversement, du moins d'un déplacement scientifique : la science de l'aisthèsis « recevra une définition plus claire » d'une science de la poïésis, et de la praxis. Ainsi l'esthétique cessera de voiler son essentielle armature concrète et conceptuelle. Nous dirons que la poïétique rétablira une indispensable continuité entre ouvrage et œuvre.

Libérer le et la poïétique, les faire passer de la condition de simples contenus à celle de déterminants, ou de supports logiques, pose toutefois des problèmes complexes. La démarche de R. Passeron pour instaurer la poïétique, et les recherches où se sont engagés plusieurs chercheurs, impliquent une difficile traversée des apparences. Schématiquement, deux sortes de décryptage sont nécessaires. L'un décèlera ce qui s'avère poïétique dans les multiples discours ayant trait aux œuvres d'art. L'autre, plus important sans doute, concernera le discours poïétique non seulement exprimé par l'artiste (qui, on le sait, n'est pas toujours pleinement conscient de ce qu'il « fait »), mais encore traduit et dissimulé tout ensemble par l'œuvre elle-même. Quand le chercheur n'a pas la chance (toute relative et par bien des côtés illusoire) d'avoir accès à l'élaboration de l'œuvre, celle-ci lui oppose un mutisme poïétique ainsi évoqué par L. Marin :

Les secrets de l'action de l'œuvre et du peintre ne sont pas données dans l'œuvre elle-même : achevée, celle-ci les dissimule en deçà de la surface peinte. Ce qui apparaît d'eux sur cette surface même, la manière dont, d'une certaine façon, ils se livrent au regard n'institue pas non plus une évidence. On ne découvre pas toujours leurs indices, mais tout au long de l'histoire d'une œuvre, d'une histoire qui n'est pas nécessairement temporelle ou chronologique, ils se révèlent au regard, comme autant d'apparitions liées entre elles : historialité sourde et mystérieuse, silencieuse qui n'exclut pas cependant les expériences du regard et de la parole conduites systématiquement, qui provoquent l'œuvre pour multiplier, amplifier, diversifier ses résonances...[7].

5. J.-F. Lyotard, *Discours, figure*, Klincksieck, Paris, 1971, pp. 52-89.
6. R. Passeron, *op. cit.*, p. 233.
7. L. Marin, *Études sémiologiques*, Klincksieck, Paris, 1972, p. 17.

De plus, avant ou après les ambiguïtés et les écrans de l'esthétique, ceux de la poïétique devront être délimités et traversés. Connaître les actes instaurateurs d'une œuvre implique d'analyser — et de démythifier — la « théorie générale de la nature et du destin de la poésie », pour reprendre, en l'étendant à tous les arts, la définition du Dictionnaire de Robert. Paul Valéry, comme devait le rappeler son successeur au Collège de France, fut amené à professer un cours de poétique (« ou plutôt de poïétique ») en raison du trop de généralité de la notion illustrée par le Traité d'Aristote. L'idée de poétique ne pouvait en effet rendre compte de la réalité concrète du poème, puisqu'en principe elle recouvrait à la fois un système de règles, les faits de structuration et l'évidence d'une structure artistique achevée. La poétique englobait donc le formable (matière, matériau), le formant (artifices, travail) et la forme définitive, comme elle laissait dans l'abstrait l'élément capital d'une science de la création : la situation de l'artiste aux prises avec un système formel déjà constitué afin, par des moyens dits techniques, de provoquer un « change des formes » et d'obtenir l'œuvre nommée novatrice. Aussi importait-il à Valéry de ramener un vieux verbe grec de son sens abstrait, normatif, à ses significations opératoires : le langage proprement dit de la poésie, ouvrage verbal.

La poïétique doit réduire la poétique, et la nécessité de ce travail réducteur s'avère évidente quand on considère les maintes poétiques énoncées en tout ou partie par les artistes eux-mêmes. Pour être trop connu, l'exemple de la *Genèse d'un poème* n'en est pas moins éloquent. La poïésis véritable de l'écrivain se situe dans *Le corbeau*, où s'affrontent et s'interpénètrent une instance fantasmatique particulièrement puissante et ponctuelle, et des exigences prosodiques. En revanche, le commentaire d'Edgar Poe est bien moins l'explication d'une genèse qu'un récit connotatif d'un ouvrage. Pourtant ce récit prend un caractère poïétique en regard du texte *Principe de Poésie*, qui lui-même déconstruisait la poétique d'un académisme régnant. Le rapport entre poétique et poïétique consiste en niveaux de discours décryptables les uns par les autres, — à traverser successivement.

L'extension à tous les types de création du terme de « poétique », et par là de « poïétique » ressortit en premier lieu à l'idée même de langage, et à une phénoménologie du discours. L'un des premiers savants à illustrer cette extension fut M. Bakhtine, et il le fit dans un esprit profondément dialectique : pour formuler la « poétique de Dostoievsky », Bakhtine se sépare de l'école formaliste russe, trop dépendante à ses yeux des modèles de la linguistique, mais il continue de voir en celle-ci une référence indispensable pour l'analyse d'une œuvre complexe, qui a pour substance une « polyphonie » de langages sociaux et idéologiques avant d'avoir une langue pour matière[8]. Quant à la poïétique de Dostoievsky, à son travail d'écriture et de montages romanesques, on peut difficilement concevoir de l'étudier sans recourir à la grille établie par Bakhtine.

Plusieurs niveaux de discours sont à déchiffrer quand on se propose soit de saisir le « faire » d'un artiste, soit de cerner les problèmes d'élaboration touchant à tel art dans son ensemble. Si l'on admet qu'une somme ou une série d'actes créateurs prennent place entre le plan des matériaux « plutôt proposés » à l'artiste (le facteur Cheval) ou « plutôt choisis » par lui (Picasso), — et un plan globalement nommé théorique, il ne suffira pas au poïéticien d'examiner les cheminements dialectiques qui unissent telle matière et le dessein du créateur : ce dessein relève, par fidélité ou par négation, d'une poétique trouvée toute faite, puis s'exprime, fréquemment du moins, dans une poétique élaborée par le créateur à partir de son travail même. On voit alors la pratique concrète, existentielle d'un art, érigée en message éthique, ou philosophique : en poétique générale. Peu d'artistes (Poe, Henry James, Klee, Lhote, Joyce, Boulez) ont su traduire en un langage cohérent les relations qu'ils tenaient pour nécessaires entre le pratique et le théorique (c'est-à-dire aller de l'un à l'autre, dans les deux sens) et conceptualiser avec rigueur les modalités de leurs actes artistiques. Pourtant leurs textes mêmes sont à déchiffrer et à confronter avec des œuvres irrémédiablement constituées. A plus forte raison faudra-t-il examiner de très près les propos ou les écrits de créateurs originaux qui, tout en ayant conscience que technique et pensée, mise en forme et forme, exécution et conception s'interpénètrent sans cesse, se hâtent cependant de généraliser, de rendre abstraite, une praxis particulière. Un propos de Braque devant sa toile blanche — « c'est à cela qu'il faut arriver » — suffit à indiquer l'interrelation de l'esthétique et du poïétique, et quelle tâche d'interprétation incombe au poïéticien[9].

La pratique d'un art, l'élaboration d'une œuvre sont toutefois désignées, situées, par les multiples commentaires dont elles font l'objet. Que ces discours « déterminent » une poïésis ou en dérivent, qu'ils soient dus ou non à l'artiste, antérieurs ou postérieurs à son ouvrage, l'art « qui se fait » leur est lié organiquement, si lâche et imprécis que puisse être ce rapport. Il n'est pas d'acte plastique surréaliste sans théorie ou idéologie du surréalisme, pas d'art baroque sans un baroque d'intention. Insistons sur un point tenu pour essentiel dans notre propos : science de l'instauration artistique, la poïétique ne doit pas chercher à établir la souveraineté

---

8. M. Bakhtine, *La poétique de Dostoievsky*, trad. fr., Paris, Seuil, 1970, et la présentation de J. Kristeva.

9. J. Bazaine, « Exercice de la peinture », *N.R.F.*, sept. 1972, p. 250.

de celle-ci. Les actes créateurs sont fondamentaux, inaliénables à d'autres
sciences, mais ils ne constituent pas l'essence de l'art. Ils sont autonomes,
mais cette autonomie n'est pas radicale. La poïésis, avec ses sources et
ses effets, n'est pas l'unique critère de valeur de l'œuvre d'art. Eriger le
faire en absolu serait fausser son sens même, et obscurcir l'esthétique au
lieu de la clarifier. En posant pour principe que tout part du faire et tout y
revient, ou encore que quel que soit le nom donné à un phénomène artistique, celui-ci se définit exclusivement ou « avant tout » par les modalités
et les effets perceptibles d'un travail, on court le danger de présenter l'art
comme une entité indifférenciée, anhistorique, non-sociale. Vouloir éli-
miner, au nom de la réalité imprescriptible de l'action créatrice, toute
différence entre l'artiste et l'artisan nous paraît aussi peu rationnel que
d'exalter la personne d'un créateur au nom d'un culte de la beauté.

Sans doute l'évolution présente des arts, si rapide, si complexe, rend-
elle à elle seule indispensable des recherches poïétiques, qui préciseront le
sens de plusieurs notions artistiques confuses, sinon tautologiques, et
projetteront d'utiles lumières sur l'antagonisme entre art et anti-art, par
exemple[10]. Ces recherches ne sauraient cependant neutraliser les idées,
les tendances ou simplement les désirs qui inspirent l'engendrement des
formes, ni aplanir, en quelque sorte, les conséquences spirituelles, intellectuelles, politiques parfois, que comportent les œuvres terminées, lorsqu'elles s'intègrent, pour le modifier, dans un tissu culturel. Pour pouvoir
contribuer à assurer les fondements de l'esthétique, la poïétique devra être
libérée de tout présupposé positiviste comme de tout idéalisme, ce qui
revient presque au même.

Il était certes arbitraire de distinguer entre poétique et esthétique, — de
les présenter comme deux niveaux de connaissance formant un double
écran devant les objets de la poïétique. Esthétique et poétique se confondent
aujourd'hui, l'une englobant l'autre, sauf toutefois en littérature, où l'on
voit la poétique transformer l'esthétique et proposer des cadres précis à
une poïétique[11]. Mais en dépit de leur opacité ou de leur nature exagérément
abstraite, les discours qui constituent l'aisthèsis ont un rôle actif et éclairant
à jouer dans une science de la création. Il n'y a jamais solution de continuité (sinon dans l'esprit de l'artiste) entre le processus d'élaboration d'une
œuvre et cette œuvre élaborée : l'être n'est jamais qu'un faire stabilisé.
Pourtant la poïétique devra rétablir, reconstituer cette continuité afin de
mettre en lumière d'une part la concrétude historique de l'action créatrice,

10. R. Passeron, p. 243.
11. M. Zéraffa, « La poétique de l'écriture », *Revue d'Esthétique*, 4, 1971, pp. 384-401.

de l'autre les rapports complexes entre cette action et le résultat obtenu, — et cette recherche sera entreprise le plus souvent par référence à une réalité esthétique : celle de l'œuvre achevée, celle aussi des discours qui peuvent la concerner. Le poïéticien tirera un faible argument de la surprise souvent éprouvée par l'artiste quand il compare l'œuvre terminée avec son projet originel. Si la surprise est très profonde, la poïétique aura raison contre l'esthétique. Mais il arrive aussi que le créateur voit l'œuvre confirmer son dessein, et dans les deux cas le critère de valeur de la création n'est rien d'autre que l'œuvre achevée qui, selon un mouvement de pensée rétrospectif, explique en partie à l'artiste le comment et le pourquoi de son travail.

Sans doute l'appréciation de l'artiste sur son œuvre, et sur celle des autres, est-elle de nature fondamentalement poïétique. L'artiste est en définitive le seul à connaître les rapports précis du faire et de l'être. Un peintre sait voir comment la couleur a été mise sur le support et pourquoi telle pratique picturale portait déjà en elle-même son résultat. Cependant, ce jugement poïétique relève d'hypothèses poétiques et comporte une finalité esthétique. Le plasticien « se soucie assez peu de l'objet fini, produit »[12]. Mais cette relative indifférence concerne plutôt l'œuvre comme arrêt dans la création que comme résultante définitive d'une série d'efforts. Commentant les exégèses de Klee sur son travail, L. Marin fait observer que « le créateur n'est créateur qu'*après coup* », pour citer ensuite ce propos lourd de sens : « L'*œil* suit les chemins qui lui ont été ménagés dans l'*œuvre* », et conclure en soulignant qu' « avec une égale lucidité Klee le créateur se situe toujours avant ou après la création, mais jamais dans le point inassignable de l'origine où pourtant il se trouve, mais insaisissable »[13].

Technique et esthétique sont deux pôles dans le registre de la pensée, qui déterminent dialectiquement les modalités d'une expérience artistique. Prises en elles-mêmes, ces modalités (une fois rendues apparentes) disent très imparfaitement l'histoire de l'élaboration de l'œuvre. La grande difficulté à laquelle se heurte la poïétique réside dans la relation (à connaître) entre une pratique et son sens. On sait par exemple que S. M. Eisenstein et Dziga Vertov s'opposèrent quant au problème du montage. Pour l'un, cet artifice devait être rigoureusement subordonné à l'explicitation d'un thème issu du réel. Pour l'autre, l'art du montage était primordial[14]. Ainsi l'esthétique peut être légitimement tenue pour constitutive de la poïétique.

---

12. J. Bertrand, « Découverte, invention construction », *De la créativité, op. cit.*, p. 44.
13. L. Marin, *op. cit.*, p. 105.
14. S. M. Eisenstein, *Montage 38, cf.* J. Bruch, *Praxis du cinéma*, Paris, 1969, et *Dziga Vertov*, Paris, U.G.E., 1972, textes rassemblés et commentés par S. Mossé et A. Robel.

L'esthétique concerne « l'art qui se consomme »[15] —, mais les études de
Panofsky auront consommé plusieurs problèmes touchant à l'élaboration
des œuvres d'art. On estimera donc que la poïétique implique une connaissance des écarts entre une intention et une action, entre celle-ci et un matériau, entre une vision du monde et sa matérialisation sensible, — écarts
dont chacun se subdivise en plusieurs autres. La poïétique précisera l'esthétique, mais dans bien des cas le niveau de l'être, du formé, éclairera celui
du faire. Un phénomène artistique est semblable à l' « étant » de Heidegger :
se le disputent une essence atemporelle et une existentialité historique. En
poïétique la question « par où commencer ? »[16] se pose avec acuité. A ses
élèves du Bauhaus, Klee disait : « Lorsqu'on analyse une image, on ne
tient pas compte en premier lieu de ses valeurs absolues. Non. On tient
compte de certaines théories et des lois qui les régissent. Pour analyser
une image on ne suit pas toujours les mêmes voies. Nous pouvons le faire
de diverses manières : selon la forme, selon les origines, selon les couleurs,
selon la technique. Ici, nous sommes dans la logique. Nous pouvons tout
aussi bien nous baser sur la psychologie. Et, si nous analysons la construction même, il nous est loisible de considérer les attitudes, les directions,
les torsions, les rotations, les tendances actives ou passives, les gestes
positifs ou négatifs[17] ».

Il faut pourtant commencer. L'établissement d'un savoir, avec ses
postulats théoriques, est affaire de décision, ici et maintenant. La poïétique
s'avançait masquée : on doit faire reconnaître sa spécificité et son statut.
On doit d'abord réagir contre l' « impérialisme » d'une esthétique selon
laquelle, en particulier, « l'œuvre est ce qui, réellement ou virtuellement,
a lieu dans le Musée »[18]. Mais n'est pas seul en cause le formalisme de
l'esthétique. La réaction poïétique devra également viser plusieurs démarches scientifiques actuelles, qui rendent compte des conditions de la création,
mais éludent celle-ci en tant que construction venant prendre place dans
un vide qu'aura affronté « la lutte créatrice de l'homme »[19]. On assiste
aujourd'hui à ce paradoxe : les activités artistiques concrètes demeurent
obscures alors même que les sciences de l'homme s'attachent à élucider la
pensée créatrice en prenant le plus souvent, à cet effet, les œuvres d'art
pour références. La sociologie, la psychanalyse, la linguistique, l'anthro-
pologie (du moins dans leurs tendances structuralistes), du fait même

---

15. R. Passeron, p. 239.
16. R. Barthes, « Par où commencer ? », *Poétique*, 1, 1970, pp. 3-9.
17. J. Laude, « Le Bauhaus et l'Europe des utopies », *Politique*, oct. 1969, p. 64.
18. J. C. Lebensztejn, « L'espace de l'art », *Critique*, 275, 1970, cité par Passeron, p. 239.
19. R. Passeron, p. 246.

qu'elles considèrent la création en fonction d'une problématique du Sujet[20], portent de l'ombre sur la réalité d'un Projet qui, en revanche, sera l'un des plus fermes fondements de la poïétique. Privilégiant la novation[21], celle-ci récusera toute réduction de l'art à ses déterminants. Elle opposera le génétique à l'idée de genèse, la structuration à celle de structure. Par exemple, la poïétique s'appuiera à bon droit sur le travail conçu comme une fonction psychologique distincte[22]. Or cette fonction, en art, a une forte composante ludique dont la psychanalyse semble s'être emparée grâce aux concepts de désir, de compensation ou de sublimation.

Par corollaire, la poïétique devra connaître d'un problème qui semble être de plus en plus à l'ordre du jour : les rapports sont-ils (ou peuvent-ils devenir) homogènes entre la création concrète et la création virtuelle, — la créativité? Peut-on assimiler la lecture à l'écriture, le regard à l'ouvrage plastique, l'audition à la musique? Problème dont nous schématisons à dessein l'énoncé, pour attirer l'attention sur le fait qu'il préoccupe plusieurs artistes.

Cependant, la poïétique ne peut établir sa spécificité qu'en fonction de celle de l'art et de celle des divers modes de connaissance qui concernent l'art plus ou moins directement. Puisqu'il s'agit d'une « promotion philosophique » des sciences *de l'art qui se fait*[23], il faut que cette promotion (pour nous conceptuelle plutôt que philosophique) sache se différencier des sciences qui l'ont pour ainsi dire investie, mais dans lesquelles elle a déjà pu se manifester. Notre exposé, comme l'indique son titre, tend à faire apparaître la poïétique comme un discours surgi d'autres discours, et pris sur eux. La poïétique est un lieu d'intelligibilité dont le « faire » occupe le centre. Ce lieu doit être spécifique. Il faut concevoir la poïétique, et non pas une poïétique psychanalytique, sociologique, sémiologique. Pourtant, diverses sciences humaines, en vertu même de leurs accaparements, de leurs réductions, de leurs formalisations ou de leur systématisme, ont historiquement et structurellement manifesté la nécessité de la poïétique, en ont désigné les seuils, l'ont rendue possible.

La poïétique est apparue dans le langage de l'esthétique et dans celui des autres sciences de l'homme. Or cette apparition a coïncidé avec une présence de plus en plus nette *du* poïétique dans les œuvres d'art en tant

20. Par exemple, L. Goldmann, « Le sujet de la création culturelle », *La création culturelle dans la société moderne*, Paris, Gonthier, 1969. — J. Lacan, *Écrits*, Paris, Seuil, 1966 (« La structure du sujet », *passim*). — H. Cixous, « Joyce, la ruse de l'écriture », *Poétique*, 4, 1970.
21. R. Passeron, p. 245.
22. R. Passeron, p. 236 et I. Meyerson, « Le travail, fonction psychologique », *J. de Psychologie*, 1955, n° 1.
23. R. Passeron, p. 239.

qu'objets constitués, achevés, livrés au public. Nous voudrions tirer quelques leçons de ce double mouvement, qui caractérise une époque où l'œuvre d'art dépend désormais non plus de ce qui l'a suggérée, mais de la façon dont elle a été élaborée[24]. L'instauration de la poïétique semble demander qu'on mette en lumière un certain nombre de rapports précis entre sa pertinence historique (l'apparition nécessaire d'un concept) et sa valeur épistémologique et méthodologique : la valeur et l'efficacité d'une science poïétique.

Actualité du poïétique

Le statut notionnel ou normatif de l'esthétique devait difficilement résister aux aspects de plus en plus dynamiques présentés par les arts depuis le dernier tiers du XIXe siècle[25]. Ainsi, durant les années qui précèdent la première guerre mondiale, l'esthétique se divise en deux tendances extrêmes : maintenir l'idéalisme ou, au contraire, fonder ses démarches sur des phénomènes de praxis[26]. Trop timide encore, cette seconde tendance ne s'est cependant pas bornée à un effort d'explicitation des œuvres novatrices. A partir de l'esprit de déconstruction des formes dont celles-ci témoignaient (pour aboutir à des synthèses nouvelles) une esthétique empreinte elle-même de dynamisme entreprit de considérer les faits d'art moins comme œuvres que comme ouvrages. Faure, Malraux, Panofsky, Focillon, Francastel devaient montrer en substance, par des voies diverses, que l'élaboration des formes est indépendante des impératifs notionnels, idéologiques, religieux, que ces formes doivent pourtant signifier. Étudiant la métamorphose du romanesque occidental au cours des années 1920, nous avons pu écrire que le concept de spécificité de l'art — concept au contenu fortement poïétique — a surtout été dégagé par rétrospection[27]. La grille impressionniste fait apparaître l'intensité des petits pans de mur jaune, et les analyses comme les synthèses du cubisme font ressortir la spécificité picturale d'un La Tour. La découverte d'un tableau dans le tableau (due souvent à des procédés technologiques de plus en plus précis) a également infléchi l'esthétique vers la poïétique. Le philosophe de l'instauration, E. Souriau, confronte la « pensée vivante » avec la « perfection formelle », et G. Bachelard établit une thématique poïétique des œuvres littéraires en mettant en

---

24. *Cf.* P. Gauthier, « De l'autonomie artistique à une nouvelle critique », *Cimaise*, 106, 1972.
25. *Cf.* notamment P. Francastel, *Art et technique*, Paris, Minuit, 1955.
26. *Cf.* M. Dufrenne, « L'esthétique en 1913 », *in L'année 1913*, Paris, Klincksieck, 1971, pp. 25-30.
27. M. Zéraffa, *Personne et personnage*, Paris, Klincksieck, 1969, p. 27.

lumière l'insistance de schèmes formels comme traducteurs de pulsions ou d'obsessions. Selon un propos similaire, M. Guiomar définit la musique atonale par le passage d'un registre du discursif (le musicien « entend ce qu'il écrit ») à un registre du fantasmatique (le musicien « écrit ce qu'il entend[28] »).

Ce départ entre le langage du discours et celui du fantasme présente un grand intérêt si l'on considère le dessein d'auto-représentation qu'auront eu en commun les arts occidentaux modernes, jusqu'à la fin des années 1950 environ. Mallarmé comme Blok, Cézanne puis Braque, Schönberg et Berg assignent pour référence première à la création sinon le fantasme, du moins une expérience perceptive la plus directe possible. Mais cette attitude essentiellement poïétique requiert de déconstruire un discours poétique dont les éléments (épars) entreront dans la construction de l'œuvre nouvelle[29]. L'art atteindra son but — ne représenter que soi — à condition de redistribuer plusieurs facteurs formels qui avaient concouru aux apparentes hétéro-représentations du passé. A cette redistribution devait toutefois s'adjoindre la transcription, en termes de poésie, de musique, de peinture, de sculpture, d'architecture même, du spectacle d'une réalité livrée à l'industrie et aux sciences, — d'un monde où l'idée de nature s'effaçait devant celles de culture, de travail, de production. S'il est vrai que la plupart des artistes n'ont guère saisi le sens des découvertes scientifiques, du moins celles-ci se sont-elles schématiquement intégrées dans l'idée même de spécificité de l'art, proposant aux artistes la nécessité de nouveaux thèmes formels, et les portant surtout à considérer le réel, la vie, leur métier comme des expériences de production dont l'art devait, dans son domaine propre, prendre le relais. Ainsi, Malevitch écrit : « Les mouvements de l'art nouveau peuvent seulement exister dans une société qui a absorbé le *tempo* d'une énorme cité, la nature métallique de l'industrie[30] ».

Dès lors la conscience de l'artiste implique une conception phénoménologique du monde, de soi-même et de l'esthétique[31]. Le créateur souhaite faire reculer la notion d'art jusqu'à ce qu'aient été épuisées (traversées) les données d'une réalité (psychique aussi bien qu'externe) se signifiant au premier chef par des fonctions, des productions, des projets. Statique ou mobile, la forme définitive apparaîtra comme la limite de sa propre élaboration, qui elle-même re-produit esthétiquement les aspects dynamiques d'une réalité tenue en général pour non-esthétique, et qui

28. M. Guiomar, « Prémices, attentes et sacres », *in L'année* 1913, *op. cit.*, pp. 414-420.
29. *Cf.* par exemple le nº de *Change* consacré à « La Destruction », Paris, Seuil, 1969.
30. J. Guillerme, « Esta furia de geometrismo plastico... », *L'année 1913*, *op. cit.*, p. 88.
31. *Cf.* notamment R. Klein, *La forme et l'intelligible*, Paris, Gallimard, 1970, pp. 412-420.

l'est cependant au titre du travail, de la créativité qu'elle implique. L'attitude phénoménologique (poïétique) de l'artiste concernera en outre les éléments du réel destinés à entrer dans l'œuvre. La peinture moderne sera « un objet où se montre l'engendrement des objets »[32]. Il en va de même du *Sacre du printemps* ou des monologues intérieurs de Joyce. Le caractère de « faire » présenté par plusieurs tendances de l'art d'aujourd'hui s'accuse dans la mesure même où prennent place, dans l'espace plastique ou musical, des objets quotidiens finis, soit utilisés tels quels (Arman, Wharol, Rauschenberg), soit modifiés par divers traitements (César, Burri, P. Scheffer).

Au niveau de sa composition — de son apparence formelle globale — l'œuvre a souvent un caractère phénoménologique en ce qu'elle se laisse percevoir comme le résultat d'un travail dont nous pouvons suivre les étapes décisives. Le *work in progress* de Joyce était déjà *work*. M. Butor aura proposé non plus le roman dans le roman, mais la situation et le travail spécifiques du romancier dans une fiction[33]. W. Grohman souligne que, dans les œuvres de Klee qui sont « au centre de son activité créatrice, il est impossible de séparer un sujet ou un thème de l'acte génétique de création »[34]. Le metteur en scène Grotovsky tend à assimiler le théâtre à une pratique théâtrale dont le spectateur est rendu témoin.

Car la conscience poïétique et la conscience esthétique ont fait et font alliance chez de grands créateurs, qui contestent que l'art puisse être seulement offert, présenté, soumis à la société. Tenue pour transformatrice du réel humain, l'activité artistique veut s'y placer. Le cours de J. Itten au Bauhaus tendra à coordonner « les forces et les aptitudes physiques, sensuelles, spirituelles et intellectuelles... et à construire l'homme tout entier comme un être créateur ». On a pu observer que « Cézanne, Mondrian, les cubistes, les constructivistes ont interrogé l'efficacité de la pratique artistique comme lecture et transformation d'un continuum spatio-tempore, et psycho-social »[35]. En un sens, ces artistes annonçaient l'art conceptuell qui veut illustrer, à l'aide de matériaux simples, cette ambiguïté de la notion d'art sur laquelle Panofsky a mis l'accent, le sentiment esthétique concernant aussi bien les œuvres dues aux artistes que tout objet naturel ou fabriqué[36]. Sans doute le Bauhaus s'est-il inscrit dans une utopie suscité en grande partie par la « crise des valeurs », mais « on lui doit une nouvelle appréciation des relations de l'art et de la vie : l'art constitue l'une des

32. J.-F. Lyotard, *op. cit.*, p. 28.
33. *Cf.* F. Van Rossum-Guyon, *Critique du roman*, Paris, Gallimard, 1970, chap. III.
34. W. Grohman, *Paul Klee*, Paris, 1954, p. 134.
35. *Robho*, article non signé, n° 5-6, 1971, p. 21.
36. E. Panofsky, *Meaning in the Visual Arts*, New York, Doubleday, 1955, p. 12.
37. J. Laude, « Le Bauhaus et l'Europe des utopies », *op. cit.*, p. 64.

fonctions majeures de l'activité humaine, aussi bien dans l'ordre de la pensée et de la sensibilité que dans celui de l'action »[37].

Reconnaissons aussitôt que ces mutations de l'art dans un sens poïétique, et le vœu assez lyrique, chez certains artistes, de situer l'œuvre de plain-pied avec le travail humain dans son ensemble, rendent d'autant plus nécessaires des recherches spécifiquement poïétiques. Il convient d'ouvrir les « œuvres ouvertes », d'étudier les procédés employés pour rendre transparente la frontière entre œuvre faite et œuvre se faisant, d'analyser aussi des propos comme ceux de Soto : « Nous ne sommes plus des observateurs, mais des parties constituantes du réel », — de J. Dewasne : « L'œuvre d'art est d'abord et avant tout un moyen de réunir les hommes entre eux », — ou encore de Vasarely : « L'art de demain sera trésor commun ou ne sera pas[38] ». Cependant, un autre propos de Vasarely nous paraît désigner assez exactement la condition et les tâches de la poïétique : « Le développement de l'art moderne nous incite à considérer l'œuvre d'un artiste sous deux aspects : — nous cherchons à démêler le cheminement de sa création, son origine, sa direction, nous en voyons s'inscrire la trame dans le tissu d'une époque; — nous appréhendons ensuite l'œuvre comme une île coupée de tout hormis de nous-même qui la regardons; sa présence devient perceptible comme une vibration au cœur de l'inviolabilité du silence[39]. »

La poïétique ne saurait néanmoins ignorer le problème que pose aujourd'hui la situation du spectateur, de l'auditeur, du lecteur en présence d'œuvres qui, selon certains, continueraient de tout devoir à elles-mêmes (au génie de l'artiste) et qui n'impliqueraient de participation que sous des formes passives, n'apportant donc rien à l'objet d'art proprement dit. En fait, de nombreuses œuvres actuelles, cinétiques notamment, requièrent bien moins une participation qu'une complémentarité de la part du spectateur. Celui-ci pourra soit être mis en situation de suivre les principales étapes d'une démarche créatrice, soit accomplir des gestes grâce auxquels l'œuvre prendra pleinement son sens et son efficacité esthétiques. Tout au contraire des cérémonies religieuses, qui ressortissent à l'observance d'un code, ces ouvrages proposent un ensemble de données formelles qui justement ne composeront une forme que grâce à l'apport d'une intervention externe. Intervention le plus souvent gestuelle (Takis proposant des surfaces métalliques portant en leur milieu un cercle légèrement renflé et magnétisé, sur quoi le spectateur pourra projeter des poignées de clous

38. *L'art depuis 45*, Bruxelles, La Connaissance, 1969 ,pp. 240-256-268.
39. *Id.*, p. 267.

pour obtenir un hérissement de métal très beau à voir), mais intellectuelle
également. Ainsi, J. Dewasne a-t-il inscrit, sur la face extérieure de l'ensemble pictural circulaire exposé à *Dix ans d'art contemporain*» « Le spectateur va repérer des ensembles et à partir d'eux — faire naître des courants dynamiques qui donnent à l'œuvre ses significations — il ne devra
rien isoler mais au contraire organiser les liaisons, les filiations d'une
forme à l'autre — entrelacer les positions et les emplacements ». Voici
déjà plus de trente ans, Eisenstein opposait l'œuvre morte (fermée sur soi)
à l'œuvre vivante, qui au contraire « entraîne le spectateur dans un processus de création »[40].

D'après ces quelques exemples on estimera que les problèmes inté-
ressant la poétique sont moins de nature, de fond, que de degré : ces problèmes sont historiques. Dans l'absolu, tout objet d'art est œuvre, et ce
postulat constitue certainement la raison d'être de la poïétique. On tiendra
pourtant le plus grand compte des changements depuis longtemps intervenus dans l'idée même d'œuvre et dans le statut (esthétique autant que
socio-économique) de l'œuvre. Que tout objet d'art résulte d'un travail
personnel ou collectif ne saurait nous faire oublier que si maints artistes
considèrent leur œuvre comme un système clos — proposé à notre aisthèsis
mais que celle-ci ne peut parfaire —, d'autres, par contre, récusent l'idée
d'œuvre en invoquant deux raisons complémentaires : d'une part cette
idée procède du statut économique d'une civilisation qui exige que l'art
se compose d'objets finis, de l'autre, par voie de conséquence, cette exigence
impose à l'artiste de soumettre son élan créateur à des formes, à des moules
factices. En d'autres termes, ces artistes voudraient pouvoir aller « de
l'œuvre au texte »[41], le textuel étant l'expression artistique elle-même,
essentiellement non-discursive, libérée des contraintes qu'impliquent les
seuls mots de peinture, de tableau, de statue, de roman, d'œuvre musicale...[42].
La poïétique ne se contentera pas de constater les variations subies par
le concept de totalité depuis un siècle environ : il lui faudra étudier comment
ces variations s'articulent en fonction de travaux créateurs qui eux-mêmes
dépendent du projet des artistes, de leur vision du monde : il n'est pas de
création innocente. De même, en présence d'œuvres destinées à réduire
la distance qui sépare l'art de ses témoins, le poïéticien se demandera
dans quelle mesure de tels ouvrages sont aptes à susciter un réel désir de
créer[43].

40. *Cf.* J. Bruch, *op. cit.*, p. 40.
41. R. Barthes, « De l'œuvre au texte », *Revue d'Esthétique*, 3, 1971, p. 228.
42. *Cf.* l'ouvrage récent du musicien Dieter Schnebel, *Denkbare Musik*, Cologne, Du Mont Schauberg, 1972.
43. F. Popper, « Cinétisme et créativité publique », *L'art vivant*, mars-avril 1969.

Mais le principe de participation — de partage poïétique si l'on peut
dire — qui préoccupait déjà Kandinsky, relève d'un autre principe, plus
général, et particulièrement prégnant de nos jours : tout a un sens. Principe
qui semble aller de soi, qui anime toutes les sciences, mais dont il faut
néanmoins rappeler la force quand on considère l'intérêt porté aux faits
d'art par les sciences humaines actuelles. Les phénomènes artistiques
comptent parmi leurs objets les plus privilégiés, mais elles étudient moins
leur « être » que leur signifiance : elles opèrent un travail réducteur de la
forme au sens, car le sens qui est mis en lumière est celui non pas des « fonctions de l'apparence »[44], mais un sens génésique. Le sociologue, le psychanalyste, le linguiste s'estimeront souvent quittes envers l'œuvre (dans ses
aspects esthétiques, poétiques, poïétiques) quand ils auront établi comment
un jeu de formes apparentes signifie telle structure profonde ou fondamentale du social, d'une psychè, d'une langue. Les œuvres d'art sont donc
expliquées en tant que produits ou aboutissements, — non en tant que
constructions spécifiques. Mais, à l'opposé, des sciences qu'on peut nommer
poïétiques, fondées principalement sur la sémiologie, tendent à montrer
que seuls les éléments formels d'une œuvre, une fois décelées leurs combinaisons ou leur combinatoire, rendent compte de celle-ci jusque dans ses
aspects les plus nettement génétiques : l'œuvre est un texte, ou plutôt un
inter-texte.

Il reste que toutes les sciences humaines, de l'esthétique à la psychanalyse, affrontent avec une intensité croissante, depuis une trentaine d'années,
le problème du sens des œuvres. Sans aucun doute, la poïétique apportera
ici de vives lumières. Pour qui a suivi les séminaires du Centre de Recherches
de Psychologie Comparative (I. Meyerson), où souvent des artistes, œuvres
à l'appui, viennent expliquer leur travail, il est manifeste que bien des
problèmes qui semblaient relever de l'esthétique, de la psychologie ou de
la sociologie, se trouvent grandement éclaircis quand le praticien d'un art
expose avec précision sa double expérience : celle de son dessein, celle de
son travail, retraçant ainsi la signifiance de son œuvre. Répétons toutefois
que l'observation ou le compte-rendu directs, même dus à l'artiste le plus
objectif, le plus critique, ne sauraient suffire à la science poïétique. Celle-ci
doit inévitablement considérer, de nos jours, quelles marges exactes de
recherches lui sont laissées ou indiquées par les autres sciences humaines,
— ou encore quel est le terrain d'investigation qu'il lui faut recouvrer en
s'opposant, cette fois, à ces sciences.

La psychanalyse privilégie le sens du contenu des œuvres au détriment

44. R. Passeron, *L'œuvre picturale et les fonctions de l'apparence*, Paris, Vrin, 1962.

de celui des formes elles-mêmes, et l'on doit surtout lui reprocher de tenir bien peu compte de la spécificité des techniques. Le point de vue psychanalytique a pourtant le mérite de faire apparaître l'art comme une limite, comme l'effet d'une tension qui, elle, n'appartient à l'art qu'en tant que la psychè, à ses différents niveaux, constitue déjà un système de langage. L'esthétique à forte « incidence sociologique de Panofsky et de Francastel nous montre qu'il y a non pas rupture, mais relation cohérente, entre structures artistiques et structures culturelles. Linguistique et sémiologie assurent les bases d'analyses structurales qui proposent à leur tour des cadres pour des analyses poïétiques. D'autre part, ces sciences, appliquées aux œuvres, du moins modernes, trouvent la justification de leurs démarches dans le fait que les artistes accomplissent le plus souvent des travaux qui se proposent d'eux-mêmes, par leurs contenus et leurs formes, à l'investigation scientifique. Rappelons les psychogrammes de J. Pollock, les aspects para-linguistiques et para-psychanalytiques des textes de R. Roussel, les œuvres sémiotiques de Michaux, — et l'on sait l'influence du Cercle Linguistique de Moscou sur les poètes et les cinéastes russes au début des années 1920[45]. Le para-technologisme des cinéticiens actuels apporte une autre preuve que l'art s'élabore de plus en plus « au second degré » : que dans ses aspects novateurs il s'accomplit en fonction des effets, des apparences, des signes de la culture. Les coulées de matière plastique, émergeant d'une caisse, organisées par César, ont peut-être été suscitées en premier lieu par l'existence d'un matériau nouveau, mais elles nous semblent procéder aussi d'un recours non spontané au fantasme. La poïétique cernerait imparfaitement son objet si elle retraçait l'organisation des formes en étudiant (ce qui est indispensable) les supports, les matériaux, la formation artistique et technique du créateur. On doit en outre tenir le plus grand compte de l'intervention culturelle dans la poïèsis. Le savoir extra-artistique de l'artiste n'est plus, aujourd'hui, infra-poïétique, si tant est qu'il le fut jamais : ce savoir entre dans la matière même de la création. Si l'on nous objectait qu'aujourd'hui comme hier l'artiste transmue en formes esthétiques les multiples et incohérents apports de son existence sociale, intime, intellectuelle, spirituelle, nous répondrions que la poïétique, s'appuyant sur les sciences humaines, doit justement examiner cette transmutation. L'esthétique conserve de nos jours son caractère philosophique, mais elle ne peut se maintenir à ce niveau nécessaire qu'en exploitant les connaissances qui tendent à réduire l'art à autre chose que l'art. La poïétique imitera en cela l'esthétique.

45. *Cf.* Cl. Ollier, « Improvisation et théorie dans la création cinématographique », *De la créativité, op. cit.*, p. 140.

La problématique du signe

Ni l'œuvre ni son élaboration ne sont des objets. Qu'elle soit en train de se faire ou achevée, passée ou contemporaine, qu'on la tienne pour partie intégrante d'une réalité socio-économique ou, au contraire, pour radicalement distincte de cette réalité du fait du travail original, irremplaçable, de l'artiste, — l'œuvre nous parle. Elle est événement de langage. Les constats de l'artiste et nos propres constats sur une œuvre en cours ou achevée ressortissent à deux systèmes de discours sans doute différents, mais qu'il convient de mettre en parallèle afin de discerner leurs concordances ou leurs incompatibilités. L'artiste au travail (l'artiste et son travail) parle un langage non uniquement technique et esthétique : ce langage est en outre interprétatif des multiples données d'un certain état des connaissances. Langage, enfin, dans lequel le principe « tout a un sens » prend de nos jours une grande force pour, croyons-nous, trois raisons principales : les matériaux ont perdu, dans bien des cas, leur spécificité artistique; ils appartiennent au niveau technique de notre vie quotidienne; — l'idée de création se désacralise; — l'artiste, en outre, cherche plus ou moins sincèrement à rompre son isolement social, sinon à nier son appartenance à une classe. Il ressort de maintes déclarations d'artistes (qu'il faut prendre comme des faits avant d'examiner leur bien-fondé) que la culture et l'idéologie sont médiatrices entre l'art et le non-art. De même — par exemple — la psychanalyse se veut médiatrice entre le niveau du sur-moi et celui du çà.

L'observateur du travail artistique recourt à un langage moins précis, moins « senti » en tout cas que celui du créateur dans l'ordre des techniques, mais plus exact, cohérent et universel sur le plan scientifique et épistémologique : notions freudiennes de condensation, de déplacement, de substitut; notions linguistiques de syntagme et de paradigme, sans oublier les apports de l'esthétique expérimentale sur tels problèmes de vision, de couleur, d'audition. Du côté de l'artiste il y a construction d'un langage synthétique, condensé du moins, à partir d'une langue hétérogène où les mots, les notions, les pulsions psychiques ou sociales, les idéaux esthétiques, les éléments propres du métier (choix de telle lumière, de telles couleurs) composent la conception de l'œuvre, qui peut ou non coïncider avec son exécution. De toute manière, celle-ci consiste en une suite de tests, d'expériences probantes ou non : seul le travail peut juger la création. Nous dirons donc que la création n'est autre que la poïétique de l'artiste, qui s'instaure avant, pendant et après l'élaboration de l'œuvre. C'est cette poïétique personnelle (mais non individuelle) que prendra pour objet la poïétique scientifique qui, contrairement à l'artiste, dispose d'un langage d'analyse, à plusieurs niveaux et catégories. Mais ce discours devra venir se briser contre les signes, les aspects du travail créateur, qu'il s'agisse de l'œuvre (ou, mieux, de ses esquisses), du discours de l'artiste ou de tout autre témoignage. Le désordre synthétique de l'instauration ne se laisse expliquer que si on lui donne à défaire l'approche analytique d'un savoir nécessairement extérieur à lui.

Cependant, la poïétique resterait relativement désarmée et demeurerait abstraite si ses démarches procédaient en quelque sorte des « dernières limites » des sciences humaines : si elle utilisait ces sciences à la façon du diaphragme d'un appareil de prise de vue qui, par agrandissements et rétrécissements alternés, cernerait des faits spécifiques d'instauration afin de donner au chercheur toutes les garanties scientifiques possibles avant qu'il ne s'aventure dans le domaine proprement dit de la poïèsis. Mais il nous semble qu'on dispose aujourd'hui d'un instrument conceptuel propre à résumer, à clarifier les données des sciences humaines appliquées aux arts, et à les manier avec souplesse : la problématique du signe.

On désigne ainsi une conception et un usage dialectiques de la sémiologie telle que l'a définie Hjemslev : « La sémiologie est un métalangage puisqu'elle prend en charge, à titre de système second, un langage premier qui est le système étudié et ce système-objet est *signifié* à travers le métalangage de la sémiologie[46] ».

Mais la sémiologie et la sémiotique seraient des cadres aux articulations et aux degrés trop rigides si elles ne permettaient précisément l'exercice de leur propre négation : la science des signes fait apercevoir l'existence des contre-signes. Or, cette dialectique est manifeste dans les arts modernes. Elle les aura même fondés pour une large part. De même que le poïétique (la mise en évidence du travail formel) s'est manifesté de plus en plus ouvertement dans les œuvres, et a ainsi provoqué la timide pénétration de la poïétique dans l'esthétique, de même la problématique du signe (acceptation et refus tout ensemble de celui-ci) est-elle intervenue de plus en plus nettement dans les arts, contribuant sans doute à inciter les sémiologues et les linguistes, ceux d'aujourd'hui du moins, à concevoir leur science dans un esprit de relativité. L'idée de langage, on le sait, joua un rôle très important lorsqu'il s'agit d'engager l'art sur la voie de l'auto-représentation. En Russie, une véritable interaction s'instaura entre le futuro-cubisme et l'école linguistique.

---

46. L. Hjelmslev, *Prolégomènes à une théorie du langage*, trad. fr., Paris, Minuit, p. 63.

En musique atonale, dans la sculpture désormais considérée comme un traitement de volumes, dans la poésie anti-discursive, l'idée de signe est venue primer celle de forme. On rappellera seulement pour mémoire les conceptions scripturales qu'eurent de l'art Klee et Kandinsky. On citera toutefois un propos de Klee montrant la puissance du sémiotique en peinture : « A mesure que l'ouvrage s'étoffe, il arrive facilement qu'une association d'idées s'y greffe — (n'est-ce pas la reconnaissance de la série paradigmatique?) — s'apprêtant à jouer les démons de l'interprétation figurative. Car, avec un peu d'imagination, tout agencement un peu poussé prête à une comparaison avec des réalités connues de la nature. Une fois interprété et nommé, pareil ouvrage ne répond plus entièrement au vouloir de l'artiste (du moins pas au plus intense de ce vouloir) et ses propriétés associatives sont l'origine de malentendus passionnants entre l'artiste et le public[47] ».

Cependant, l'instance sémiologique n'eût pas été esthétiquement efficace si les créateurs n'avaient cherché, sitôt reconnue la valeur du signe, à la contester. Ils ont ouvert le signe et construit leurs œuvres non moins en fonction de l'idée d'intervalle (de vide) que de la notion « pleine » de langage. Le peintre qui, après avoir tracé sur la toile des signes-formes, les inonde de solvant pour obtenir des bavures frangées, accomplit un travail similaire à celui d'Artaud voulant montrer dans ses textes combien les mots ne font que cerner la réalité, la vérité de l'ineffable[48]. Que le signe esthétique soit « d'origine magique » et témoigne d'une « recherche d'archétypes » (Klee, Kandinsky, Wols), ou qu'il exprime (Dubuffet, Tapies, Fautrier) une « expérience vécue et un mode de connaissance »[49], toujours nous voyons l'art contemporain illustrer la « présence du non-langage dans le langage »[50].

Cette problématique du signe, Freud en aura révélé l'importance, la signification, la valeur poïétiques. « De la *Traumdeutung* au *Moïse* », observe J.-F. Lyotard, « la réflexion de Freud est centrée sur la relation du langage et du silence, de la signification et du sens, du commentaire interprétant ou construisant et du désir figurant »[51]. Etudier de tels écarts (en fonction de la réalité concrète des ouvrages) nous paraît essentiel dans une science de l'instauration artistique, surtout à partir du moment où les

47. W. Grohman, *op. cit.*, p. 110.
48. J. Derrida, « Artaud et la parole soufflée », *in L'écriture et la différence*, Paris, Seuil, 1967, pp. 253-292.
49. Fr. Legrand, « Propos sur les signes et l'œuvre ouverte », *in L'art depuis 45, op. cit.*, pp. 104-137.
50. J.-F. Lyotard, *op. cit.*, p. 51.
51. *Ibid.*

créateurs, déconstruisant tous discours continus ou homogènes, conçurent leur travail comme une construction-projection, — où ils exaltèrent la nécessité d'un « manque référentiel »[52]. En effet, l'art moderne ou contemporain novateur s'appuie sur soi, — sur une pensée technique. Il se projette — littéralement — dans un vide parce qu'il nie que la civilisation où pourtant il s'enracine puisse lui proposer des cadres d'intégration où l'idée même d'humanité se reconnaisse, — des « portées » où les œuvres prennent une place vraiment sociale. Cet art cependant, largement poïétique dans ses structures sinon dans son essence, se réfère à la notion de signe, que celui-ci soit graphique ou qu'il soit un objet fini, une matière industrielle, un mécanisme gratuit dérivé de mécanismes « réels ». Dans tous les cas, le signe est évidemment promu, exalté en forme, mais la référence à l'idée de signe nous semble avoir pris depuis longtemps deux voies opposées. Des psychogrammes de Pollock aux assemblages de Rauschenberg, l'œuvre met en jeu une dialectique du langage et du silence, du signe et du contre-signe; animé souvent d'une intention subversive, l'artiste cherche à représenter l'ambigu, le contradictoire mêmes; l'œuvre est alors exemplairement poïétique, car l'artiste nous laisse apercevoir que son travail (qui certes aboutit à une totalité formelle spécifique, irremplaçable) fut pourtant comparable au travail du rêve. D'autres créateurs, en revanche (Vasarely, Dewasne), prennent le signe au mot, forcent sa présence et ses contours, font régner sur leur travail l'idée de système, instaurent un langage formel plein et rigoureux.

Aussi se manifeste aujourd'hui, tant en linguistique et en sémiologie que dans le domaine des arts, une querelle du signe à laquelle la poïétique ne saurait rester indifférente. A une contestation philosophique du langage au nom du langage même correspond l'accusation portée par certains artistes (partisans d'un signe qu'on peut nommer surréaliste) contre Robbe-Grillet, Vasarely ou encore la musique électronique, tenus pour coupables de prolonger les aspects technologiques et technocratiques de notre civilisation. Et il n'est pas inopportun de rappeler les plaidoyers de Cl. Lévi-Strauss en faveur de la systématique du signe qui, aux yeux de l'anthropologue, fut induement, inhumainement et malheureusement détruite ou abandonnée par la musique atonale puis concrète, comme par la peinture abstraite[53]. Querelle du signe dans laquelle la poïétique n'a pas plus à prendre parti que dans la querelle de l'œuvre. Notre propos étant d'in-

52. P. Gauthier, *Cimaise*, op. cit.
53. *Cf.* L'Ouverture et la Finale des *Mythologiques*, Paris, Plon, 1964-1971, et M. Zéraffa, « Ordre mythique, ordre romanesque », *in* Cl. *Lévi-Strauss*, ouvrage collectif, Paris, Gallimard, 1975.

diquer certaines conditions conceptuelles d'une science poïétique, nous estimons que le travail de l'artiste doit être considéré non moins en fonction du sens que l'artiste lui assigne que, dans sa réalité concrète, par elle-même perceptible et intelligible. La poïétique examinera donc la question de savoir si l'art, du fait que dans ses tendances les plus novatrices il façonne « la réalité brute » et néglige les « problèmes représentatifs », a atteint « cet état ontologique auquel il tendait depuis l'impressionnisme »[54], — ou si au contraire il participe ou doit participer de et à un processus de transformation du monde et de la vie. Dans ce dernier cas, l'art et les travaux qui le produisent seraient moins des modèles que des exemples. Les œuvres seraient proposées, sans la médiation du musée ou de la galerie, à la réflexion et à l'activité de ceux qui ne sont pas encore artistes, ou plutôt que l'on tient à tort pour non-créateurs.

Au niveau du faire comme à celui de l'aisthèsis, ces problèmes nous semblent pouvoir être abordés à l'aide d'une sémiologie dialectique, fondée sur le fait qu'une pensée du signe et du contre-signe s'avère profondément poïétique dans de très nombreux ouvrages novateurs contemporains ou actuels. Préfaçant une exposition de Martin Barré (« objets décrochés »), T. Todorov écrit : « L'art du XXe siècle a rendu évidente cette propriété de l'art de toujours : l'œuvre raconte sa propre création. Ce qu'une toile exhibe, c'est comment elle est faite; un texte, comment il s'écrit. Mais l'écriture et la lecture, le geste qui laisse une trace et celui qui la ranime ne sont pas contradictoires; plus même, ils s'imitent l'un l'autre[55] ». Cette proposition nous semble appeler deux remarques. En premier lieu on peut y voir confirmée la nécessité, pour la poïétique, d'aller, dans l'ordre notionnel, du présent au passé, — de traverser, en les utilisant, plusieurs discours scientifiques, le discours sémiologique étant à nos yeux le plus fertile et efficace. On devra toutefois se garder d'appliquer de manière trop directe un appareil conceptuel présent à des objets qui appartiennent à un passé plus ou moins lointain. L'instance sémiologique et sémiotique (qui a déterminé une révolution dans la connaissance des faits littéraires) a déjà fait ses preuves dans l'étude de la longue suite d'œuvres qui, des fresques romanes par exemple à l'éveil de l'impressionisme, ressortirent à l'ordre du discursif, mais elle a permis de dévoiler bien moins leur création que leur composition[56], éclairant ainsi l'un des seuils les plus nécessaires de la poïétique. En revanche, l'art ou l'anti-art « qui se font » peuvent relever

---

54. C. Millet, « L'art conceptuel comme sémiologie de l'art », *V H 101*, 3, 1970, p. 12.
55. *Id.*, p. 17.
56. *Cf.* L. Marin, *Études sémiologiques, op. cit.*, et H. Damisch, *Théorie du nuage*, Paris, Seuil, 1972.

plus franchement d'une sémiologie dialectique. Nous privilégions celle-ci, dans sa théorie et dans ses méthodes, par référence au privilège que la poïétique doit accorder aux formes novatrices. Cette sémiologie constituera un mode d'approche particulièrement cohérent, à titre d'analyse comme de synthèse des divers savoirs ayant trait à l'instauration artistique. Ce sera un code assoupli permettant de discerner non seulement plusieurs facteurs déterminants d'une mise en forme, mais encore les relations entre tel langage créateur et la réalité sociale.

Aussi bien, puisqu'on tente ici de délimiter et de catégoriser l'espace d'un discours poïétique, doit-on relever le schématisme de la proposition d'A. Malraux : « Toute création est, à l'origine, la lutte d'une forme en puissance contre une forme imitée » —, si efficace et éclairante qu'elle ait été en son temps. Les progrès des sciences humaines et sociales, de l'ethnologie à l'esthétique, permettent de concevoir en termes plus précis la problématique de la création. Une forme originale est en puissance en raison de l'écart constaté par l'artiste entre un univers de formes esthétiques données et l'ensemble des aspects de la réalité (monde extérieur concret, monde culturel, monde du moi) dont l'artiste perçoit et reconnaît pleinement le caractère objectal, la nature de différence ou simplement l'état de décalage avec l'art déjà constitué. L'art demeure statique (imitatif) quand le créateur croit que la série des mots (des formes, des signes, des symboles) et celle des choses ne font qu'un : dès lors il ramène directement ses perceptions au discours que lui propose le « musée » — qui en ce cas n'est pas imaginaire. L'art est dynamique, novateur, si l'artiste sait confronter un ensemble de formes organisées avant lui avec l'analyse de son savoir, dans lequel peuvent jouer un rôle dominant (chez Cross, Seurat, Signac par exemple) des données scientifiques ou technologiques. S'instaure dès lors (du moins dans les arts d'Occident) un double travail dissociatif (portant d'une part sur des formes « à ne pas imiter », de l'autre sur l'acquis d'une pensée dont les résultats entrent en lutte dans le travail de création des formes). Même et surtout quand l'œuvre a pour fin d'être son propre objet, l'artiste original résoud (et fait apercevoir qu'il résoud) un écart entre un lexique substantiel (où figure son matériau) et un lexique proprement formel — le second lui ayant souvent permis de prendre conscience de l'hétérogénéité du premier par rapport à l'univers de l'art. On a pu comparer l'activité artistique à la distance qui sépare le normal du pathologique : de même que les organes ne se signalent à la conscience qu'en cas de maladie ou de douleur, de même l'œuvre d'art va-t-elle rompre le silence des formes établies en faisant résonner le conflit qui oppose perception naturelle et perception esthétique, pour aboutir à une œuvre dont les formes antinaturelles, maladives, contraindront le spectateur soit à reconnaître l'existence concrète, existentielle, tragique, d'un champ de blé piqué de corbeaux ou d'une chaise, soit à percevoir ces formes mêmes comme des choses aussi réelles que les objets de la réalité[57].

L'artiste novateur ne donne jamais les formes que comme médiatrices entre le plan du réel et l'idée même d'art, ou d'anti-art — étant admis que dans l'ordre artistique comme dans l'ordre scientifique telle formule, tel signifiant de tel discours devient à son tour contenu ou signifié dans un discours ultérieur[58].

La conception du phénomène de création que nous venons brièvement d'exposer n'est justifiée que par la nécessité de considérer ce phénomène dans ses différents niveaux ou degrés, dont on ne connaît encore qu'une faible part, ou plutôt que l'on n'est pas encore en mesure de séparer les uns des autres avec rigueur. A de telles analyses, à de telles divisions s'emploient particulièrement les recherches psychanalytiques, linguistiques, sémiologiques, recherches dont nous croyons pouvoir tirer la leçon suivante : l'art ne se sauve, et ne se renouvelle, qu'en admettant les forces qui le ramènent vers le non-art. Sans doute est-il inadmissible qu'un psychanalyste se prévale de cerner et d'expliciter l' « instant de création » en éclairant une « racine » qui non seulement est trop éloignée de l' « arbre » pour pouvoir rien signifier, mais encore appartient à toutes les psychès humaines[59]. Tout au plus la psychanalyse peut-elle rendre compte de l'instant de conception : du moment où l'artiste, admettant et récusant tout ensemble de multiples forces émanant du réel (forces dont certaines, les plus prégnantes, sont esthétiques), voit se former le schème idéal ou imaginaire de l'œuvre à réaliser. Il reste que les sciences humaines nous apprennent qu'il y a continuité entre la phase pendant laquelle l'artiste lutte pour l'art au nom même de ce qui réduit l'art (l'analyse freudienne du *Moïse* fait apparaître cette instance pré-poïétique), et la phase proprement instauratrice, où le travail de l'artiste prendra une nature de plus en plus esthétique, ou plutôt formelle.

Si peu clairement que l'état présent des sciences humaines la fasse encore apparaître, cette continuité entre la genèse d'une genèse, puis entre une conception et une instauration, est attestée par les lettres de Van Gogh comme par les pages du *Temps retrouvé* consacrées à l'esthétique et à la poïétique du roman. On sait aussi que le signifiant artistique, dont Poe et Baudelaire affirment l'irréductible primauté, a pour signifiés dynamiques

57. H. Damisch, *op. cit.*, p. 58.
58. *Cf.* J. Piaget, *Le structuralisme*, Paris, P.U.F., 1968.
59. *Cf.* Cl. This, « L'instant de création », *op. cit.*

non moins une modernité pourtant détestée que le recours au fantasme
comme modèle premier de création. Des textes théoriques de Henry James
comme des déclarations du peintre Francis Bacon, adversaire de l'abstrait,
il ressort que la création artistique n'est pas un en-soi, mais un substitut,
dont il appartient justement à la poïétique de mieux préciser en quoi il
consiste[60]. Or, qu'il s'agisse de Henry James concevant une structure sociale
ou des néo-figuratifs américains, dont les peintures éclipsent les plus forts
degrés d'exactitude permis par la photographie, la pensée du créateur,
au seuil de la création et durant une certaine part de celle-ci, est de nature
sémiologique. Proust et son narrateur, quand ils s'enferment dans le travail
romanesque, songent le passé non dans sa réalité, mais dans sa signifiance[61].
Si puissant que soit sur lui l'ascendant de l'esthétique (quand il observe
l'art constitué pour apprendre son métier), l'artiste pense en termes de
signes les conditions de sa création. Certes, on s'expose ici au reproche
de ne pas distinguer entre signe, indice et symbole, et de paraître ignorer
que Cézanne, Klee, Matisse, Masson conçurent très différemment l'idée
de signe pictural. Par « pensée sémiologique » nous entendons que l'artiste,
pour créer, fait passer ses expériences du degré du vécu au degré de l'abstraction : il se représente sa réalité comme composée de systèmes de signes
hiérarchisés, ou plutôt de différents registres d'écriture, depuis la réalité
sociale jusqu'aux œuvres déjà faites, dont il ne s'inspirera que pour les
défaire. Les *Carnets* de Henry James nous montrent qu'une anecdote
devient le signe d'un mécanisme social, et que ce signe entre en conflit avec
une situation psychologique dont l'écrivain dessine littéralement le contour
avant de lui conférer, dans l'œuvre, un statut de signifiant primordial. A
chaque page d'*Ulysse*, la réalité la plus anecdotique est donnée comme
élément de langage. La « petite madeleine », le signifié des *Cantos* de Pound,
les maisons de l'Estaque (cause occasionnelle du cubisme), la célèbre série
d'arbres de Mondrian, les éléments thématiques de *L'oiseau de feu* indiquent
que le réel (surtout fantasmatique), au moment de devenir prétexte d'un
texte, appartient déjà au registre de la signification abstraite et non à
l'incohérence du vécu. « L'artiste, observe E. H. Gombrich, ne s'intéresse
pas aux causes, mais aux mécanismes de certains effets[62] ». Cela est vrai
du champ perceptif à partir duquel s'organisera la création formelle.

    Du moins cela est-il vrai poïétiquement, c'est-à-dire si l'on cherche
à distinguer l'aisthèsis (accueil des formes) et l'esthétique (science des

---

    60. *Cf.* par ex. l'entretien entre Francis Bacon et D. Sylvester dans le film *Sunday Night
Francis Bacon*, 1970.
    61. G. Deleuze, *Proust et les signes*, Paris, P.U.F., 1970 (nouv. éd.).
    62. E. H. Gombrich, *L'art et l'illusion*, Paris, Gallimard, 1971.

formes) des problèmes qui concernent la génétique des œuvres et leur exécution. Qu'il nous soit permis d'évoquer un fait poïétique dont nous avons été le témoin dans la mesure où l'artiste s'efforça de nous exposer en détail l'historique et les démarches de sa création. Enfant, il s'était adonné à la peinture, mais bientôt ses tendances artistiques devaient se résoudre en textes littéraires. Vint le jour, tardif, où le reprit la tentation des formes et des couleurs. Ne s'estimant pas peintre, et l'idée ne l'effleurant même pas de se procurer du matériel de peinture, il résolut d'utiliser pour un collage les multiples matériaux qui lui étaient offerts par des magazines de mode. L'ouvrage achevé, non figuratif, devait lui suggérer deux ordres de réflexions. Tout d'abord, il put voir dans ce collage abstrait le modèle concret de ce qu'il cherchait depuis longtemps à réaliser en littérature, plus précisément dans la fiction. En second lieu, il comprit que cet ouvrage représentait les traits essentiels de sa psychè et de son être-au-monde. Plus exactement, cet écrivain se sentit assuré d'avoir obtenu une « concordance » (il employa ce mot) entre son goût des formes abstraites et leur contenu, leur remplissage, dont l'origine lui apparaissait en toute certitude. Ainsi donc, l'ouvrage disait son appartenance à l'esthétique d'une époque. Mais il se proposait aussi comme la traduction d'un langage psychologique. En outre, il faisait voir à son auteur combien il était prisonnier de certaines formes, de certains cadres littéraires discursifs : uu ouvrage plastique néantisait l'art du récit et proposait en revanche des possibilités de fiction. (« C'est ainsi qu'il aurait fallu écrire, songeait Bergotte devant le pan de mur jaune, mes premiers livres sont trop secs »).

En apparence, un tel exemple confirme le principe selon lequel les formes engendrent les formes. En fait, il l'infirme de façon radicale. Si l'esthétique, aujourd'hui, doit renoncer à toute coupure épistémologique avec les autres sciences, mais se définir au contraire par un ensemble de rapports cohérents avec celles-ci, à plus forte raison les recherches poïétiques auront-elles à mettre en lumière la continuité des processus créateurs, depuis les données hétérogènes constituant la genèse d'une œuvre d'art jusqu'à l'homogénéité apparente de cette œuvre. En fait, cependant, le poïéticien suivra un chemin inverse. Car, pour reprendre l'exemple cité plus haut, il sera de peu de profit au poïéticien d'apprendre que l'auteur du collage s'aperçut en cours de travail qu'il devait peupler de tons gris clair la surface assignée à l'œuvre, alors qu'il s'était proposé à l'origine d'utiliser presque exclusivement des morceaux gris foncé d'images photographiques. Tenant certes le plus grand compte des composantes matérielles, gestuelles, temporelles de l'instauration, cherchant à préciser les techniques employées, se référant aussi aux autres sciences de l'art pour discerner les points d'attache ou de rupture de telle œuvre dans le continuum esthétique et culturel — la poïétique n'en devra pas moins considérer les formes comme des signes : comme les éléments de la signification du travail créateur. De même que l'historien ne peut ni ne doit se mettre à la place des hommes du passé pour expliciter leurs actes, de même le poïéticien ne saurait simplement retracer, si tant est que cela soit possible, l'histoire événementielle de l'élaboration d'une œuvre. L'essentiel est que l'œuvre se faisant soit révélée comme système de relations, lié lui-même au statut psycho-social de l'artiste. Dans le cas cité plus haut (comparable, entre autres, à celui de M. Butor), la poïétique est concernée par le problème de l'interrelation entre les formes artistiques et leurs pratiques : comment le musical peut, par exemple, modifier une optique romanesque et contribuer à l'élaboration du récit[63].

Le principe de la spécificité de l'art se réduit à un dogme s'il est tenu pour absolu. Les formes ne s'engendrent directement les unes les autres qu'au niveau de l'académisme. Dans l'ordre de la création originale, cet engendrement procède de la mise en regard de deux grilles, dont l'une concerne l'être-au-monde de l'artiste, l'autre des phénomènes formels. A son tour — après l'artiste — la poïétique usera de ces grilles en recourant aux sciences humaines, surtout dans leurs émergences sémiologiques et sémiotiques, et à sa connaissance des formes et de leur histoire. Dès lors, croyons-nous, la spécificité de l'art sera dialectiquement fondée au niveau du travail créateur : l'activité de l'artiste sera conçue comme paradigmatique, à partir d'un univers de syntagmes et en vue d'obtenir un syntagme nouveau.

Une telle référence à la linguistique pourra sembler élémentaire, donc inadéquate aux objets de la poïétique, si multiples et singuliers dans l'espace et dans le temps. Cette concrétude, au contraire, ne requiert-elle pas qu'on prenne appui sur des modèles (la pensée sémiologique n'étant pas le seul) susceptibles de comprendre et d'ordonner les très nombreux éléments notionnels, les non moins nombreux faits historiques et structurels qui composent la poïétique, et qui s' « approchent » tout autant de telle poïèsis ponctuelle qu'ils en « proviennent »? La problématique du signe que nous privilégions ne relève pas uniquement de la sémiologie proprement dite, ni des seules grammaires ou syntaxes qui sont aujourd'hui appliquées, de façon souvent schématique, aux faits d'art. Une telle problématique ne dérive pas moins des textes de Klee ou d'A. Lhote que du silence théorique presque absolu de Picasso, dont le travail aura sans doute constitué la

---

63. *Cf. L'Arc*, numéro consacré à M. Butor, 1971.

plus vaste entreprise de redistribution des données de l'art, dans leurs aspects poïétiques mêmes.

Pour suivre avec efficacité et cohérence les faits de création, la poïétique recourra aux systèmes contre les systèmes[64]. Dans l'établissement de ses conditions ou préalables épistémologiques, la poïétique ne saurait pas plus ignorer les analyses filmiques structurales de R. Bellour[65] que le problème des résistances opposées à l'artiste par une matière, ou celui des libertés qu'elle lui offre.

En définitive on se demandera si en posant pour principe que l'acte créateur ne peut jamais être réduit à une autre instance que celle du faire lui-même, on ne sclérose pas la poïétique dans l'empirisme, et si de la sorte on ne l'expose pas à des dangers plus certains qu'en considérant l'instauration artistique en termes de réductibilité aux discours et aux faits qui forment son contexte.

Science et méthodes poïétiques

L'inaliénable fondement de la poïétique est que soit « *laissé être* »[66] l'acte créateur, — son objet plus ou moins censuré ou occulté dans le champ du savoir.

Pour nous, cependant, ce « laisser être » consistait d'abord dans le texte théorique de R. Passeron, puis dans les recherches poïétiques déjà entreprises (exposées et commentées) à l'Institut d'Esthétique et des Sciences de l'Art. En nous situant au niveau du langage, en essayant de faire apparaître les aspects scientifiquement discursifs de la poïétique, nous souhaitions en faire ressortir les conditions ou incidences épistémologiques. La théorie (l'instauration rationnelle d'un savoir) saisit le domaine de celui-ci sous deux dimensions. Diachroniquement, le théoricien fait apparaître l'existence concrète d'un objet — en l'occurrence les processus de création artistique — dans la réalité de l'histoire, et il montre la nécessité de dégager cet objet des langages scientifiques ou critiques qui le concernent trop indirectement ou vaguement : il montre qu' « un fait est là », spécifique, méritant des recherches adéquates. Dans l'ordre du synchronique et du structural, le théoricien indique à partir de quels postulats et par quelles démarches essentielles cet objet prendra son sens particulier dans l'ensemble

---

64. *Cf.* M. Dufrenne, « L'art est-il langage? », *Revue d'Esthétique*, 1, 1966.

65. Étude de R. Bellour sur *Les oiseaux* d'A. Hitchcock, *Cahiers du Cinéma*, mars 1971.

66. R. Passeron, p. 243.

des connaissances, mais aussi quels peuvent être ses rapports nécessaires avec chacun des secteurs du savoir.

Mais du point de vue de l'épistémologie, il convient de n'admettre la théorie qu'en lui présentant des obstacles, des concepts critiques. Les débats (d'un très grand intérêt pour les sciences de l'art), dont la poïétique a fait l'objet dans un groupe de recherche, suffisent à montrer combien il est difficile de situer les phénomènes de poïésis, de les délimiter, d'en préciser le sens. Une fois nommé, conceptualisé, fixé par une théorie, le fait de créer des formes (si concret, si fondamental et indiscutable en apparence) a attiré à soi avec tant de force les divers aspects de l'esthétique et des autres sciences de l'art qu'il en est devenu un objet soit réduit à sa réalité physique, soit au contraire métaphysique à l'extrême : le et la poïétique mettaient en question la valeur, le sens, la fonction de l'art et des savoirs qui en traitent. Non pas abstraites, mais fondées sur des travaux poïétiques déjà avancés, ces discussions prouvaient sans conteste la nécessité urgente de faire son droit et sa place à la poïétique, et de combler ainsi un vide manifeste dans la connaissance des faits d'art. Mais ces débats ont aussi montré que la poïétique, discipline nouvelle, était à la fois une résultante et un point de départ. Que première par ses objets, elle était pourtant dernière en tant que savoir. D'où la difficulté de tracer avec précision la frontière la séparant de l'esthétique.

Mais il est constant, quel que doive être le destin de la poïétique, que notre groupe de chercheurs se trouvait fortement préparé à s'engager dans des études poïétiques. Leurs articles, leurs ouvrages, leurs thèses, leur livre commun sur « 1913 » n'ont pas accordé un simple statut implicite au travail architectural, pictural, musical ou romanesque[67]. Il n'en est que plus opportun d'indiquer brièvement dans quelles directions s'effectuent leurs recherches sur les phénomènes de création.

Les uns recourent à une voie d'approche récurrente. A partir de la structure formelle, poétique, d'une œuvre, on cherche à mettre en lumière sa genèse et son développement. Nous nous livrons à un travail de cet ordre en confrontant le contenu des *Carnets* de Henry James et de ses écrits théoriques avec les structures dominantes de ses fictions. Une seconde voie d'approche concerne une analyse de documents : brouillons, esquisses, études préalables qui ont conduit l'artiste à l'œuvre proprement dite. Ainsi les esquisses de Picasso pour *Guernica* mettent en évidence la tension (que devait résoudre l'œuvre) entre un choc émotionnel (dont l'artiste exigeait

67. Indiquons seulement les travaux de L. Brion-Guerry sur *Cézanne et l'expression de l'espace*, Paris, Albin Michel, 1966, de M. Guiomar sur *Berlioz*, Paris, J. Corti, 1969, de R. Passeron (*op. cit.*).

de traduire la tragique signification) et la nécessité non moindre d'exalter en même temps la spécificité de l'art. D'autres chercheurs adoptent enfin la méthode la plus directe : examiner l'élaboration d'une œuvre en y assistant et en interrogeant l'artiste. Méthode rendue relativement plus aisée aujourd'hui que par le passé (plus nécessaire aussi) du fait qu'en bien des cas le créateur (John Cage par exemple) tient à différencier le moins possible son œuvre des recherches ou expériences qui la produisent.

Si divergents soient-ils, ces trois modes d'approche ont deux traits communs : ils s'appuient sur l'historicité des faits de création, — ils impliquent des analyses critiques des concepts et des démarches de l'esthétique, celle-ci demeurant la référence première d'une recherche poïétique. La science des faits de création artistique est un lieu et un lien. Lieu de rencontre des sciences humaines appliquées aux arts. Lien entre l'esthétique et les diverses instances du savoir qui tout spécialement concernent les phénomènes artistiques : esthétique expérimentale, poétique, stylistique, iconologie, musicologie, analyses structurales des œuvres.

On manquerait d'esprit de cohérence avec les développements précédents en acceptant sans réserve de catégoriser la science des faits de création artistique en poïétique formelle, dialectique et appliquée[68]. On préférera envisager une poïétique générale et une poïétique historique et comparative.

La poïétique générale consisterait d'abord en sa propre promotion conceptuelle. Il serait procédé à un inventaire critique des données (notions ou faits) de caractère poïétique figurant dans les différents registres de la connaissance des phénomènes d'art. Passant de l'implicite à l'explicite, et leur spécificité étant mise en lumière, ces données constitueraient une histoire structurale de la poïétique qui, à son tour, préciserait la pensée esthétique et permettrait notamment de suivre avec plus de rigueur le devenir multiple et complexe des arts de notre temps. A un second niveau, la poïétique générale considèrerait les actes créateurs en fonction de concepts comme ceux de matériau, de hasard, de temporalité, de spatialité. Faisons observer, à titre seulement indicatif, combien il est difficile de distinguer entre matière, matériel et matériau dans des arts comme le cinéma et le roman. On considérerait de trop loin, par exemple, la création du poète, à plus forte raison celle du romancier, en s'appuyant sur le principe que leur travail prend pour matière une langue, et les lois d'un langage : des fantasmes, des formes sociales, tous les processus de pensée possibles sont eux aussi des matériaux. Dans les formes nouvelles du roman, et surtout

68. R. Passeron, p. 245.

de la musique, le hasard oscille entre une indétermination à organiser dans l'œuvre, et un choix à proposer pour son interprétation[69].

L'instauration artistique est tout, mais elle signifie peu par elle-même : à ce paradoxe apparent la poïétique se trouve confrontée avec une acuité croissante à mesure que l'on remonte vers les formes actuelles de l'art. Il est donc indispensable de pratiquer une poïétique historique et comparative, bien évidemment appliquée, qui recourra à des méthodes les plus directes possible d'observation, qu'il s'agisse d'analyser des documents, d'écouter l'artiste ou de lire ses écrits. Ces méthodes auront un caractère profondément herméneutique. Comme on l'a souligné plus haut, la réalité, la vérité des faits d'instauration apparaissent le plus souvent par déchiffrement. Dans la plupart des cas, un mode de création prend pour matière même des processus créateurs précédents ou contemporains. On ne saura sans doute jamais avec précision par qui ni comment furent trouvées, au temps de la naissance du cinéma, de nombreuses techniques de prise de vue qu'allaient bientôt perfectionner Griffith ou Eisenstein pour les rendre pleinement esthétiques. Presque toujours il faut interpréter l'interprétation de l'artiste, d'où la nécessité d'une poïétique comparative. On citera l'exemple de C. Domela, recevant dans son atelier notre groupe d'esthéticiens, et déclarant que Mondrian avait organisé des structures, alors que lui-même organisait des formes.

Entre une science de la poïèsis et une science de l'aisthèsis il y a non pas séparation, mais interaction. Il est hasardeux de concevoir un mouvement de translation selon lequel l'être esthétique commencerait là où finirait le faire poïétique. Nous préférons considérer verticalement (selon une pensée historienne et dialectique) les rapports entre les deux savoirs, car l'œuvre d'art s'instaurant et l'œuvre d'art instaurée se répondent et se correspondent. La poïétique, si elle est destinée à préciser les contenus de l'esthétique, et même à lui en fournir, ne saurait pourtant la limiter, encore moins tendre à s'y substituer. La poïétique appartient au registre de la signification, l'esthétique à l'ordre du sens. L'une discerne comment agit l'artiste pour que ses formes parlent un langage de beauté bien déterminé, original, et qui soit en rapport cohérent avec la signifiance qu'il attribue au réel; l'autre met en lumière la signifiance globale de l'œuvre, y compris sa signifiance poïétique, et montre quelles résonances comporte cette signification achevée dans l'univers des formes et dans le monde des hommes. Réflexion historienne et structurale sur la présence et sur le

---

69. *Cf.* le numéro de *Musique en jeu* (Paris, Seuil, 1971) consacré à « Musique et sémiologie ».

devenir des formes, l'esthétique contribue à construire l'esprit humain au niveau des synthèses. Primordiale sans doute pour l'enseignement des arts, la poïétique est pourtant secondaire — logiquement et chronologiquement — par rapport à l'esthétique, car celle-ci a pour mission d'intégrer la vie des formes dans celle d'une culture et d'une civilisation. L'esthétique n'est pas la poïétique, mais elle est poïétique par les modèles formels qu'elle propose, avec toutes les résonances sensibles, intellectuelles, idéologiques de ceux-ci. La poïétique informe l'esthétique, mais on ne joue pas sur les mots en avançant que si le « fait de faire » est l'irréductible fondement de la poïétique, c'est l'esthétique — surtout — qui fonde la poïétique.

Dès lors il nous paraît difficilement concevable que la poïétique puisse ou doive concerner tous les faits de création : la création en soi, toutes les instaurations possibles, ayant ou non un caractère artistique.

Si l'on songe, entre autres considérations, qu'il est de fait que la poïétique est issue de l'esthétique (des esthéticiens auront pratiqué les premiers cette science nouvelle), le dilemme suivant doit être posé. Ou bien l'art et la création de l'art sont des émergences au sens rigoureux du terme — irremplaçables dans chacune de leurs manifestations et irréductibles, à la limite, à tous autres faits ou notions. En ce cas il n'est guère légitime que la poïétique, démentant sa spécificité artistique, traite des problèmes de la création dans leur ensemble, dans leur essence (s'il en est une), ni qu'elle descende, en quelque sorte, de l'étude des matériaux employés par Van Gogh à celle de la création ou de l'invention d'une idée, d'une théorie, d'un système administratif, d'un objet industriel, d'une stratégie militaire. Ou bien l'on considère que l'idée même de création artistique relève du mythe ou de l'idéologie : que créer est un phénomène humain, social plutôt, ou psycho-social, dont l'art n'est qu'un aspect indûment privilégié. Dans ce second cas, la poïétique et l'esthétique sont tenues pour relevant d'une conception élitiste de la vie humaine et une science de la création leur fera une place seulement historique, les donnera seulement pour exemples.

Le postulat selon lequel toute création a un caractère esthétique n'est pas d'une solidité certaine. Il implique, croyons-nous, que l'esthétique (les œuvres d'art aussi bien que la science des œuvres d'art) a pour mission d'esthétiser notre réalité dans tous ses aspects, toutes ses directions. Tous les phénomènes humains (arts, sciences, institutions sociales, fonctions psychologiques même) qui prennent une place concrète dans notre histoire et s'y stabilisent avant de se désagréger ou non, sont des œuvres. Mais peut-on soutenir que ces œuvres, par le fait qu'elles sont toutes des formes, relèvent de la même aisthèsis, de la même idée d'esthétique universelle, ou profonde? Le chirurgien évoquant une opération réussie, Clausewitz traitant de la guerre, l'artiste africain façonnant un masque, Bergotte devant un Ver Meer ne parlent sans doute pas le même langage. Si on la définit, le plus généralement possible, comme la science de l'obtention des formes, la poïétique ne sera en droit d'élucider *la* création qu'à condition de renoncer à toute référence à *l'art* « qui se fait », et par là de se contredire.

Les partisans d'une démystification radicale de l'art comme de l'esthétique sont (ou furent) le plus souvent des artistes qui ainsi se placent, délibérément ou inconsciemment, dans une situation contradictoire. Certains de leurs arguments sont pourtant fondés et intéressent la poïétique dans son objectivité même. Ainsi l'idée d'irremplaçabilité des œuvres d'art manque-t-elle de rigueur scientifique. Nous ignorons, d'abord, combien de milliers de Van Gogh ont existé, qui n'ont pu peindre. En second lieu une œuvre, même la plus originale, n'est singulière que relativement. S'il y a, comme l'écrit Francastel, des têtes de série, il y a donc des séries, des genres, des manières, des styles, qui débordent telle œuvre prise nommément. La poïétique se gardera donc de singulariser à l'extrême les œuvres, et même la notion d'œuvre. Nécessairement, la poïétique prendra appui sur les sciences qui tendent à expliciter la réalité (générale) du pré-iconique, comme l'écrit Panofsky, ou du pré-musical. Enfin, la nécessité d'établir une nette différence entre la création artistique et la création dans son ensemble nous paraît être attestée par les discours des artistes, qui sont sur ce sujet d'une exemplaire diversité, et mettent en jeu des arguments contradictoires ou incompatibles les uns des autres. Pour les uns, la création (la leur) est radicalement spécifique; elle peut s'imposer au goût d'autrui, mais ne le forme pas en profondeur : l'œuvre ne répond à nulle créativité latente. D'autres, au contraire, croient à la fonction profondément pédagogique de l'ouvrage : celui-ci prend place dans un terrain à seulement fertiliser; la création artistique, comme nous l'indiquions plus haut, sert d'exemple à une latence créatrice. Observons cependant que même les artistes de la seconde catégorie proposent des œuvres, au sens propre du terme : des émergences jusque-là insoupçonnées. Ils doivent convenir qu'il leur incombe, en quelque sorte, de créer la créativité, et que seuls de très profonds changements sociaux modifieront, éventuellement, le statut de l'art et celui de la création.

Le champ ouvert à la poïétique est considérable. Sont évidemment de son ressort les œuvres innombrables des non-artistes ou des pré-artistes, dont il est superflu d'énumérer les catégories. La création, elle, est d'abord un fait de civilisation. La science qui l'étudiera comme telle (et divers indices l'annoncent) recourra à la poïétique, mais s'en distinguera.

L'ÉNONCIATEUR

PAR RAYMOND BELLOUR

Que diriez-vous d'un immense roman qui commencerait à Jésus-Christ et qui finirait avec le dernier homme de la création, donnant cinq romans différents : un sous Néron, un sous Charlemagne, un sous Charles IX, un sous Napoléon, un dans l'avenir? Les héros principaux sont : le Juif Errant, Jésus-Christ, Cléopâtre, les Parques, Prométhée, Néron, Poppée, Narcisse, Octavie, Charlemagne, Roland, Vittikind, Velleda, le pape Grégoire VII, le roi Charles IX, Catherine de Médicis, le cardinal de Lorraine, Napoléon, Marie-Louise, Talleyrand, le Messie et l'Ange du Calice (cela vous paraît fou, mais demandez à Alexandre, qui connaît l'ouvrage d'un bout à l'autre, ce qu'il en pense[1]).

Quand Dumas écrit ces lignes sur l'immense roman qu'il n'écrira jamais, il désigne le lieu d'une puissance énonciatrice dont l'utopie lui est une ombre indispensable. On la retrouve, peut-être à son plus haut point d'abstraction, quand, au beau milieu de la révolution de 1848 où Dumas se jette avec une ferveur toute romantique, il fonde le journal *Le Mois*, « résumé mensuel, historique et politique de tous les événements, jour par jour, heure par heure, entièrement rédigé par Alexandre Dumas »[2]. A quoi s'ajoute la devise : « Dieu dicte et j'écris ». Elle annonce tout simplement, à l'abri d'un concept dévoyé qui justifie plus Dieu par l'homme que l'inverse, que la réalité, la vérité des énoncés se trouvent irréductiblement liés à la réalité, la matérialité de l'énonciation comme vérité. Lacan, cent ans plus tard, la reformulera : « Moi, la vérité, je parle »[3].

Cette puissance neuve de l'énonciation comme conscience et extension démultipliées de la subjectivité détermine, on le sait, entre bien d'autres choses, dans le basculement du XVIIIe au XIXe siècle, l'apparition de la litté-

---

1. Cité par André Maurois, *Les Trois Dumas*, Paris, Hachette, Le Livre de Poche, 1957, p. 296.

2. Cité par Gilbert Sigaux dans la chronologie qui précède son édition des *Trois Mousquetaires*, Paris, La Pléiade, N.R.F., 1962, p. L.

3. Jacques Lacan, *Écrits*, Paris, Seuil, 1966, pp. 866-867. Sur l'énonciation, *cf.* le n° 17 de *Langages*, dirigé par Tzvetan Todorov, Larousse, mars 1970, et particulièrement l'article d'Émile Benveniste, « L'appareil formel de l'énonciation ». On en retiendra la formule : « L'EGO, centre de l'énonciation » (p. 15).

rature comme concept et expérience spécifiques[4]. Le génie singulier de
Dumas est d'en avoir éprouvé la violence paradoxale en illustrant un genre,
le roman historique, qui est un peu l'âme naïve de cette mutation puisqu'il
a comme objet le surgissement conjugué du sujet et de l'Histoire, plus précisément du sujet comme Histoire[5]. Lorsqu'en 1846 il commence avec *Joseph
Balsamo* la série des « Mémoires d'un médecin » qui s'achève en 1853 par
La comtesse de Charny, Dumas ouvre en fait une réflexion sur la puissance
énonciatrice qui soutient le roman historique. Et ceci à l'intérieur et dans
le mouvement de sa fiction, dans un roman que rien ne distinguerait du
flot impressionnant de ses autres romans, si ce n'est que Dumas y met en
scène le principe producteur qui permet l'alliance de l'Histoire et du récit.
En fait, il constitue là, par un effet de miroir et d'abstraction d'une rare
puissance, la théorie concrète de sa propre fiction — ce qu'on appelle ici
sa poïétique. C'est la logique de ce mouvement dont je voudrais brièvement
définir le principe et situer la perspective. Elle a, me semble-t-il, d'autant
plus de force que le mythe énonciateur, à travers lequel Dumas tente de
formuler, à la charnière du XIXe siècle, la condition de sa vie d'écrivain,
est celui qui ne cesse de mourir, d'une mort qui s'éternise, depuis lors,
dans toute l'expérience littéraire occidentale.

I

Quand, le 6 mai 1770, dans les ruines d'un antique château, au sommet
du Mont Tonnerre, l'étranger se révèle à tous les chefs de l'ordre maçon-
nique comme le Grand Cophte, le chef suprême qu'ils attendent et que le
monde attend, les mots inspirés qu'il leur adresse obéissent à deux déterminations. Il se justifie tout d'abord, par un récit rétrospectif, de la formule
messianique sous laquelle il se présente à eux : « je suis celui qui

---

4. *Cf.* sur ces points *Les mots et les choses* de Michel Foucault, Paris, N.R.F., 1966
(particulièrement pp. 229-233 et 309-318) et toute l'œuvre de Maurice Blanchot (particulièrement *L'espace littéraire* et *Le livre à venir*, Paris, N.R.F., 1955 et 1959, et dans ce dernier livre
le texte sur Rousseau). On pourra d'autre part se reporter à deux textes où j'ai situé rapidement
cette mutation à partir des analyses de Foucault et de Blanchot : « Notes sur l'œuvre et sa
critique » (*Le livre des autres*, Paris, L'Herne, 1971, particulièrement pp. 108-109) et « 1913 :
pourquoi écrire, poète? » (*L'année 1913*, Paris, Klincksieck, 1971, particulièrement pp. 528-
529).
5. La majuscule a pour fonction de distinguer l'Histoire proprement historique de
l'histoire-intrigue, signifié du récit, contenu narratif d'un texte (selon la terminologie fixée par
Gérard Genette, *Figures III*, Paris, Seuil, 1972, p. 72). Mais bien entendu la distinction implique
le recouvrement, et le jeu des deux sens : c'est le propre du roman historique de mêler indistinc-
tement l'histoire et l'Histoire.

est[6] ». Il évoque ses origines mystérieuses dans un Orient de légende, l'enseignement tout à la fois initiatique et encyclopédique qu'il reçoit d'un vieillard vénérable, « auguste réceptacle de toutes les sciences humaines »[7], le don suprême, enfin, qu'à sa vingtième année lui confère un breuvage magique découvert par son maître : le don de la mémoire qui, séparant en lui l'âme du corps, lui permet de revivre ses trente-deux existences passées. « Je vis passer sous mes yeux les siècles, comme une série de grands vieillards. Je me reconnus sous les différents noms que j'avais portés depuis le jour de ma première naissance jusqu'à celui de ma dernière mort. (...) Alors je pus planer en esprit au-dessus des événements et suivre la marche de l'humanité. Je vis que tous les esprits tendaient au progrès, que le progrès menait à la liberté. Je vis que tous les prophètes apparus successivement avaient été suscités par le Seigneur pour soutenir la marche chancelante de l'humanité qui, partie aveugle de son berceau, fait chaque siècle un pas vers la lumière : les siècles sont les jours des peuples[8] ». C'est à partir de ce point culminant que le discours de ce nouveau prophète, de rétrospectif, se fait prospectif : il éclaire le sens des trois lettres de diamant qui scintillent sur sa poitrine (L.P.D. : Lilia Pedibus Destrue); il prédit à ses frères, lui qui déchiffre l'avenir, l'imminence d'une mutation historique dont son arrivée date le commencement radical; il leur demande à tous leur aide matérielle et spirituelle indispensable pour accomplir avec lui et à travers lui ce travail de l'Histoire qui doit conduire en vingt ans à la Révolution française.

On voit aussitôt ce qui vient s'inscrire pour Dumas, multiplement, dans ce personnage mythique. En premier lieu, cette mémoire universelle, cette remontée absolue du temps en un seul lieu, qui fait de son héros « plus qu'un homme (...) presqu'un dieu[9] — Hegel dirait « l'Esprit » —, comment ne pas y reconnaître l'image analogique de l'auteur du roman historique, celui qui tente de ressaisir dans l'espace ambigu du Livre la virtualité toujours perdue de l'Histoire comme totalité. Dans cette « Introduction », Dumas, en quelques pages, fait ainsi de Joseph Balsamo le principe producteur de son œuvre réelle et virtuelle et, à travers elle, l'une des figures absolues de la subjectivité romantique. D'autre part, Joseph Balsamo s'annonce plus précisément comme principe producteur du roman

---

6. *Joseph Balsamo*, p. 17. Les références renvoient à l'édition de Calmann-Lévy, achevée d'imprimer de 1950 pour *Joseph Balsamo*, de 1951 pour *Le collier de la reine*, de 1952 pour *La comtesse de Charny*. Ils sont abrégés respectivement en *J.B.*, *C.R.*, *C.C.* Les volumes ne sont pas spécifiés car la pagination est continue.
7. *Id.*, p. 20.
8. *Id.*, pp. 22-23.
9. *J.B.*, pp. 22-23.

qui porte son nom et de ceux qui lui font suite, puisqu'ils couvrent à peu de choses près les vingt ans annoncés dans la prédiction inaugurale : *La comtesse de Charny* s'achève sur la mort de Louis XVI, en 1793.

Mais c'est alors un rapport singulier qui s'établit entre Dumas et Balsamo : si Dumas, comme il se doit, fait en effet à travers son roman l'Histoire au passé, l'Histoire du passé dont il concentre idéalement la puissance en Balsamo, il fait aussi faire à Balsamo l'Histoire au futur, si l'on peut dire, c'est-à-dire accomplir l'Histoire que celui-ci connait déjà puisqu'il peut la prédire. Contradiction apparente, mais opérante, on le verra, puisqu'elle va permettre que s'écrive comme histoire le présent de l'Histoire, c'est-à-dire le texte du roman où Joseph Balsamo va devenir le véritable agent producteur de l'Histoire dont il est l'annonciateur. Il faut dire : *l'énonciateur*, pour marquer à la fois combien le roman historique se veut ici le lieu où se confondent l'histoire et l'Histoire, et combien cette délégation de la puissance productive se diffuse sur toute la surface du texte. Soulignons que Joseph Balsamo n'est jamais ici en position de narrateur : l'Histoire ne s'écrit à la première personne que par ce passage à la subjectivité mythique qui fait de l'objectivité du récit une condition préalable de son pouvoir et de sa vérité. Joseph Balsamo est ainsi beaucoup plus qu'un simple narrateur; il est le foyer de la narration, celui qui, à travers le narrateur-auteur, ne cesse d'actualiser le récit, de le produire : l'énonciateur.

Il reste à préciser, avant d'entrer dans la machine du récit, les conditions logiques de cette opération réflexive. Il n'est en effet pas hasardeux que la figure propre à soutenir un tel dédoublement ait trouvé à s'incarner, parmi les multiples romans de Dumas, dans celui qui a pris comme objet la période pré-révolutionnaire et révolutionnaire. Car la Révolution française est précisément ce point d'où l'Histoire peut être lue dans la mesure où elle l'introduit comme espace des mutations, genèse des transformations sociales, rupture de la succession généalogique et dynastique. Admirons ici le tourniquet où Dumas nous enferme avec lui : le regard rétrospectif de Balsamo sur l'Histoire universelle n'est qu'un effet à plus ou moins longue distance de la Révolution dont il devient dans le récit une sorte de cause. N'oublions jamais en Dumas l'admirateur fervent de Michelet dont il est l'autre face. L'*Introduction à l'Histoire universelle* et l'*Histoire de France* naissent avec Vigny, Hugo, Dumas; le roman historique va de pair avec la naissance et la réflexion de l'Histoire. De là cette idée d'un progrès indéfini des sociétés humaines qui ébranle à partir du XIXᵉ siècle la conscience occidentale, et dont Balsamo date par une prophétie réversible le destin qui le pousse à « détruire un vieux monde et reconstruire un monde nouveau »[10].

D'autre part, et ceci va avec cela, si Dumas dote Balsamo du pouvoir conjugué d'écrire l'Histoire et le roman (ou plus précisément, en annonçant et en faisant l'Histoire, d'énoncer le texte du roman), c'est pour se reconnaître aussi l'ambiguïté de ce double pouvoir. On le sait, l'écrivain romantique, en France, n'a cessé de poursuivre cette image unitaire de l'écriture et de la politique[11]. Comme Chateaubriand, Lamartine, Hugo, Dumas intervient dans la vie politique de son temps : en 1830, il participe aux Journées de Juillet; en 1832, il manque d'être arrêté pour avoir pris part à une émeute républicaine; en 1848 il se jette dans l'action, revêtu de son costume de commandant de la garde nationale; il sera candidat (malheureux) à la députation; plus tard, comme Byron en Grèce, il se dévouera, corps, plume et âme, à la cause garibaldienne. Dans cette image unitaire de l'œuvre et de la vie, le roman historique veut avoir un privilège : celui d'infléchir l'Histoire en la réfléchissant. Et l'immense roman que Dumas articule autour de Balsamo est la théorie de ce privilège. De nouveau, ce n'est pas un hasard s'il le compose entre 1846 et 1853, dans l'attente et la déception de la Révolution de 1848 qui n'est qu'un des retours cycliques du progrès de l'Histoire ouvert par la Révolution française. On mesurera les rapports de réversibilité que Dumas instaure, sans autre médiation entre lui et Balsamo, à quelques lignes de sa préface au *Collier de la reine* où, le 20 septembre 1848, quelques mois après l'échec de la Révolution, il héroïse en lui comme il le fait en Balsamo le rapport de prédiction qui dialectise l'avenir et le passé et assure la connaissance de l'Histoire :

« Depuis les mots que nous nous sommes dits, une révolution a passé entre nous : cette révolution je l'avais annoncée dès 1832, j'en avais exposé les causes, je l'avais suivie dans sa progression, je l'avais décrite jusque dans son accomplissement : il y a plus — j'avais dit, il y a seize ans, ce que je ferai il y a huit mois.

La révolution prévue et annoncée par nous ne nous a donc pas pris à l'improviste. Nous l'avons saluée comme une apparition fatalement attendue; nous ne l'espérions pas meilleure, nous la craignions pire. Depuis vingt ans que nous fouillons le passé des peuples, nous savons ce que c'est que les révolutions »[12].

---

10. *Id.*, p. 23.
11. Cette unité, en Allemagne, qu'elle soit plutôt révolutionnaire (Hölderlin) ou plutôt réactionnaire (Novalis, Arnim, Adam Muller, etc.) est moins directe, plus philosophique, plus anthropologique. Dans le romantisme anglais, où elle semble aller de soi, elle finit par être indistincte. Byron fait exception, et violemment : c'est pourquoi son image a retenti si fort sur le romantisme français.
12. *C.R.*, pp. VII-VIII.

II

Le passé, on l'a vu, est pour Balsamo une plaque translucide. Il a d'autre part le don de prédire l'avenir. Voyons comment cette double puissance agit dans le récit, ou plutôt agit le récit.

Après avoir quitté le Mont Tonnerre, Balsamo, surpris par l'orage, demande l'hospitalité au château de Taverney. Il est reçu à la table du baron, vieux gentilhomme ruiné, qui évoque au hasard de la conversation le siège de Philipsbourg. Balsamo lui répond : « Ah! Fort bien. Vous étiez au siège de Philipsbourg. Et moi aussi »[13]. Taverney se récrie, à juste titre, que c'est là une chose impossible : le siège a eu lieu vingt-huit ans auparavant, et son hôte paraît trente ans à peine. Balsamo insiste pourtant et finit, après force détails connus seulement du baron et du vicomte des Barreaux, un de ses compagnons d'armes à qui un boulet emporta la tête, par jeter au baron stupéfait: « Hé bien! monsieur, vous voyez bien que je vous ai vu et connu à Philipsbourg, puisque j'étais des Barreaux en personne »[14].

On voit le mécanisme d'une telle scène: à une affirmation apparemment tout à fait ordinaire de Balsamo, le scepticisme plus ou moins effaré de son interlocuteur se manifeste, et Balsamo se doit de prouver ce qu'il a avancé. Le bénéfice narratif est évident : identification du lecteur devant ce prestige énonciatif qui garantit la jubilation d'un suspense, possibilité de caractérisation du personnage adverse, subjectivation absolue de l'His-toire à partir du seul point d'où elle puisse s'énoncer ainsi. Car si le texte d'une archive peut consigner la mort du vicomte Jean des Barreaux — à supposer que Dumas ne l'ait pas inventé — , il semble improbable qu'il précise la couleur des cheveux que le vicomte, quelques instants avant sa mort, peut admirer sur un portrait de femme dans une tabatière que lui tend le baron de Taverney. Or, ce paradoxe est essentiel : il assure en effet la relation fondamentale du roman historique entre l'Histoire et l'histoire, l'une soutenant l'autre dans l'extension irréductible qui se marque ici explicitement dans le nom et le corps d'un sujet que définit d'autre part l'objectivité la plus absolue et la plus impensable. On pourrait croire à cet égard que la puissance mnémonique investie en Balsamo se limite à la succession des trente-deux existences qu'il invoque dans son discours inaugural. Il n'en est rien. Et Dumas de toute façon s'embarrasse peu de correspondances trop étroites qui viendraient contraindre son mythe : dans le prologue du *Collier de la reine*, Balsamo devenu Cagliostro n'est tout simplement jamais mort, grâce aux vertus régénératrices de son élixir

13. *J.B.*, p. 77.
14. *Id.*, p. 82.

de vie. Mais il y a plus. Car, si ces récurrences sont relativement peu nombreuses, elles sont suffisamment libres, arbitraires, voire contradictoires, pour qu'on les sente illimitées : les justifications que Balsamo en donne ne servent qu'à inscrire ce pouvoir dans le récit que d'autre part il détermine, et à faire de celui qui le détient un héros parmi d'autres héros, homme parmi les hommes. En fait, le pouvoir de Balsamo est au delà de tout principe, ou plutôt il est le principe même : Balsamo est égal à Dieu, il est l'homme-Dieu, c'est-à-dire l'Histoire incarnée dans une multiplicité biographique qui se concentre et se justifie en lui. Et si sa mémoire hante ainsi le récit en ouvrant par éclairs la grande brèche linéaire de l'Histoire universelle, c'est pour que le récit se produise lui-même comme Histoire, c'est-à-dire que son histoire se modèle sur le même destin. C'est pourquoi la rétrospection n'a de sens que par rapport à la prédiction qu'elle entraîne et qui détermine de façon beaucoup plus systématique la production du texte romanesque.

Aussi, le lendemain matin, le baron de Taverney ne manque-t-il pas, mi-sérieux, mi-railleur, de demander à Balsamo quelque miracle qui lui rendrait sa fortune, ou, tel le Christ, de changer l'eau en vin; ce à quoi Balsamo lui répond en lui prédisant à travers un verre d'eau l'arrivée imminente de Marie-Antoinette, dauphine de France, conduite par son fils, Philippe de Taverney, dont la future reine a fait vœu d'assurer la fortune. Cette prédiction, qui s'actualise presque immédiatement, en détermine aussitôt une seconde : Marie-Antoinette demande à ce qu'on lui présente le sorcier qui a prédit son arrivée. Ici, pour être exact, signalons que Balsamo a aussi fait surgir, comme par enchantement, dans le parc de ce pauvre château, une collation royale. C'est là le seul exemple de magie purement matérielle dont il sera l'auteur; il ne sert qu'à accélérer l'enchaînement des prédictions. La seconde est remarquable. C'est en effet tout d'abord par le premier de ses pouvoirs que Balsamo abat le scepticisme dédaigneux de la princesse qui exige de lui la manifestation du second : « Plus vous êtes savant, plus je tiens à ma prédiction. Vous ne m'avez parlé que du passé, et ce que je réclame de vous, c'est l'avenir »[15]. D'autre part, cette

15. *J.B.*, p. 161. La réplique de Balsamo qui introduit la rétrospection illustre parfaitement le subjectivisme transcendantal du roman historique :
   « L'histoire, je l'espère, dit Marie-Antoinette, ne constatera pas une seule faiblesse dans Marie-Thérèse.
   — Parce que l'histoire ne saura pas ce qui n'est su que de l'impératrice Marie-Thérèse, de votre Altesse Royale et de moi. » (*Id.*, p. 159.)
   On voit la rouerie : reporter même au privilège exclusif de l'énonciateur ce qui relève ici vraisemblablement de l'archive (les trois mots : « ma chère amie », écrits en tête d'une lettre de Marie-Thérèse adressée à la Marquise de Pompadour et rayés par sa fille Marie-Antoinette). C'est en cela que le roman historique est une sur-Histoire (parce qu'il est en même temps une sous-Histoire).

prédiction, que Balsamo ne diffère que pour plus sûrement la provoquer, redouble la prédiction inaugurale sur le sort fatal de la royauté : elle couvre en ce sens à nouveau l'ensemble du roman. Mais elle va plus loin, excédant les limites du roman puisqu'au delà de la mort de Louis XVI, elle couvre aussi bien les destins futurs des deux frères du roi que celui de la future reine. C'est dire combien Balsamo vaut pour Dumas comme détermination inductive de tout l'espace du roman historique; c'est dire aussi avec quelle finesse il en fait la figure énonciatrice de son œuvre à la fois postérieure et antérieure : un de ses romans de l'année 1846, *Le chevalier de Maison-Rouge*, composé quelques mois avant qu'il ne commence *Joseph Balsamo*, a précisément comme objet la mort de Marie-Antoinette.

La prédiction s'avère ainsi être le véritable principe producteur du récit puisqu'une première prédiction peut toujours en engendrer une seconde, et que surtout les prédictions s'actualisent, venant ainsi remplir de scènes « au présent » les cercles entrecroisés que les prédictions déterminent sur la surface romanesque. L'Histoire est ainsi écrite deux fois, et c'est là la puissance paradoxale du roman historique. Il faut à cet égard préciser plusieurs choses. Tout d'abord, la scène de prédiction, dans la plupart des cas, est une véritable scène : elle possède, bien qu'elle induise le futur et parce qu'elle l'induit, une valeur entière de présent; elle révèle, sur les rapports des personnages, leur inscription dans la machine du récit, tout autant que l'effet futur qui l'accomplit. Dans cette mise en scène infiniment variable, le scepticisme du ou des interlocuteurs de Balsamo s'avère naturellement encore plus opératoire que dans les incursions rétrospectives, puisqu'il y a par principe un écart à plus ou moins longue échéance entre la prédiction et son actualisation. Ce rapport de la prédiction et du scepticisme atteint son point extrême de miroitement théorique dans le prologue du *Collier de la reine* : Cagliostro en fixe d'abord le destin rétrospectif qui l'érige une fois encore en miroir de l'Histoire[16]; il éprouve ensuite l'impuissance paradoxale où se trouvent ses acteurs de la ou le faire mentir[17]. C'est d'autre part dans *La comtesse de Charny* que ce rapport

16. « Ah! je le vois bien, dit-il, vous êtes incrédules : incrédulité fatale que j'ai eue à combattre toute ma vie. Philippe de Valois n'a pas voulu me croire quand je lui dis d'ouvrir une retraite à Édouard; Cléopâtre n'a pas voulu me croire quand je lui ai dit qu'Antoine serait battu. Les Troyens n'ont pas voulu me croire quand je leur ai dit à propos du cheval de bois : « Cassandre est inspirée, écoutez Cassancre. » *C.R.*, p. 15.

17. Voici le dialogue de Cagliostro et de Condorcet à qui, après le roi de Suède, Cagliostro prédit les conditions de sa mort :

« — Eh bien! marquis, dit Cagliostro d'une voix sourde et en abaissant la paupière sur son regard fixe, vous mourrez du poison que vous portez dans la bague que vous avez au doigt? Vous mourrez...

— Oh, mais si je la jetais? interrompit Condorcet.

— Jetez-la.

devient un véritable facteur d'engendrement de la matière historique :
il se systématise dans un dialogue cyclique entre Cagliostro et Gilbert,
son élève et presque son double, qui ne conteste dans les pouvoirs de son
maître que la prescience du futur, provoquant ainsi le retour de la prédiction qui provoque le doute et justifie l'événement qui ne lève jamais
le doute qu'à moitié : ceci sans fin, ou plutôt, selon un circuit à la fois
grossier et subtil, du début à la fin du roman, c'est-à-dire pendant quinze
cents pages.

En second lieu, Dumas, par une perversion bien naturelle à la puissance
du récit, a cédé à la tentation de compliquer l'effet d'engendrement propre
à la prédiction en faisant jouer Balsamo contre lui-même. On vient de le
voir : il recommande aux Troyens d'écouter Cassandre alors que son don
de divination devrait lui souffler que c'est inutile. L'histoire du marquis
de Favras est exemplaire de ce processus contradictoire, comme de l'effet
en écho du pouvoir prédictif sur la surface du récit. Dans ce même prologue
du *Collier de la reine*, Cagliostro prédit au marquis de Favras qu'il périra
pendu. Dès les premiers chapitres de *La comtesse de Charny*, quelques
années et quelques volumes plus tard, il prédit à nouveau à Gilbert, qui le
met à l'épreuve, la mort prochaine du marquis. A quelques temps de là,
Gilbert s'entretient avec Marie-Antoinette qui pousse le marquis de Favras
à organiser la fuite de la famille royale ; il évoque la prédiction de Cagliostro ;
la reine, comme autrefois Condorcet, s'écrie : « il n'y a pas de temps à
perdre pour faire mentir ce prophète de malheur », pour apprendre aussitôt
l'arrestation du marquis de Favras qui sera condamné à mort par la cour
de justice. C'est alors que Cagliostro, dont les activités ont largement
contribué à l'arrestation de Favras — n'oublions jamais qu'il a la fonction
essentiellement ambiguë d'accomplir l'Histoire qu'il prédit — va s'employer par tous les moyens à arracher celui-ci à la mort, c'est-à-dire à

— Enfin, vous avouez que c'est bien facile ?

— Alors, jetez-la, vous dis-je.

— Oh ! oui, marquis ! s'écria madame du Barry, par grâce, jetez ce vilain poison ; jetez-le,
ne fût-ce que pour faire mentir un peu ce prophète malencontreux qui nous afflige tous de ses
prophéties. Car, enfin, si vous la jetez, il est certain que vous ne serez pas empoisonné par
celui-là ; et comme c'est par celui-là que monsieur de Cagliostro prétend que vous le serez,
alors, bon gré, mal gré, monsieur de Cagliostro aura menti.

— Madame la comtesse a raison, dit le comte de Haga (...).

— C'est inutile, dit tranquillement Cagliostro, monsieur de Condorcet ne la jettera pas.

— Non, dit le marquis, je ne la quitterai pas, c'est vrai et ce n'est pas parce que j'aide
la destinée, c'est parce que Cabanis m'a composé ce poison qui est unique, qui est une substance
solidifiée par l'effet du hasard, et qu'il ne retrouverait jamais ce hasard peut-être ; voilà pourquoi je ne jetterai pas ce poison. Triomphez si vous voulez, monsieur de Cagliostro.

— Le destin, dit celui-ci, trouve toujours des agents fidèles pour aider à l'exécution de
ses arrêts. » (*C.R.*, pp. 33-34.)

(18) *C.C.*, p. 368.

faire mentir sa prédiction et à fausser ainsi le cours du Dieu-Histoire dont il est l'intercesseur. Trois fois, et jusqu'à l'instant de l'exécution, il offrira, grâce aux moyens exceptionnels dont il dispose, la possibilité de fuir au marquis de Favras qui préférera affronter la mort pour fustiger le pouvoir révolutionnaire — soit, en termes narratifs, pour accomplir la réalité de l'Histoire et la prédiction qui en est l'écho. Cette étrange tentative à rebours a un double bénéfice : diviser en Balsamo le principe et le héros, ou plutôt contribuer, parmi d'autres moyens, à assurer la conversion permanente du principe en héros; et accentuer, par une inversion qui accroit le suspense, l'effet producteur de la prédiction.

Le circuit prédictif, enfin, n'est pas toujours clos sur lui-même; il n'en possède, on l'a déjà vu, que plus de puissance virtuelle. On distinguera en ce sens la prédiction récurrente et la prédiction suspendue. La première est rare : le premier terme manque, mais il est rappelé par le personnage qui en a fait l'objet : ainsi la comtesse du Barry évoquant pour Louis XV l'inconnu qui lui avait un jour prédit qu'elle serait reine de France[19]. La prédiction suspendue, fréquente, se manifeste dès l'Introduction; quand Balsamo salue les six grands chefs de l'ordre, il annonce au dernier, si remarquablement nommé « le condamné de l'avenir » : « Toi, Scieffort de Russie, tu trahiras ta cause avant un mois, mais avant un mois tu seras mort »[20]. Le second terme manque, il ne sera jamais actualisé, comme il manquera plus ou moins partiellement dans la prédiction faite à Marie-Antoinette, dans le prologue du *Collier de la reine* qui met en jeu huit prédictions dont trois seulement s'accompliront au cours du récit, dans les multiples prédictions de Cagliostro à Gilbert sur l'avenir de la France révolutionnaire et le destin futur de ses acteurs. Cependant, faute de s'accomplir dans le récit, la prédiction s'accomplit bien sûr dans l'Histoire, dont le texte implicite vient en quelque sorte servir de relais dans l'esprit du lecteur qui opère de lui-même cette contagion entre l'Histoire hors du roman et l'Histoire intérieure au roman, et tend à en accorder tout le crédit à Balsamo, conformément au mythe instauré par Dumas.

---

19. Le second terme est évidemment présent : c'est la présentation de madame du Barry à Versailles, où Balsamo apparaît pour demander à la comtesse le salaire de sa prédiction d'autrefois.

20. *J.B.*, p. 32.

III

L'avenir, le passé : deux lignes qui ne se divisent que pour mieux converger dans le présent à partir duquel elles s'énoncent. C'est pourquoi le pouvoir de Balsamo, ce pouvoir du savoir, pour être entier, doit être aussi une transparence du présent. Elle s'annonce dès la première description du héros : « Son regard, qui pouvait exprimer tous les sentiments, semblait, lorsqu'il s'arrêtait sur quelqu'un, plonger dans celui sur lequel il s'arrêtait deux rayons de lumière destinés à arrêter son âme »[21]. Ce privilège, qui ne cessera pas, s'illustre remarquablement au moment où le cardinal de Rohan, pour qui Balsamo vient de fondre cent mille écus d'or, veut lui cacher l'amour éperdu qu'il voue à Marie-Antoinette : « Oubliez-vous, monseigneur, que je vois aussi clairement dans votre cœur ce qui s'y passe en ce moment que j'ai vu clairement votre carrosse sortir des Carmélites de Saint-Denis, dépasser la barrière, prendre le boulevard et s'arrêter sous les arbres, à cinquante pas de ma maison? »[22]. On devine ce qui sous-tend cette divination qui, sous la forme de la pénétration psychologique, vient se conjuguer en Balsamo avec la connaissance de l'avenir et du passé : la toute puissance, qui désigne à la fois l'Histoire et le roman.

Mais on n'oubliera pas le paradoxe qui fonde le mythe : Balsamo, pour que le roman ait lieu, doit produire concrètement l'Histoire dont il connait par définition le cours comme le terme. Aussi Dumas ne peut-il, dans l'exercice d'un pouvoir qui ne cesse ainsi de s'illimiter, que réserver comme une sorte de limite, d'indécision, de flottement, qui est la condition sournoise mais fondamentale du récit. Ce flottement assure en effet la reconversion du principe en héros, dans la mesure où il garantit le processus d'identification dans la forme réglée d'un suspense, et permet ainsi la transmutation de la surnature en naturel du récit. Que ce pouvoir doive toujours faire la preuve de sa réalité, qu'il puisse aller jusqu'à tenter de s'exercer contre lui-même, comme on l'a vu, c'est tout à la fois ce qui le constitue et le fait vaciller. C'est pourquoi ce flottement n'est pas simple à localiser, même s'il apparaît partout : variable, multiforme, essentiellement trompeur, il est vraiment la perversion de ce récit.

Essayons cependant de le cerner. Il est constitué en premier lieu par les décalages entre les différents niveaux de pouvoir incarnés en Balsamo : il n'est pas toujours et à chaque instant, on le comprendra, cet homme qui maîtrise absolument le passé, le présent et l'avenir; et le récit profite évidemment de ce jeu de facettes. D'autre part le flottement se constitue par

---

21. *J.B.*, pp. 8-9.
22. *Id.*, p. 583.

des décalages à l'intérieur de chaque niveau. Comment expliquer, par exemple, que Balsamo, lui qui déchiffre l'avenir à livre ouvert, ait besoin d'une boucle des cheveux de Marie-Antoinette pour prédire à Rohan le sort de son amour dont il a par contre deviné sans intercession la réalité? Il y a bien sûr le plaisir du miroitement symbolique attaché à l'objet prélevé sur le corps de la future reine; mais il faut invoquer surtout l'effet narratif ouvert par la demande : effet de suspense, d'abord, lié au danger que souligne Balsamo[23]; effet de renvoi, ensuite, qui postule une autre scène, à quelque temps de là, où Balsamo formulera la prédiction, qui entraînera elle-même un effet comparable. En effet, quand, grâce à cette boucle que le cardinal lui apporte, Balsamo apprend « le secret de cette monarchie (...), le dessein caché de Dieu »[24], le rapport d'activité qu'il fait à ses frères maçons montre une ambiguïté plus grande encore : si la dauphine, après plus d'un an de mariage, est toujours vierge, « il se présente, selon Balsamo, deux hypothèses, toutes deux également profitables à notre cause »[25]. Étrange mot, si l'on regarde bien, que celui d'hypothèse dans la bouche de celui qui quelques instants plus tôt se compare explicitement à Dieu[26]. Le lecteur attentif pourrait lui dire, comme madame du Barry : « Comment, vous êtes devin, et vous ne devinez pas? »[27]. Il pourrait aussi supposer, l'idée en vient parfois, que Balsamo, dans ces instants où il ignore ce que le mythe qu'il définit lui-même si souvent devrait l'obliger à savoir, se joue de ses interlocuteurs, et qu'il leur parle ainsi, lui qui est comme Dieu, à la façon d'un homme, pour pouvoir accomplir à travers eux le destin de l'Histoire. Mais, d'une part, rien ne le dit; d'autre part, c'est tout simplement dire que, pour qu'il y ait récit, il faut que Balsamo soit à la fois ce Dieu qui le produit mais qui le bloquerait dès l'origine s'il n'y était aussi inscrit comme sujet. C'est pourquoi la matière textuelle est comme imprégnée de part en part de ce flottement subtil, contradictoire, qui s'exprime par une véritable rhétorique de la suspension, de la contradiction, de l'équivoque, dont le « Je m'en doutais » de Balsamo symbolise assez exactement la perversion[28]. Et Dumas a si remarquablement senti que cette distorsion de la toute puissance était en quelque sorte la condition interne du principe

---

23. « Il s'agit d'être prudent, monseigneur, en vous procurant des cheveux qu'il vous faudra couper sous une couronne. » *J.B.*, p. 589.

24. *J.B.*, p. 861.

25. *Id.*, p. 953.

26. *Id.*, p. 952.

27. *Id.*, p. 1157.

28. Il revient, si je ne me trompe, à deux reprises. Une première fois quand Andrée raconte à Balsamo comment elle a failli être séduite par Louis XV (*J.B.*, p. 1290), une deuxième fois quand Gilbert, rencontrant Balsamo sur le pas de sa porte, la veille des massacres de septembre 1792, lui confie qu'il se rendait chez lui. (*C.C.*, p. 1375.)

producteur matérialisé en Balsamo qu'il a conclu son immense roman
sur cette note ouverte, qui a ainsi une valeur rétrospective autant que
prospective : après l'exécution de Louis XVI, il vient retrouver Gilbert
et Billot et s'écrie : « Ah! Les niais! Je les croyais plus forts que cela »; et il
ajoute : « Le roi mort, les partis vont se retrouver face à face, les partis
vont se détruire. Lequel succombera le premier, je n'en sais rien, mais je
sais que, les uns après les autres, ils succomberont »[29].

Il reste à introduire enfin les deux dernières formes de pouvoir qui
confirment à la fois l'illimitation et la limitation dont le récit procède.
La première est la franc-maçonnerie dont Balsamo est le maître suprême
et dont Dumas a fait l'âme motrice de la Révolution française. C'est l'incarnation même de la puissance réaliste — même si Balsamo la dote de l'omni-
potence magique qui le caractérise (« si nombreux qu'ils soient, je connais
depuis le premier jusqu'au dernier de mes sujets »[28]); et Dumas a largement
profité de l'indécidabilité qu'elle permettait d'introduire dans le développement de son mythe et de son récit. En effet, de la même façon qu'une large
part des rétrospections de Balsamo pourraient, aussi bien qu'à ses vies
antérieures, être portées au compte d'une mémoire encyclopédique, son
savoir sur le présent ou le passé immédiat, lorsque l'origine n'en est pas
spécifiée, peut toujours être aussi bien attribué à ses pouvoirs surnaturels
qu'au relais fantastique de ces milliers d'yeux et d'oreilles dont il recueille
toute l'information. Une illustration remarquable de cette confusion apparaît explicitement, dans le registre de l'action liée au pouvoir, par la démystification de la puissance alchimique : les vingt livres d'or en lingots que
Balsamo fond pour le cardinal de Rohan sont en fait obtenues à partir du
trésor inépuisable constitué par le contre-pouvoir politique de la franc-
maçonnerie.

La seconde forme de pouvoir est l'hypnose, le sommeil magnétique.
Balsamo, qui sait tout, a besoin de cet autre relais pour accéder à la toute-
puissance. Il ouvre en effet deux champs, souvent mêlés, mais cependant
distincts. Le premier est psychologique, il touche la vérité intérieure : le
sujet qui est sous l'influence du sommeil magnétique est sans pouvoir
contre sa propre vérité, dont Balsamo, sans que ce dernier en sache rien,
devient dépositaire. La relation hypnotique, en cela, est une particula-
risation de cette lecture mythique dont chacun est virtuellement l'objet
sous le regard de Balsamo. Le second champ couvre l'événement, les
occurrences du présent absent. Par l'intermédiaire du médium, Balsamo
peut savoir en effet ce qui est en train de se passer en de multiples points

29. *C.C.*, pp. 1524-1525.

de l'espace-temps historique dont il devient le témoin unique et privilégié : il pénètre ainsi par procuration dans le boudoir de la favorite comme dans le cabinet privé du ministre. On le voit, ce pouvoir magique qui met la distance et le secret de l'événement à la portée de Balsamo vient relayer alors la puissance de caractère « réaliste » qu'il détient d'autre part à travers la franc-maçonnerie. Dans ce cas comme dans l'autre, la puissance magnétique vient tout à la fois radicaliser et relativiser la réalité de la toute-puissance propre à Balsamo, puisqu'en la spécifiant elle la diversifie et se trouve accroître encore le jeu de ces complémentarités, ces décalages, ces écarts dont on a vu la fonction et l'effet : engendrer, produire le récit, en constituant le réseau à la fois synthétique et divergent de son énonciation.

Il faut ici mettre un terme à cette analyse, faute de devoir lui donner une extension considérable. Mais on peut, en situant sa nécessité, en évoquant rapidement ses termes, montrer en quoi les pages qui précèdent et le texte de Dumas dont elles constituent une première mise en perspective permettent d'interroger le concept de poïétique.

C'est en fait à partir de la relation magnétique que cette extension se déploie logiquement. Ce pouvoir, on ne s'en étonnera pas, est en effet doublement contradictoire. D'un côté, il est virtuellement illimité, dans la mesure où chacun peut en faire l'objet, comme deux exemples le prouvent[30]; de l'autre, il est très étroitement circonscrit, puisque le don de voyance qu'il entraîne ne peut appartenir en droit qu'à une vierge, et en fait à deux héroïnes : Andrée de Taverney et Lorenza Feliciani. La seconde contradiction est plus extrême : la puissance magnétique, et ce qui s'y spécifie comme détermination propre, disparaît comme telle en Balsamo à la fin du premier des quatre romans du cycle, avec la mort de Lorenza Feliciani. Ceci, sans rien soustraire au pouvoir énonciateur de Balsamo — comme le montre aussitôt le somptueux prologue du *Collier de la reine* — mais en y instituant un écart radical d'où il reçoit tout son sens. C'est pourquoi le premier roman porte seul le nom de l'énonciateur; c'est pourquoi du premier au second le nom, de Balsamo à Cagliostro, se transforme pour signifier ce qui se noue à travers lui comme problématique du sujet. En fait, la mutation que détermine la mort de Lorenza Feliciani, à partir de la place fondamentale dans l'économie énonciative de *Joseph Balsamo*, fonde la nécessité d'introduire le concept de *matrice symbolique* pour recouvrir le rapport de désir qui se systématise entre Balsamo et Lorenza sous la forme d'un manque référable à la structure œdipienne. Soulignons bien qu'il ne

30. Le jeune Havard, malade à l'Hôtel-Dieu, et la portière de Marat, aux chapitres CV-CVII de *Joseph Balsamo*.

s'agit là en rien d'une adjacence, d'un terme secondaire : la relation magnétique, on vient de le voir, opère au niveau du pouvoir historique ; elle contribue ainsi à fonder ce qu'on ne peut ici que suggérer : la co-extensivité du désir et de l'Histoire, c'est-à-dire l'articulation de la matrice symbolique et du principe producteur dans la figure primordiale du sujet énonciateur, qui ne peut ainsi véritablement incarner celui-ci que parce qu'il est saisi dans celle-là. Si bien que la détermination extensive du principe producteur, dont j'ai tenté plus haut de définir le caractère et les modalités fonctionnelles, se trouve entraîner logiquement *une véritable analyse du texte* (c'est-à-dire des quatre romans de la série), qui se déploie corrélativement, et réversiblement si l'on peut dire, à deux niveaux : celui de la matrice symbolique qui, par une sorte de contagion métaphoro-métonymique, s'étend, à partir de la figure primordiale de Lorenza, à l'ensemble des relations amoureuses du récit, mettant ainsi en jeu tous les principaux personnages ; et celui du principe producteur qui, à la mesure même des effets de son inscription dans la matrice symbolique, se divise sur lui-même à partir de Balsamo, prioritairement à travers le personnage de Gilbert, secondairement et à l'opposé à travers le personnage de Marat, pour bien marquer à la fois la diversification et l'unité de l'opération énonciatrice qui renvoie, en dernière instance, à la personne et au nom de l'auteur-narrateur qui la règle.

On devinera qu'une telle analyse, demeurât-elle, comme ici, largement virtuelle, est de nature à jeter une sorte de trouble sur le concept de poïétique défini par René Passeron comme « science normative des opérations instauratrices », « science des critères de l'œuvre et des opérations qui l'instaurent »[31]. Ce concept se délimite, en effet, d'un côté, par opposition à l'esthétique définie comme « réflexion normative sur le goût », « science de l'art qui se consomme », de l'autre, par opposition aux sciences de l'art, « sciences des structures spécifiques de l'œuvre », « de l'œuvre en tant qu'œuvre » — soit, dans le cas qui nous occupe ici, la poétique. Sans doute, ces deux oppositions, dans le classement de Passeron, sont loin d'être égales, puisque c'est le domaine des sciences de l'œuvre qui, à la jointure de l'esthétique et de la poïétique, « leur est trop souvent l'occasion de s'embrouiller l'une l'autre ». Mais il n'empêche que, sans y insister outre mesure, Passeron maintient, à partir de son souci premier de dissocier la poïétique et l'esthétique, une dichotomie réelle entre poétique et poïétique. Sans vouloir ouvrir en rien un débat général qui me fait surtout regretter que le beau

---

31. Toutes les citations qui suivent renvoient à l'étude introductive de René Passeron : « La poïétique ».

terme d'esthétique perde un peu sa valeur de métaphore généralisée qui le rendait cher à Mallarmé comme à Nietzsche, c'est la seconde opposition qu'à la suite de Dumas, si j'ose dire, j'aimerais brièvement contester, ou au moins relativiser.

Que fait ici Dumas, en effet, ou mieux le texte de Dumas tout au long de ses cinq mille pages où ne cesse de se réaffirmer la souveraineté régulatrice de son principe producteur, si ce n'est constituer l'œuvre à partir d'une réflexion sur ses critères, sur l'opération qui l'instaure? Et que fait à son tour le regard critique, en cherchant à réfléchir cette réflexion en acte et à maîtriser le jeu de cette opération instauratrice, sinon une analyse qui ne se trouve, si l'on regarde bien, rien faire d'autre qu'éclairer l'œuvre en tant qu'œuvre, mettre à jour ses structures spécifiques. C'est dire que poétique et poïétique, en ne faisant ainsi que se redoubler l'une l'autre dans l'œuvre comme dans sa lecture, ne peuvent que finir par se confondre. Ajoutons à cela que l'œuvre, le terme même d'œuvre, qui voudrait recouvrir ici la série des quatre romans de Dumas, est une sorte de fiction : elle renvoie en effet toujours à un dehors qui est sa condition de production et entre ainsi en écho avec l'opération instauratrice qui, à l'intérieur du texte, manifeste toujours, pour parler dans les termes de Barthes, en deçà et au delà de ses structures, le travail de sa structuration. Sans mettre ici en jeu l'inconscient rhétorico-historique qui sert de base à la démonstration de *S/Z*, prenons ce dehors, puisqu'aussi bien Passeron aime à parler en termes d'acte de l'artiste, au niveau apparemment simple mais toujours problématique de l'auteur. Le dehors commence à la signature qui déporte d'emblée le texte vers le nom qui le produit, et s'y produit. Il s'affirme ensuite à travers la préface de Dumas au *Collier de la reine* où celui-ci, on l'a vu, offre au lecteur le miroir où chacun peut reconnaître l'identification qu'il noue avec l'énonciateur, et comment il revendique ainsi directement son inscription dans le processus de production de son récit. Ce dehors se dénote enfin aux renvois qui fondent, dans des signes plus extérieurs à l'œuvre encore, le mythe qu'elle développe : le journal où s'inscrit, à travers la devise : « Dieu dicte et j'écris », l'instance totalisatrice de la subjectivité romantique, la lettre où cette instance s'énonce dans l'utopie d'un roman qui serait le Tout de l'Histoire.

Je vois ici ce qu'on peut m'opposer. Passeron ne dit-il pas : « l'objet spécifique de la poïétique n'est pas l'artiste, mais le rapport dynamique qui l'unit à son œuvre pendant qu'il la fait »? C'est pourquoi, ajoute-t-il plus loin, la peinture, pour la poïétique, est « un phénomène d'atelier ». A entendre ceci strictement, à prendre à la lettre ce « pendant », les objections que j'ai pu formuler à partir de l'œuvre de Dumas prise comme exemple s'effondrent d'elles-mêmes. Son texte n'a pas de « pendant », ni même d' « avant » ou d' « après » qui en tienne lieu; rien qui corresponde par exemple au *Journal des Faux-Monnayeurs*, aux *Carnets* de James dont Michel Zéraffa fait ici-même un si grand usage, aux *Carnets* qui accompagnent la plupart des grands romans de Dostoievski. Mais c'est alors, s'il faut s'en tenir aux exemples privilégiés qui offrent ce dédoublement explicite et méticuleux entre l'œuvre faite et son « faire », restreindre si considérablement et surtout si arbitrairement le champ de la poïétique que c'est la priver de son sens. C'est pourquoi Passeron, dans une des remarques qui précisent ses premières définitions, souligne justement que « pour la poïétique, c'est l'œuvre même qui est la valeur, vers laquelle s'efforce celui qui la crée ». Ce qui, bien qu'à partir d'un souci identique, est sensiblement différent, me semble-t-il, dans la mesure où, plus qu'à la preuve matérielle d'une réflexion dédoublée sur l'instauration de telle ou telle œuvre singulière, c'est référer la poïétique aussi bien à l'exigence qui se matérialise dans l'œuvre elle-même, à ce que Blanchot a si bien nommé « l'exigence de l'œuvre »[32]. Il dit plus précisément : « l'espace et l'exigence de l'œuvre », pour bien marquer comment c'est à l'intérieur de son propre espace que cette exigence se déploie. Mais c'est en tant que l'espace de l'œuvre est toujours aussi au delà de l'œuvre et ceci doublement : il est constamment déporté vers l'idée toujours plus ou moins virtuelle de l'œuvre complète, où se profile l'utopie d'un recouvrement entre le sujet-auteur et son texte; il enjoint de reconnaître au principe de toute œuvre la virtualité abstraite qu'elle sert et qui l'excède, et que Blanchot, à la suite de Mallarmé, a appelé littérature. On voit comment, dans cette perspective, poétique et poïétique en viennent pratiquement à se recouvrir et à nier leur différence, puisque tout approfondissement interne de l'œuvre ne se trouve en fait jamais que produire ou reproduire le mouvement qui affirme son exigence.

Il faut ajouter à ceci trois remarques, qui visent diversement à relativiser ma critique. La première est de caractère stratégique. Si je pense en effet qu'en droit poétique et poïétique sont en dernière instance inopposables, il va de soi qu'en fait telle ou telle approche, par un effet de mise entre parenthèses souvent indispensable, pourra adopter fructueusement plutôt l'un ou l'autre regard pour aller au devant d'un texte. D'autre part, il semble que la littérature ait comme un privilège dans le rejet de cette différence, du fait même qu'il ne demeure pour elle aucun écart matériel entre l'œuvre et ce que j'ai appelé son dehors, ce dehors qui tout à la fois la déborde et apparaît comme son intériorité la plus radicale. On peut

---

32. *L'espace littéraire, op. cit.*, en particulier le chapitre sur Kafka.

imaginer qu'il en aille un peu autrement pour le cinéma, la musique, la peinture, où l'œuvre est par définition, de par sa matérialité même, beaucoup plus aisément circonscriptible. Je pense à la peinture surtout, dont le mutisme donne à toute parole extérieure à l'œuvre une sorte de poids différentiel, une altérité qui ne l'éclaire que parce qu'elle lui est en son essence profondément étrangère. Enfin, ce recouvrement entre poétique et poïétique est historique : je veux dire par là qu'il a commencé un jour (avant même, bien sûr, que ce second terme n'existe) et pourra un jour avoir une fin, même si elle est pour nous impensable parce qu'il appartient à notre pensée. Sans qu'on puisse le dater vraiment, il s'accomplit sourdement de lui-même, du XVIIᵉ au XIXᵉ siècle, avec l'instauration de ce qui s'appellera progressivement littérature. Ce qui bien sûr ne limite pas historiquement son champ d'application, puisqu'il éclaire rétrospectivement à partir de son exigence nouvelle toute création antérieure. Mais on comprendra qu'aussi bien en fait qu'en droit, l'indissociabilité des deux termes s'avère d'autant plus fortement dans des œuvres, des textes qui — épousant en cela logiquement le développement de la critique, puis de la science littéraire qui leur est historiquement consubstantielle — n'ont cessé depuis lors de se prendre toujours plus et par tous les moyens comme objet de leur propre critique.

LIBERTÉ ET TRADITION DANS LA CRÉATION

Il n'est pas inutile, je pense, de commencer par définir ou au moins par cerner le sens des termes qui constituent le titre de cette étude. Tous deux prêtent à un grand nombre d'interprétations et à presque autant d'équivoques.

Comme on le sait, l'étymologie de *tradition* est le verbe latin *tradere* qui signifie transmettre. C'est donc d'abord tout ce qui est transmis. Il n'est pas rare de voir confondre *tradition* et *héritage*. Jusqu'à un certain point le rapprochement est légitime; il s'agit dans les deux cas de quelque chose qui passe d'une personne ou d'une génération à une autre personne ou à une autre génération. Mais il existe entre ces termes une différence essentielle : le premier, la tradition, est une transmission entre vivants; le second, une succession, c'est-à-dire l'entrée en possession des biens d'un mort.

Cette première distinction admise, il faut encore faire la différence entre la tradition et les traditions. Lorsqu'on parle de la tradition, sans autre précision, on entend par là un ensemble de croyances, de valeurs, de rites, de règles de vie morales et sociales, généralement basées sur une « révélation » de caractère religieux ou en tout cas supra-humain, qui en justifie le caractère infaillible et la légitimité, reconnue et acceptée par une communauté qui en assume l'observation et la transmission. C'est dans ce sens que les théologiens parlent de la tradition, et c'est ce même sens que donne à ce mot René Guénon dans toutes ses œuvres. Les civilisations « traditionnelles » sont soit disparues, soit en voie d'extinction. Les dernières, étudiées par les ethnologues, ne se rencontrent plus que dans les contrées les plus reculées et les moins accessibles. Mais cette tradition générale se divise en quantités de traditions particularisées qui régissent les diverses activités humaines — depuis la cuisine et le vêtement jusqu'aux fêtes, aux unions matrimoniales, à l'ordonnance des villes et aux productions esthétiques. Souvent les traditions survivent à la tradition.

Il est clair que l'artiste occidental d'aujourd'hui, lorsqu'il parle de tradition, ne l'entend pas du tout au sens guénonien du terme. Depuis quelques années, ce mot a pris le plus souvent un sens péjoratif. On oppose tradition à originalité, à hardiesse, à recherche. Quant aux traditions, on entend par là aussi bien des usages ou des coutumes que des enseignements transmis aux jeunes générations par ceux qui les ont précédées, des techniques, des théories, etc. Parmi les traditions, celles qui nous intéressent, les traditions esthétiques, se présentent sous différentes formes : des matériaux, des techniques, des enseignements théoriques; enfin, et surtout, des œuvres.

Si le terme tradition n'est pas exempt d'équivoque, que dire de celui de *liberté*! On dit celle-ci responsable de bien des crimes, selon la phrase célèbre, mais elle a engendré sans doute davantage encore de confusion. C'est pourquoi je n'essayerai pas d'en donner une définition, mais seulement de préciser les conditions qui en permettent l'exercice dans le domaine de la création esthétique. Disons d'abord, pour n'y plus revenir, qu'il ne peut en aucun cas exister de liberté absolue, laquelle reviendrait à une création *ex nihilo*, non seulement impossible, mais inconcevable. Que nous le voulions ou non, nous sommes obligés de produire à partir d'un certain donné; même en pensée, en rêve, nous réordonnons un préalable — souvenirs, expériences, désirs — selon un autre donné : notre structure psychique, elle-même déterminée par un complexe inextricable de causes. Affirmons-le une fois pour toutes : toutes les « remises en question », les « départs à zéro », les « tables rases » et autres annihilations du passé ne peuvent être que relatives. Les plus radicales, heureusement rares, rencontrées dans l'expérience humaine, sont celles des « enfants-loups » étudiés par des médecins et des ethnologues, qui les décrivent comme des êtres que l'on hésite à appeler humains, incapables, passé l'âge de quatre ans, de produire des sons articulés, et moins encore des œuvres, même de « non-art ». L'artiste agit donc sur un passé, une « tradition » et l'on voit pourquoi j'ai voulu la conjonction *et* pour unir les deux mots du titre, que d'aucuns eussent peut-être préféré voir opposés par *ou*, sous-entendant une situation conflictuelle ou même l'irréductibilité, là où il faut affirmer la plus étroite corrélation.

Nous arrivons donc à une première constatation : l'artiste peut accéder à un certain degré de liberté, à partir d'un donné transmis, d'une tradition. Cette tradition est résumée dans les œuvres du passé qui servent de point de départ pour l'élaboration de l'œuvre personnelle. L'acte de produire une œuvre personnelle sera *à la fois* une prise de conscience de cette tradition *et* l'accession à un certain degré de liberté. Peut-on évaluer celui-ci? On serait tenté de le mesurer à la différence qui distingue l'œuvre nouvelle des œuvres antérieures. C'est incontestablement un des critères, ce n'est pas le seul. Car il faut compter avec les pressions « négatives » — celle de la novation à tout prix par exemple — aussi contraignantes, aussi aliénantes que le conformisme. C'est ici qu'intervient un important facteur dont nous n'avons pas encore parlé : la communication.

L'œuvre, qu'elle soit littéraire, musicale ou plastique, est destinée à un public, que celui-ci soit nombreux ou restreint, qu'il se limite à un petit groupe d'« initiés » ou même à quelques individus. On ne peint, n'écrit, ne compose jamais uniquement pour enfermer ses productions dans un tiroir ou les jeter au feu. Ou plus exactement, si une telle activité peut exister, elle ne se sert de la production d'œuvres que comme moyen, généralement thérapeutique, pour se libérer d'une obsession, se rééquilibrer, etc. Le recours à la production esthétique n'est plus qu'un procédé parmi d'autres qui peuvent être le sport, le bricolage, le jeu, ou toute autre activité convenant à la situation. Il s'agit donc d'un cas tout à fait à part qui n'entre pas dans le cadre de cette étude sur la création artistique. Nous n'en tiendrons donc pas compte et considérons comme admis que l'idée de communication n'est jamais complètement absente de la création. Disons en passant, car la chose est aujourd'hui universellement admise, que le contenu de cette communication ne consiste ni en « idées », ni en « concepts », ni en « émotions », encore que, bien sûr, l'œuvre puisse susciter toutes ces réactions, mais que ce sont les formes elles-mêmes qui sont signifiantes.

Peut-être pourrions-nous dire dès lors, quitte à vérifier et peut-être à nuancer cette affirmation, que le degré de liberté serait mesuré par ce qui distingue l'œuvre nouvelle de toutes celles qui l'ont précédée, dans les limites d'une signifiance formelle communicable. Car, pour être signifiante, l'œuvre ne peut jamais être radicalement étrange, coupée de toute référence. Si radical que semble le changement qu'apporte un artiste dans le domaine qui est le sien, il n'est jamais coupé de ses prédécesseurs. C'est pourquoi l'évolution se fait toujours par étapes, brèves ou longues, mais indispensables. Stockhausen ne pouvait succéder à Mozart, ni Picasso à Poussin. Impossible de rompre la chaîne qui conduit de l'un à l'autre, chaque chaînon réalisant le plus fort coefficient d'étrangeté compatible avec une communication préservée.

Mais, si nous avons réussi à montrer qu'il n'existait pas de liberté sans tradition, il va sans dire qu'il est possible de renverser la proposition et d'affirmer qu'il ne peut davantage exister de tradition sans un certain degré de liberté, qui peut être minime. Sans quoi on aurait affaire à deux œuvres identiques, c'est-à-dire que l'artiste aurait produit non plus une œuvre mais une copie. Ajoutons que, si la communication peut être rendue difficile, sur le plan formel, par un trop grand mépris de la tradition, le même risque existe lorsqu'on est en présence d'une soumission trop passive à celle-ci. En se référant à la théorie de l'information, on peut dire que, dans le premier cas, la quantité d'information formelle est trop grande par rapport à la redondance, dans le second, elle est insuffisante. Dans les deux cas, la communication ne peut se faire que sur le plan non-formel, celui du sujet. Ainsi les spectateurs des premiers cubistes reconnaissaient généralement que le tableau représentait une guitare ou un compotier, mais déniaient à la composition toute valeur formelle. Quant au public des premiers abstraits, ne pouvant se raccrocher au sujet, il refusait à la nouvelle peinture toute existence en tant qu'art. Mais de même, dans une peinture sans aucune originalité, nous comprenons bien que l'œuvre a pour sujet une Madone ou un paysage; cependant sa ressemblance avec des dizaines d'autres Madones et d'autres paysages de la même époque lui enlève, à nos yeux, tout intérêt esthétique.

Il nous reste à examiner le but que se fixe l'artiste qui prend en main pinceau, ciseau ou plume, car la notion de but entre dans les données qui conditionnent l'acte libre. Il existe toujours un but, celui que nous venons de nommer : communiquer des formes signifiantes. Et, ici, le « comment » se confond avec l'objet de la communication. Or, il peut exister, en plus de ce but essentiel, d'autres fins à la production d'une œuvre, qui provoquent des attitudes très variables et influent très grandement sur le « faire » de l'artiste. L'histoire de l'art nous en fournit de nombreux et intéressants exemples.

Revenons une dernière fois aux civilisations « traditionnelles » car elles constituent un cas limite que nous ne pouvons ignorer, même si notre époque les récuse de façon irréversible. J'ai analysé ailleurs le cas de Roublev, peintre d'icônes, un des arts les plus authentiquement traditionnels, et j'ai montré que, malgré la marge d'« étrangeté » très restreinte qui lui était impartie, cet artiste avait fait preuve d'un haut degré de liberté, tout en se conformant non seulement au schème formel de ses prédécesseurs, mais aussi à la stricte orthodoxie doctrinale et liturgique exigée par la nature cultuelle de l'icône qui est, non pas simplement une peinture religieuse, mais un objet liturgique, ce qui impose à celui qui le produit des normes très strictes. Je ne reviendrai pas sur les détails de cette analyse, mais je tenterai de montrer qu'un haut degré de liberté est compatible avec la création au sein d'une civilisation traditionnelle.

La tradition se transmet ici de maître à disciple, en général oralement. L'expression « tradition écrite » est assez récente et l'écriture n'a d'autre but que la fixation sans erreur ni déformation de la doctrine[1]. Une relation hiérarchique existe donc entre le transmetteur et celui qu'il choisit pour le former à l'enseignement traditionnel. Le maître exigera du disciple l'obéissance, le respect absolu du dépôt qui lui est confié et que, devenu maître à son tour, il s'engagera à transmettre, inaltéré, à un nouveau disciple. Au cours de longues années d'apprentissage, le maître lui aura enseigné, avec une technique, les secrets du métier, les croyances et les usages de la communauté, ainsi que les interdits qui existent dans différents domaines. Tout ceci, comme nous l'avons vu, en vertu d'une tradition dont l'origine, présumée supra-humaine, garantit l'infaillibilité. Notons encore que les communautés traditionnelles connaissent presque exclusivement leurs propres œuvres et celles des groupes participant aux mêmes croyances, à la même vision du monde; et lorsqu'elles faisaient un emprunt à d'autres cultures, c'était pour assimiler cet apport étranger, l'intégrer à leur propre univers dont il n'altérait pas l'unité.

Bien entendu, dans cet univers clos, le principal obstacle à l'exercice de la liberté créatrice est la sclérose, l'étouffement. C'est ainsi souvent que finissent les civilisations. Et leur art, après un épanouissement qui peut être durable, se dessèche généralement et s'étiole dans la monotonie de formes indéfiniment répétées. Cependant, le créateur peut trouver aussi, et trouve effectivement pendant la période vivante des civilisations traditionnelles, dans la marge étroite dont il dispose, une singulière efficacité. Je veux dire par là, et ceci est une de ces évidences qu'il n'est pas inutile de rappeler, que la moindre innovation, au sein d'un art traditionnel, prend une force expressive, une signification que ne possèdent pas des innovations très fracassantes dans un milieu culturel où tout est toléré. Si nous acceptons qu'en art, et sans doute dans tous les domaines, la liberté consiste à produire des actes voulus comportant des conséquences que celui qui les produit connaît, accepte et assume, alors nous pouvons dire que les artistes ont toujours été des êtres libres (à un plus ou moins haut degré) et que ces actes étaient précisément leurs œuvres. Chaque œuvre serait ainsi de la liberté incarnée, laquelle comporte nécessairement de la tradition intégrée. Mais les dangers qui menacent la liberté du créateur peuvent être

---

1. En réalité, chacune des deux transmissions, l'orale et l'écrite, comporte des possibilités d'erreur qui lui sont propres. Erreurs dues, pour la transmission orale, à la confusion de mots phonétiquement proches, aux défauts de mémorisation, à la substitution de formules fréquentes à des formules rares, etc. De leur côté, les copistes confondent parfois des signes, ou des mots orthographiquement proches, sautent des signes, des mots et même des lignes, et peuvent être cause eux-mêmes de fautes ultérieures, par une graphie imprécise. Ces diverses erreurs et leur provenance de l'une ou l'autre transmission sont parfaitement connues et cataloguées par les spécialistes de textes anciens.

de deux natures antithétiques : la pression abusive d'impératifs extérieurs (sociaux, culturels, économiques, etc.), ou l'arbitraire d'une production sans contrainte, toutes deux aboutissant à un acte sans conséquences. Entre ces deux extrêmes, l'artiste peut adopter de multiples attitudes, infléchir de l'intérieur les lois trop strictes de la tradition, ou se révolter contre elles, ou, dans le cas d'une tolérance abusive, trouver sa propre discipline et ses lois intérieures. Nous y reviendrons.

En ce qui concerne la communication, l'artiste traditionnel connaissait un statut privilégié. S'adressant à un public nourri des mêmes idées, acceptant les mêmes croyances, reconnaissant les mêmes valeurs, le créateur trouvait autour de lui un milieu particulièrement favorable à la transmission de son œuvre. Il arrivait certes que le créateur original, et souvent sans le vouloir, choquait ces masses hostiles à l'effort, peu ouvertes à ce qui dépassait leurs habitudes, mais justement il lui était possible de les choquer. Le scandale aussi est un mode de communication et il devient aujourd'hui assez difficile à provoquer. Mais ceci ne se produit généralement qu'à la fin d'une civilisation traditionnelle, lorsque déjà les valeurs sont ébranlées et que des couches de plus en plus larges de la population refusent d'accepter la tradition. Tant que celle-ci est forte et vivante, il suffit au créateur d'imposer, dans les limites autorisées, des changements qui feront évoluer les formes à l'intérieur même des normes traditionnelles. L'exemple d'A. Roublev, déjà cité, est probant à cet égard. Dans sa célèbre icône de *La Trinité*, le peintre a réussi à faire preuve d'originalité et cependant, loin de susciter la méfiance ou l'hostilité, l'œuvre a été immédiatement adoptée, admirée et même proposée comme modèle pour le traitement de ce sujet. Et si souvent, aujourd'hui, nous trouvons « impersonnelles » nombre de créations traditionnelles, bien que les grands créateurs eussent toujours réussi à marquer l'époque de leur empreinte, l'art gagne en unité et pureté de style ce qu'il perd, à nos yeux, en originalité individuelle.

Mais quittons les civilisations traditionnelles, dont le déclin apparaît irréversible, pour nous tourner vers des comportements plus proches de notre temps et de notre sensibilité actuelle.

Nous l'avons dit, le degré de liberté est lié entre autres aux buts que poursuit l'artiste. Si la communication au moyen de formes signifiantes est commune à tout art, puisque c'en est presque une définition, il existe d'autres formes de communication qui peuvent être incluses dans l'œuvre, y tenir une place plus ou moins grande et infléchir profondément l'attitude du créateur. Si, dans les civilisations traditionnelles, la transmission d'un enseignement par les moyens propres de l'art est essentielle, il n'en est plus de même pour l'artiste œuvrant dans le monde actuel. Cependant, cet artiste n'est pas dépourvu pour autant de buts que nous appellerons secondaires (autres que la communication par formes signifiantes). Il peut viser une expérience personnelle (libération spirituelle), la satisfaction pure du besoin créateur, ou œuvrer par son activité à la rénovation du monde, ou encore vouloir transmettre une doctrine politique (art engagé) et poursuivre d'autres visées encore.

Il est évident qu'à chacune de ces diverses prises de position correspondent des attitudes spécifiques vis-à-vis de la tradition ou plus exactement des traditions, du rôle de l'artiste et de la fonction de l'œuvre qui influeront sur le degré de liberté qui présidera à la création, car chaque attitude exerce bien entendu des pressions spécifiques sur le processus de la production esthétique.

Comme nous l'avons suggéré dès le début, pour l'artiste, c'est l'œuvre de ses prédécesseurs reconnue par lui comme valable qui représente la tradition. On peut peut-être m'objecter, en se référant aux définitions proposées au début de cette étude, que l'œuvre des prédécesseurs constitue plutôt un héritage qu'une tradition. Mais, en précisant qu'il s'agit d'œuvres reconnues par l'artiste comme valables, nous avons, je pense, répondu à cette objection. Car, dès lors, il s'agit bien pour l'artiste d'une œuvre vivante, et son auteur est un maître au sens traditionnel du terme. Ici apparaît cependant une différence fondamentale entre l'artiste intégré à une société traditionnelle et celui qui crée dans un monde indépendant de toute tradition, et notamment dans le nôtre. Pour le premier, son univers engendrait une production homogène évoluant, certes, mais lentement et dans des limites définies ; pour le second, toutes les œuvres du passé, non seulement celles de son pays, mais celles de tous les pays et de toutes les cultures de tous les temps, lui sont proposées : l'art africain ou celui des grottes préhistoriques, le cubisme ou les naïfs, la statuaire grecque et les masques océaniques, rien n'est exclu de son expérience. La liberté de l'artiste va donc se manifester d'abord dans le choix de ses maîtres, ou de ses pères. Car, contrairement à ce qui se passe dans les civilisations traditionnelles où le maître choisit son disciple, de nos jours c'est l'artiste qui choisit son ou ses maîtres. Curieuse inversion de la perspective temporelle que cette filiation à rebours. Tel peintre des bords de la Seine se déclare l'héritier des Ming, tel compositeur est fils de Debussy, tandis que son aîné se réclame des musiciens de l'Inde dont il utilise les modes et les *ragas*. On pourrait en citer bien d'autres exemples.

Mais une autre attitude est possible, très fréquente aujourd'hui : le refus absolu de toute tradition. Si la réalisation d'un tel projet est, nous l'avons montré, illusoire, l'attitude, elle, peut être radicale. Un premier choix face à l'acte créateur paraît donc : produire « à partir de » — mais alors à partir de quoi? — ou produire « contre », et là encore bien des nuances peuvent être apportées, du genre « ceci ou cela », ou encore *contre n'importe quoi*. Ainsi l'artiste peut se dresser contre les valeurs admises de son pays et de son époque, mais accepter des traditions plus lointaines dans l'espace ou le temps, ou se dresser contre toute valeur et se lancer à corps perdu dans le jamais vu ou l'inouï. Mais les buts poursuivis infléchiront déjà ce premier choix. L'artiste qui cherche à réaliser par son activité créatrice une expérience intérieure ne se choisira pas les mêmes maîtres que celui qui veut répandre par son œuvre des idéologies politiques, et celui qui se propose d'explorer l'inconnu se fixera dans l'attitude du refus absolu.

Mais, quelle que soit sa position, fût-elle celle du refus radical, elle suppose une connaissance, au moins relative, de la tradition. On ne peut refuser que ce dont on a une notion, si vague fût-elle.

Dans les premières années de l'exercice de son activité créatrice, la tradition se manifeste à l'artiste sous l'aspect de la production antérieure, mais, passée cette période de tâtonnement, c'est sa propre production qui représente cette tradition. En effet, si chaque œuvre manifeste la prise de conscience de la tradition et la tentative d'un acte libre, l'acte libre n'étant autre chose que cette prise de conscience de la tradition réfractée par une conscience subjective, l'œuvre apparaît comme de la liberté visible, de la liberté concrète.

Rien d'étonnant dès lors si la démarche normale d'un artiste est un degré croissant de libération. Tant que le point de départ est l'œuvre d'autrui, et au début d'une vie il ne peut être autre chose, la prise de conscience correspond à l'assimilation de ce donné. C'est l'apprentissage. Celui-ci consiste dans la reconnaissance de ce donné à partir duquel l'accession à un certain degré de liberté devient possible. Il se manifeste d'abord dans le choix qui est fait des éléments de ce donné qui seront acceptés ou refusés. Ne nous étonnons donc pas que l'artiste le plus génial, celui qui plus tard donnera les œuvres les plus originales, voire les plus révolutionnaires, commence par ressembler à ses aînés, que ses maîtres lui soient imposés, comme c'était le cas dans les civilisations traditionnelles, ou qu'il les choisisse par affinité, élection ou pression des circonstances. Au départ, tout cela n'a pas grande importance. Il est non seulement normal mais nécessaire que le jeune artiste subisse des influences. Le jeune Beethoven se distingue peu de Mozart, le jeune Mondrian peint des paysages que beaucoup de ses contemporains bien doués eussent pu signer. Quel que soit l'artiste et le domaine où s'exerce son activité, les œuvres de jeunesse sont toujours chargées de réminiscences plus ou moins conscientes ou même de naïfs plagiats. C'est pourquoi le système jadis en usage de faire copier par les apprentis les œuvres des grands maîtres était d'un certain point de vue justifié. C'était faire accomplir consciemment ce que le jeune artiste fait instinctivement. A condition qu'il puisse aussi s'essayer à des expériences plus personnelles, cet exercice pouvait avoir quelque utilité. La preuve nous est fournie par le fait que de très grands artistes en pleine maturité ont réalisé des œuvres en prenant pour modèle quelque production du passé dont ils ont conservé la composition générale, mais en y apportant aussi des modifications personnelles. Ainsi, Delacroix, dans sa *Vierge des Moissons*, s'est directement inspiré de la *Belle Jardinière* de Raphaël, mais c'est surtout Van Gogh qui a pratiqué presque systématiquement ces « emprunts ». Citons : la *Résurrection de Lazare*, d'après Rembrandt, une *Pietà* d'après Delacroix et plusieurs œuvres d'après Millet, peintre dont l'art paraît cependant fort éloigné de celui du Hollandais : *Le Lieur de Gerbes*, *La Veillée*, *Les Tondeurs de Moutons*. Dans ces œuvres, le contraste entre le modèle et la « copie » est particulièrement frappant. Il ne reste de l'auteur de *L'Angélus* qu'un schème, un canevas. La différence est à peu près la même qu'entre une œuvre de Stravinsky, *Pulcinella* par exemple, et les thèmes italiens pris par le compositeur pour point de départ. Car les musiciens, plus souvent encore que les peintres peut-être, ont usé de ce genre d'adaptation d'éléments musicaux étrangers, et cela depuis les époques les plus reculées, depuis les messes de *L'Homme armé* (car il y en a eu plusieurs sur le thème de cette chanson) jusqu'aux œuvres classiques « jazzifiées » d'aujourd'hui, en passant par les Vivaldi-Bach, les Bach-Busoni et bien d'autres. Il ne s'agit pas de discuter de la valeur de certains résultats de cette pratique (sans doute comme toutes les autres a-t-elle donné du pire et du meilleur), mais d'en constater la significative permanence. On la retrouve d'ailleurs dans tous les domaines de l'art — théâtre, architecture — et peut-être pourrait-on dire que la traduction littéraire en est une variante éloignée.

De tels exercices sont très intéressants de notre point de vue, car ces œuvres constituent ce qu'on pourrait appeler une prise de conscience au second degré. L'œuvre choisie pour modèle est d'abord reconnue dans sa singularité, acceptée comme tradition. Elle est ensuite recréée dans un acte dont le degré de liberté se manifeste par les conscientes transformations introduites. Ce qui se produit dans toute œuvre, mais de façon difficilement définissable, est ici traduit dans un processus qui met en évidence le mécanisme de l'opération. Nous pouvons suivre le même genre d'élaboration lorsque le peintre traite successivement soit dans une série d'esquisses préparatoires, soit même dans une suite de tableaux achevés un même thème. Ainsi les esquisses successives de *Guernica* de Picasso ou, dans le domaine de la musique, les carnets de Beethoven, dans lesquels on voit si bien se dégager, à partir de thèmes souvent sans originalité, la forme musicale personnelle, se libérant peu à peu, à travers une succession de motifs de plus en plus élaborés, de la gangue de l'idée première, chargée de réminiscences ou de tournures faciles. L'œuvre modèle est dans ce cas le dernier état du thème (plastique ou musical) et le processus est, à partir de ce thème, analogue au précédent.

Avant de nous engager plus loin dans notre exploration, nous pourrions nous arrêter un instant pour essayer de faire le point de ce que nous avons discerné jusqu'ici des conditions nécessaires pour atteindre, dans le domaine de la création artistique, à un certain degré de liberté :

1° Une prise de conscience aussi complète que possible de la tradition manifestée essentiellement dans les œuvres des prédécesseurs de l'artiste. Une connaissance portant sur l'ensemble des éléments transmis : technique, matériaux, théories et contexte culturel. Nous dirons plus loin que la « prise de conscience » et la « connaissance » dont il est question dans le cas de l'artiste est d'une nature particulière que nous préciserons.

2° Désir de produire, soit à partir de, soit contre ce donné, une œuvre plus ou moins différente.

3° Une prise de conscience des fins que l'on poursuit en se livrant à une activité créatrice; ces fins comprenant toujours le projet de communication de formes signifiantes, mais pouvant en outre comporter des buts très différents, comme ceux dont il a déjà été question plus haut.

4° Le degré de liberté de l'artiste se manifeste dans les différents choix qui se proposent à lui au cours de la création. Ce degré de liberté sera d'autant plus élevé que seront prévues les limites imposées par les divers partis possibles dans l'ordre formel, ainsi que les conséquences que ces choix entraîneront dans les différentes zones concernées par les fins que s'est fixées l'artiste : depuis l'évolution des formes et l'adoption de techniques nouvelles, jusqu'à des transformations socio-politiques, dans le cas d'un art engagé, des effets psychologiques dans le cas d'un art exploratoire des zones profondes de la psyché.

Ces différents points exigent une discussion. Mais, avant de l'entreprendre, remarquons que tout acte libre, du fait qu'il ne peut prétendre à une liberté absolue, mais seulement relative, comporte des risques d'autant plus grands que l'entreprise est plus ambitieuse et le degré de liberté visé plus haut, le premier de ces risques provenant de toute évidence des pressions de caractère extra-esthétique (influence du milieu social ou culturel, circonstances matérielles, etc.) ou esthétique (formation, goût, éducation esthétique) qui peuvent, surtout au début de la carrière d'un artiste, peser lourdement sur sa création. Il s'en dégagera d'autant plus complètement et plus vite qu'il aura pris plus profondément conscience de leur emprise D'autres pressions peuvent s'exercer pour ainsi dire de l' « intérieur ». Ainsi une attitude trop fanatiquement négative vis-à-vis de la tradition est aussi inhibante dans son parti pris que celle de passive soumission. Le désir d'innover à tout prix, de choquer, de provoquer le scandale, sans autre but que la provocation et le scandale, obnubile la prise de conscience formelle et infléchit le libre choix. Enfin il ne faut pas négliger dans notre analyse les pressions exercées par l'inconscient, bien que par définition il laisse, semble-t-il, peu de prise à la volonté.

Sans doute certains lecteurs seront-ils surpris, voire choqués, par l'importance que j'accorde, dans mon essai d'évaluation du degré de liberté chez l'artiste, à la volonté, à la lucidité, à l'activité consciente. Deux arguments principaux, qui en résument beaucoup d'autres, pourront m'être opposés. D'abord l'activité plus ou moins spontanée, certains moyens de création qui précisément avaient pour but de recourir aux couches les plus obscures de la psyché, tous ces procédés mis au point surtout par les surréalistes, tels que l'écriture et le dessin automatiques, les « cadavres exquis » et d'autres jeux où intervenait le hasard ou encore des états de semi-conscience, l'appel aux fantasmes et aux rêves constituent autant de recherches qui semblent contredire radicalement tout ce qui vient d'être dit. Faut-il admettre que les artistes qui ont usé de ces moyens ne créaient pas librement, alors que leurs œuvres, au moins certaines d'entre elles, prouvent au contraire un extraordinaire degré de liberté? L'autre objection est tout aussi sérieuse. Toute œuvre valable contient infiniment plus et souvent autre chose que ce que son auteur voulait y mettre. J'ai personnellement maintes fois soutenu et pense avoir démontré ce fait. Comment une telle constatation peut-elle être compatible avec cette évaluation des conséquences du choix, qui est, selon ce qui vient d'être dit, une des conditions d'un acte libre?

Je vais essayer de répondre à ces deux objections.

Dissipons d'abord un possible malentendu. Lorsque je parle de prise de conscience ou de connaissance à propos d'un artiste, je n'entends pas par là une connaissance discursive. Comme l'artiste pense avec des sons ou des couleurs, il possède une connaissance formelle très différente de celle que possède par exemple un critique d'art ou un amateur. C'est pour cela que l'artiste connaît la tradition d'abord dans les œuvres. La connaissance théorique, que la plupart assimilent également, ne vient qu'en second lieu et n'est même pas indispensable à la création. La connaissance qu'un peintre acquiert de la peinture ou un compositeur de la musique est fonction de son activité, et son regard ou son écoute est un regard ou une écoute connaissante d'une connaissance toujours orientée en fonction de son projet créateur, connaissance souvent très subjective. Qui n'a pas remarqué chez les artistes ces opinions tranchées, ces antipathies qui nous semblent injustes pour des œuvres parfaitement valables, et que d'autres créateurs apprécient? Il ne s'agit pas là d'une méconnaissance ou d'une incompréhension, mais au contraire de la conscience de ce que l'œuvre en question peut avoir de contraire au projet de l'artiste. C'est la part de la tradition refusée parce que non conforme à la manifestation de l'acte libre.

Ceci dit, l'exemple des surréalistes est fort révélateur. Remarquons d'abord que les surréalistes ont commencé par renier l'art et que leurs œuvres avaient à leurs yeux, de ce point de vue, un caractère contestataire. Le paradoxe est cependant que non seulement tous ont été des artistes, et parfois parmi les plus grands, mais que c'est même sans doute le courant esthétique qui a le mieux supporté l'épreuve du temps et qui, aujourd'hui encore, survit aux autres mouvements contemporains. Les procédés de création « automatique » ou ceux qui faisaient intervenir le hasard ont joué chez les surréalistes un double rôle : d'abord celui d'un stimulant de l'imagination. Ils suscitaient des rencontres d'images ou de mots cocasses ou inattendus, provoquaient par leur étrangeté un choc psychologique propice à la création, invitaient à l'exploration de chemins nouveaux. D'autre part, ils servaient de matériaux, comme pour d'autres peintres les spectacles naturels ou les objets d'une nature morte. Car, si inattendus et amusants que nous paraissent aujourd'hui les « cadavres exquis » et autres divertissements, ce n'est pas cela qui constitue l'apport le plus précieux des surréalistes, mais les grandes œuvres picturales d'un Magritte, d'un Max Ernst ou d'un Tanguy. Or, dans ces œuvres, les éléments recueillis peut-être dans le rêve ou ramenés des profondeurs de la semi-conscience ou même fournis par le hasard sont intégrés dans une composition d'ensemble parfois très élaborée, et qui n'a plus rien d'un art spontané. Il est même caractéristique que la grande majorité des surréalistes, et les plus grands, adoptent une technique très précise, minutieuse même, aussi loin que possible d'un travail spontané ou d'une notation de quelque fantasme fugitif.

Ainsi l'exemple des surréalistes renforce plutôt qu'il n'infirme l'hypothèse avancée ici, selon laquelle l'acte libre est un acte conscient, responsable, comportant des conséquences assumées.

Je sais bien que cette affirmation va contre une certaine conception de la liberté, qui voit l'exercice de celle-ci dans une activité immédiate, accomplie sous l'impulsion du désir, refusant toute entrave. Dans cette perspective, la liberté serait synonyme d'une spontanéité absolue qui permettrait d'atteindre et de manifester les couches profondes de la personnalité, généralement réprimées par l'éducation, les pressions sociales, les interdits moraux, etc. Encore qu'une telle activité puisse sans doute, il ne m'appartient pas d'en décider, posséder une efficacité thérapeutique ou équilibrante, je conteste qu'elle puisse atteindre à un degré élevé de liberté. Il est un fait bien connu : lorsqu'un compositeur improvise, ce qui se présente en premier lieu sous ses doigts ce sont les formules les plus banales, et il doit lutter avec sa mémoire qui encombre son imagination de fragments mélodiques et d'enchaînements harmoniques usés jusqu'à la corde. C'est pourquoi les grands improvisateurs sont ceux qui ont longuement élaboré leur propre langage, non pas que leur mémoire puisse être neutralisée et qu'ils aient spontanément accès à l'inouï, mais parce que cette mémoire leur offre des formules de leur propre style, lequel, s'il est original, donne l'illusion d'une spontanéité. Il en est de même, bien entendu, des esquisses des grands peintres qui révèlent la « manière » de l'artiste, devenue habituelle, et donc « naturelle ». Aucune grande œuvre d'art n'est la transcription immédiate et sans changement d'une création instantanée, même si, suprême réussite d'une longue élaboration, elle en donne l'impression. Quant aux matériaux que les procédés introduits par les surréalistes permettent parfois de puiser dans l'inconscient, leur puissance onirique peut parfaitement être exploitée dans une œuvre pensée et mûrie. Comme on l'a dit bien souvent, il faut être éveillé pour raconter un rêve. Le rêveur qui parle en dormant ne profère que des balbutiements indistincts, mais, au réveil, il peut incarner son songe dans un poème. N'oublions pas que les danses extatiques et les états de possession recherchés par certains peuples au cours de leurs fêtes, d'ailleurs célébrées non pas n'importe quand au gré du désir, mais à dates fixes ou déterminées par certains événements, ne sont aucunement les manifestations d'une spontanéité sans frein ni de pulsions incontrôlées, mais se présentent sous la forme de cérémonies rituelles, selon des procédés éprouvés dont l'extase et la possession sont l'aboutissement.

Je pense qu'il était utile d'insister quelque peu sur ce point à une époque où renaît, sous une forme modifiée, le mythe du « bon sauvage » qui, libéré de tout interdit, fait jaillir dans la liberté totale la source de ses forces créatrices. Certes les richesses de l'inconscient, des images oniriques, l'exploration des mondes imaginaires et des profondeurs obscures de la psyché sont des domaines privilégiés où l'art a toujours puisé. Et peut-être l'artiste est-il le seul à pouvoir dominer et contrôler ces puissances au lieu de leur être soumis, le seul à s'en rendre maître, donc à s'en libérer, et ceci non pas en se laissant submerger par ces puissances intérieures, mais grâce à cette prise de conscience spécifique qu'est l'intégration des fantasmes et des désirs dans l'œuvre. Car le contraire de la liberté ce n'est pas la contrainte, mais l'arbitraire.

Et ces réflexions nous amènent tout naturellement à la deuxième objection. L'œuvre renferme infiniment plus et souvent autre chose que ce que l'artiste a voulu y mettre, si tant est qu'il ait voulu y mettre quelque chose. Car il existe des œuvres admirables qui sont le résultat d'un pur jeu formel, et qui n'en sont pas moins signifiantes. Il suffit de citer *L'Art de la Fugue*.

Pour expliquer l'apparent paradoxe entre l'œuvre comme matérialisation d'un acte d'un haut degré de liberté qui implique une évaluation des conséquences, et ce contenu qui dépasse en richesse les intentions de l'auteur et dont la nature même peut apparaître différente de celle voulue par l'artiste, il faut, me semble-t-il, tenir compte de trois facteurs : 1° la nature particulière de la « connaissance » que confère l'activité créatrice ; 2° la relativité de la liberté de l'artiste, déjà maintes fois mentionnée, mais qui se manifeste cette fois dans un sens *bénéfique*, comme nous allons le voir ; 3° la vie propre de l'œuvre dans le temps et les relations entre l'œuvre et le public qui subissent au cours des années, et parfois des siècles, des métamorphoses aussi imprévisibles que les événements historiques et l'évolution des cultures dont elles dépendent.

De la nature de la *connaissance* esthétique, j'ai dit quelques mots en abordant la première objection. Ajoutons seulement que cette « connaissance » se rapproche davantage du sens biblique de ce mot, connaissance amoureuse, que du sens scientifique. Les fins premières et essentielles de la création, communes à toute production d'art, sont le renouvellement de formes signifiantes dans les limites d'une communication possible. Les autres buts mentionnés (idéologiques, didactiques, thérapeutiques, exploratoires, etc.) peuvent exister ou non, ils ne sont pas essentiels à la création. C'est donc aussi sur le plan formel que s'exercera essentiellement cette « évaluation » des conséquences. Les autres buts extra-esthétiques, bien que pouvant quand ils existent modifier profondément le style, la facture de l'œuvre, se situent sur un autre plan, celui de la pensée discursive, de l'affectivité, etc. Il faut donc bien distinguer ces deux plans sur lesquels l'œuvre peut exercer son action.

C'est ici qu'intervient la relativité de la liberté de l'artiste. Il est évident que ses actes comme ses réflexions s'exerçant à partir d'un donné, d'une tradition, laquelle englobe tous les éléments esthétiques et non-esthétiques de sa personnalité propre et du milieu où il pratique son art, c'est aussi en fonction de ce donné qu'il va diriger ses investigations et ses évaluations des conséquences de l'acte libre, incarné dans l'œuvre. Sur le plan esthétique, l'artiste ne peut commettre d' « erreur ». Le fait que son œuvre est acceptée, ne fût-ce que par un groupe restreint, prouve qu'une communication s'est établie sur le plan des formes signifiantes. Mais, devenues partie intégrante de la tradition, ses œuvres pourront être acceptées ou refusées selon le libre choix des créateurs; elles peuvent, à différentes époques, correspondre plus ou moins aux tendances et aux goûts du moment. Ce choix peut se faire pour des raisons purement esthétiques ou formelles, mais les tendances extra-esthétiques de l'œuvre peuvent parfois y contribuer. Ainsi pourront être tour à tour oubliées ou redécouvertes, selon les fluctuations des idées et des esthétiques, des productions destinées à des publics complètement étrangers au créateur.

Mais quel va être, au cours de ces ressurgissements, de ces voyages des œuvres à travers des siècles et des continents, le rapport entre l'œuvre et le public qui la découvre ou la redécouvre et l'accepte? C'est ici que la relativité de la liberté dont dispose l'artiste montre son côté « bénéfique ». Car la connaissance esthétique a cela de particulier que le contenu de cette connaissance ne peut, comme celui des sciences, être épuisé par une formulation. Le contenu esthétique est vivant, autrement dit il est susceptible de croissance et de développement, bien que, comme la science, il contienne les principes virtuels de l'être-œuvre. Pour que se développe cette semence, il faut qu'elle soit fécondée par un regard, si c'est une œuvre plastique, ou par l'écoute, s'agit-il de musique. Autrement dit, l'œuvre n'existe que pour autant qu'elle est « connue », toujours dans le sens biblique du terme, par un public. Elle reste un morceau de pierre, de papier ou de toile, tant qu'un rapport amoureux ne l'enfante à la vie. Et, comme dans tout rapport amoureux et dans tout engendrement, il y a apport des deux composants du couple. Et, si l'artiste, qui incarne dans l'œuvre le degré de liberté dont il est capable, y a inclus toute sa conscience et sa connaissance, celui qui répond à son appel, contemporain ou plus jeune de quelques siècles, compatriote ou vivant aux antipodes, va la déchiffrer, c'est-à-dire y répondre avec tout lui-même, avec tout son passé et son présent, son psychisme propre et le degré de liberté qui s'exprimera précisément par ce choix qu'il aura fait de cette œuvre, parmi toutes les autres qui lui étaient proposées. Car l'acte libre qu'est l'œuvre exige, provoque et exalte la liberté de celui qui l'accueille. C'est ainsi qu'entre l'artiste et le récepteur s'établit un lien, dont le rapport amoureux du couple donne une image analogique assez exacte. Le créateur joue le rôle actif, viril; le « récepteur », le rôle féminin, non pas passif, mais, comme la femme, un rôle d'acceptation et de maturation de ce don qui lui est confié. C'est le récepteur qui intègre l'œuvre à sa propre tradition ct qui donc va permettre que s'exerce à partir d'elle, sous forme de créations nouvelles, de nouveaux actes libres. Mais, à chaque nouveau regard qui opère cette union entre l'œuvre, liberté concrète de l'artiste, et une conscience qui la connaît, cette œuvre évolue, se charge de sens nouveau, virtuellement contenu, possible, mais réalisé seulement par ce regard. Et, lorsque le récepteur est lui-même un artiste, elle deviendra le nouveau point de départ d'une prise de conscience renouvelée, d'un acte libre, d'une œuvre.

Il nous reste à examiner un cas qui, s'il a toujours existé dans la création artistique, a pris à notre époque un développement particulier. C'est l'intervention du hasard, de l'aléatoire, non plus dans le but de créer des rapprochements inattendus et d'explorer par ces moyens une « surréalité » comme c'était le cas pour les surréalistes, mais d'une façon systématique, parfaitement dirigée et consciente. Il y a de nombreuses façons de faire intervenir ces facteurs : programmer des ordinateurs selon des règles élaborées par l'artiste; procéder par tirage au sort pour obtenir des groupements de couleurs ou de sons, ou leur ordre de succession; dans le cas de la musique, laisser aux exécutants des marges de décision qui peuvent concerner une part plus ou moins grande de l'ensemble de l'œuvre; admettre pour base d'une composition des formes fournies par le seul hasard. On peut aussi laisser au public des possibilités de modifier dans une certaine mesure la composition initiale — en peinture, il pourra déplacer certaines formes, enlever ou ajouter des éléments. Il est possible aussi de charger le temps de certaines métamorphoses plus ou moins prévisibles en utilisant intentionnellement des matières éphémères. En littérature, on s'inspirera, mais de façon systématique, des procédés surréalistes (cadavres exquis, manipulation de textes au moyen de changements de mots selon des règles déterminées à l'avance, etc.). C'est ce genre de recherches que pratique l'OULIPO (ouvroir de littérature potentielle) dont le système « $n + 7$ » obtint un certain succès, il y a quelques années. Certains musiciens se servent des bruits de la salle, applaudissements, rires, conversations, qu'ils enregistrent et réinjectent dans le cours de l'œuvre. Des procédés analogues sont utilisés par les architectes des tours animées et sonores, qui renvoient, sous une forme modifiée par des traitements électro-acoustiques, les bruits du milieu où elles s'élèvent. Enfin, n'oublions pas les peintures projetées, pulvérisées, parfois piétinées, et tous les procédés apparemment non contrôlés pratiqués aujourd'hui. Quel peut être le degré de liberté de ces diverses productions? A quel moment de la création cette liberté intervient-elle? Et surtout l'acte libre, tel que nous l'avons présenté dans cette étude, peut-il être produit dans les formes d'art que nous venons d'énumérer et dans bien d'autres similaires?

Disons d'abord que ces diverses formes d'art se rattachent toutes à l'attitude de refus des traditions. Mais le fait de refuser les règles des prédécesseurs n'implique nullement que l'artiste n'en établisse pas d'autres, à son usage. C'est même ce qui a nécessairement lieu, ces règles pouvant d'ailleurs n'être valables que pour une courte période ou même pour une seule œuvre. En effet, l'artiste est obligé d'accepter ne fût-ce que les lois de la matière qu'il utilise. Qu'il choisisse la peinture à l'huile, ou des conglomérats de sable et de cailloux fixés par quelque mélange collant, chaque matériau impose certains procédés, certains traitements qui déterminent une certaine technique. La liberté se manifestera donc en premier lieu dans le choix du matériau ou des matériaux. Si ceux-ci exigent certains traitements inhérents à leur nature, les procédés comportent généralement une certaine marge de possibilités : ainsi la couleur peut être étalée au pinceau ou au couteau, appliquée directement avec le doigt, pulvérisée avec un pistolet, projetée; elle peut être utilisée plus ou moins liquide, etc. Un deuxième choix se présentera donc à l'artiste entre les possibilités nombreuses ou restreintes offertes par le matériau. De même, le musicien choisira les sources sonores : instruments classiques, procédés électro-acoustiques, bruits enregistrés, etc., etc. Ces premiers choix sont semblables à ceux que doit opérer l'artiste le plus classique. Et, à ce premier stade, ils jouissent de la même liberté. Si le créateur qui s'oppose à la tradition dispose d'un plus large éventail de possibilités, puisqu'il n'est pas tenu de choisir les procédés admis par la tradition, peut-être est-il moins susceptible d'en prévoir les effets. Mais, dans l'ensemble, leur comportement à ce stade initial est analogue. Quand, pour élaborer son œuvre, l'artiste se sert d'un des procédés qui admettent soit le hasard, soit une composition à partir de la programmation d'un ordinateur, nous pouvons nous demander si, en déléguant à la machine ou au hasard une part importante de responsabilité dans la composition de l'œuvre, il ne renonce pas pour autant à atteindre un haut degré de liberté. Pour examiner ce point, dissocions les deux procédés : en ce qui concerne l'ordinateur, le choix des règles qui détermineront sa programmation exige une étude approfondie du projet et place l'artiste devant un carrefour de possibilités qui nécessite une série de choix et l'oblige à faire appel à toutes les conditions d'exercice d'un degré élevé de liberté. D'autre part, l'artiste intervient en opérant un choix à partir des résultats fournis par la machine qui, en général, propose un grand nombre de solutions. Il peut aussi, au cours de l'opération, soit modifier certains éléments du programme, soit en ajouter de nouveaux si les essais ne lui donnent pas satisfaction; il peut en outre apporter des retouches au résultat final. Ainsi le travail de l'artiste s'accomplit, dans ce cas, en plusieurs étapes, dont chacune marque la nécessité de décisions importantes. C'est donc au cours de chaque étape que l'artiste accomplit l'acte libre de la création. Parmi les évaluations des conséquences, il évalue et accepte la marge d'inconnu, relatif puisque les règles posées par l'artiste seront respectées, que comporte le travail mécanique. Cette marge fait partie intégrante du projet de l'œuvre. Nous sommes donc bien dans les limites des conditions requises pour l'exercice de la liberté.

La différence dans le cas d'un artiste travaillant à l'aide d'un ordinateur n'est donc pas dans le degré plus ou moins grand de liberté auquel il peut prétendre, mais dans la façon dont il l'exerce. Si nous prenons l'exemple du compositeur de musique qui œuvre sans le secours de la machine, son travail comporte une série ininterrompue de choix dont chacun pose comme conséquence immédiate un certain état de l'œuvre. Chaque opération, par exemple un enchaînement harmonique, contribue au développement en ouvrant immédiatement un nouveau carrefour de possibilités, et ainsi de suite. Ces différents choix sont d'inégale importance et leur chaîne se poursuit sans interruption jusqu'au dernier, celui qui déterminera la fin de l'œuvre. (Il va sans dire que ces micro-choix s'inscrivent à l'intérieur d'un projet formel général.) Le compositeur se servant de calculatrices opère, lui, des choix majeurs séparés par des périodes d'incertitudes évaluées, pendant lesquelles les décisions sont prises par l'ordinateur, dans le cadre de la programmation.

Les méthodes ayant recours au hasard se distinguent peu, en ce qui concerne leurs principes, de celles que nous venons d'analyser. Car tout tirage au sort de chiffres aléatoires pour servir de base à la composition et autres procédés du même genre sous-entendent de toute évidence une préalable limitation des matériaux parmi lesquels ces tirages au sort, ou autres recours au hasard, pourront être effectués. Ainsi le peintre tirera au sort entre cinq, dix ou un plus grand nombre de couleurs, mais toujours en nombre limité. Tout procédé de ce genre nécessite une discontinuité du matériau et donc sa préalable organisation qui joue un rôle analogue aux règles programmées de l'ordinateur. A partir de là, le processus, en ce qui concerne le problème qui nous intéresse, est parfaitement identique.

Les divers systèmes qui consistent à confier aux exécutants d'une œuvre la réalisation d'une partie des combinaisons possibles se ramènent bien entendu à un processus assez semblable. L'artiste prévoit les limites de variation et les interprètes effectuent, entre les interventions directes du créateur, les choix dévolus dans les autres cas aux ordinateurs ou au hasard. On peut aussi rapprocher ces procédés d'un travail d'équipe dans lequel les choix sont inégalement répartis entre l'auteur de l'œuvre et les exécutants qui peuvent exercer un certain degré de liberté, déterminé par le producteur principal.

Le cas de l'art « informel », de l'*action-painting* ou du *dripping* est différent. Et, pour essayer d'examiner la part de « liberté » que peut recéler un tel art, il faut sans doute revenir un instant aux buts que poursuit l'artiste. Celui du peintre qui arrose sa toile de couleurs ou d'autres matières, sans plan préconçu, parfois même se refusant à la regarder, n'est sans doute pas le même que celui de l'artiste ayant conçu et préparé son œuvre par de nombreuses esquisses et études, qui s'assied, parfois pour de longs mois, devant sa toile, pour réaliser son projet. Si toute œuvre comporte une fin purement formelle (et celles que nous étudions n'échappent pas à cette règle), autrement dit, la communication de formes signifiantes, dans notre cas, ces formes ne seront pas élaborées par l'intelligence et la sensibilité du peintre dans une prise de conscience de la tradition; le projet de l'artiste sera de fixer au moyen de formes les pulsions incontrôlées de son psychisme profond, qui s'extériorise dans le geste de projection de couleurs, et autres actes du même genre. Le but recherché sera la production de formes totalement inconnues et l'acceptation de la non-évaluation des résultats. Nous avons dit plus haut qu'un tel acte pouvait n'avoir d'autre but que libérateur ou thérapeutique, sur le plan psychologique. De ce point de vue, il ne nous concerne pas puisque nous considérons dans cette étude la création sous l'aspect de « production » d'œuvres. Mais les productions du *dripping* et de l'*action-painting* sont considérées en général comme des œuvres; elles sont vendues sur le marché de la peinture, exposées, jugées. Dès lors, nous avons à nous poser à leur sujet la question de la liberté de leur auteur. Tout acte, quel qu'il soit, comporte un choix. L'âne de Buridan meurt de faim pour ne pas choisir. Dès qu'il y a existence, il y a choix, c'est-à-dire qu'il existe aussi un certain degré de liberté. Mais ce degré est infime dans les actes quotidiens. Reprendre d'un plat à table est un choix qui ne prétend pas à un haut degré de liberté. Au contraire, décider d'exercer une profession ou de quitter celle que l'on avait choisie, de se marier ou de divorcer, de militer dans un mouvement politique ou de s'engager dans une action révolutionnaire, tous ces choix comportent des conséquences importantes. Si j'opère ces choix en connaissance de cause, en évaluant et en acceptant leurs conséquences, je manifeste un haut degré de liberté, auquel ne pourra jamais prétendre le choix de me resservir à table, parce que les conséquences de celui-ci ne pourront dépasser un léger avantage ou inconvénient personnel. Si nous transposons ces exemples dans le domaine de la production de formes, l'artiste qui exerce sa liberté dans l'élaboration d'une œuvre et qui en prévoit les effets peut aussi produire des actes de grande conséquence — ainsi les premiers impressionnistes, les premiers abstraits — ou se limiter à des conséquences très réduites — créer des œuvres qui se situent dans le sillage des maîtres, en variant légèrement leur style ou leur manière. Cette marge existe-t-elle pour les artistes « informels » ou les tenants de l'*action-painting*? Autrement dit, leurs productions peuvent-elles créer des formes signifiantes dans les limites de la communication, suffisamment efficaces pour influer sur l'évolution des formes comme ce fut le cas précisément des mouvements cités en exemple : l'impressionnisme ou l'abstraction? Qu'on ne me réponde pas que précisément l'art dont il est question est un art abstrait parmi d'autres. Les formes abstraites ou non-figuratives élaborées ont donné lieu à des courants divers mais parfaitement cohérents qui ont été intégrés dans la tradition et ont servi de point de départ à des métamorphoses formelles ultérieures, tout comme c'était le cas pour les créations figuratives. L'art dont nous nous occupons satisfait certes au besoin de communication puisque, comme nous l'avons vu, il trouve des amateurs. Mais chaque œuvre n'assume pas l'ensemble de la tradition formelle, elle ne résume, comme donné, que le psychisme de l'auteur. De l'aveu même de certains de ces artistes, ce qu'ils souhaitent transmettre, ce sont les pulsions de leur moi profond, les jeux de leur affectivité, les surgissements de leur inconscient. L'œuvre se rapproche par là des traces d'activité telles qu'empreinte de pas, sillons laissés par une charrue, ou de phénomènes physiques — les sécrétions calcaires, les excroissances végétales sur un arbre. Tous ces phénomènes peuvent être émouvants et esthétiquement valables, mais ils relèvent de l'événement naturel, non de l'œuvre d'art, justement parce qu'ils ne sont pas le résultat d'un acte libre, d'un choix conscient, mais l'effet de processus naturels ou d'une activité dirigée vers des buts non-formels. Les objets créés par les artistes dont nous parlons se situent à mi-chemin du phénomène naturel, du fait de l'absence voulue de contrôle et d'évaluation des résultats, et de la création esthétique, du fait qu'ils sont cependant produits du désir de créer des formes, fussent-elles imprévisibles. Le degré de liberté supposé par de telles œuvres sera, lui aussi, non pas nul (différent par là du phénomène naturel), puisque la production présuppose des choix préalables — choix des matières et des moyens de leur application — mais inférieur à celui qui se manifeste dans les œuvres élaborées, du fait du refus d'en prévoir et d'en assumer les conséquences formelles; du fait aussi de l'asservissement du geste non-contrôlé aux forces contraignantes de l'inconscient. Car si, dans les formes élaborées, l'artiste peut dominer les puissances inconscientes, comme nous pouvons le supposer, les productions spontanées les expriment en leur obéissant.

Concluons en disant que les formes produites par les procédés de l'*action-painting* ou du hasard incontrôlé, si elles peuvent avoir une valeur formelle en soi, n'infléchissent pas l'évolution esthétique, mais constituent chaque fois un phénomène isolé, singulier, se rapprochant des phénomènes naturels générateurs de formes. Et nous en arrivons à présent au stade dernier où l'artiste manifeste un degré encore plus faible de liberté : c'est celui de l'assimilation d'objets naturels ou utilitaires, ou de rebut, à des œuvres d'art. Quand un artiste signe des pierres ou des racines aux formes étranges, des débris ou des choses usuelles, mais en les détournant de leur usage, la liberté ne se manifeste plus que dans le choix de l'objet et parfois du « titre » qui lui est attribué. Elle ne s'exerce plus sur la modification des formes et cette « production », si on peut encore lui donner ce nom, se situe à l'extrême limite de l'œuvre et de l'objet naturel ou fabriqué.

Sans prétendre avoir épuisé le sujet, je pense en avoir au moins déterminé le champ et tracé les lignes de force à larges traits. Bien des développements seraient encore nécessaires; il eut fallu parler de la notion d'expérience qui a pris à notre époque une importance considérable, insister davantage sur l'influence qu'exercent sur les formes signifiantes les projets extra-esthétiques qui peuvent entrer pour une part parfois importante dans les déterminations de la création esthétique. Sans pouvoir examiner chaque cas, ce qui nécessiterait un second et très long article, disons que l'influence de ces prises de position ne saurait être exagérée. Il suffit pour s'en convaincre de comparer les œuvres et les styles des pays soumis à des idéologies et des institutions différentes : ceux de l'U.R.S.S. et ceux des pays non soumis aux idées marxistes, ceux des civilisations traditionnelles avec ceux des cultures humanistes, etc.

Cependant, dans cette diversité de styles, la solution des problèmes formels qui se posent à l'artiste (pour autant bien entendu qu'il s'agit d'œuvres d'art et non d'images anecdotiques) exigent un certain degré de liberté s'exerçant dans le domaine formel, qui seul intéresse la poïétique. C'est pourquoi, tout en mentionnant, quand cela s'est montré nécessaire, d'autres composantes et d'autres attitudes qui peuvent intervenir dans la détermination de cet acte, nous avons toujours essayé de maintenir, au centre de ces réflexions sur la tradition et la liberté, le domaine de la production esthétique.

LES VARIANTES
DANS UN ART DE TRADITION

chants populaires du Sud de l'Inde

PAR FRANCIS ZIMMERMANN

Les pages qui suivent sont consacrées à l'analyse d'un phénomène poïétique qui n'est pas rare, bien qu'il soit particulier aux sociétés traditionnelles, et que l'on pourrait définir comme l'instauration d'une œuvre à travers le jeu de ses variantes. Les exemples sont extraits d'un admirable livre de Murray B. Emeneau, un corpus de *folksongs* recueillis en 1936-38 chez les Toda, une tribu du sud de l'Inde, et publiés en 1971 après trente ans d'un travail acharné[1]. Les traits caractéristiques de la poésie orale, et spécialement ce que l'on désigne sous le nom de « parallélisme grammatical », sont ici poussés à un degré tel que les chants toda ne sauraient manquer d'apparaître exemplaires.

Les linguistes nous l'ont enseigné depuis déjà près d'un demi-siècle : dans l'étude des œuvres littéraires, il est à la rigueur permis de faire un choix parmi diverses variantes, de distinguer entre les bonnes et les mauvaises leçons d'un texte; l'œuvre folklorique au contraire n'est une et entière qu'à travers la série de ses variantes, et toute parole alors est une variante. Les diverses interprétations d'un même chant populaire, par exemple, ne font pas référence à un texte déjà formulé, à la langue déjà constituée, leur valeur n'est pas rétrospective; au contraire, elles manifestent les virtualités, la créativité de la langue, et l'ethnographe seul par ses enregistrements a fait qu'il y ait, pour nous lecteurs, des textes. « L'œuvre folklorique est extrapersonnelle et n'a qu'une existence potentielle », écrivait Roman Jakobson[2]. L'interprète n'est pas un récitant, il improvise, il compose, mais à chaque fois le chant qu'il compose représente, comme dit Jakobson, *un fait de langue*, donné dans une certaine mesure *indépendamment de lui*. Le canevas traditionnel sur lequel il travaille est fixe, quoique l'improvisation lui fasse subir des déformations. La poésie toda est une poésie de cir-

---

1. M. B. Emeneau, *Toda songs*, Oxford, Clarendon Press, 1971.
2. R. Jakobson, « Le folklore, forme spécifique de création » (1929), *in Questions de poétique*, Paris, 1973, p. 63.

constance. Le moindre événement dans la vie quotidienne de la tribu (quelques centaines de membres) est l'occasion de composer un chant : le rythme des saisons, les intrigues amoureuses, les cérémonies de mariage ou de deuil, le rituel des laiteries, les pâturages et la transhumance des troupeaux de bufflesses, qui sont le bien le plus précieux — autour de tous les thèmes de la culture toda se nouent des faisceaux de formules poétiques consacrées par la tradition. Nous laissons de côté les aspects proprement musicaux, que M. Emeneau n'a pu étudier et qui restent pratiquement inconnus. Les paroles se composent d'unités formulaires de trois syllabes chacune qui forment le plus souvent un mot indépendant, ou en tout cas un syntagme. Ces formules, qui forment un fonds traditionnel de quelques milliers d'unités, sont groupées par paires suivant les exigences d'un rigoureux parallélisme métrique, grammatical et sémantique. Ces couples se répètent d'un chant à un autre chant, et chaque fois que réapparaît un même thème poétique, groupés autour du thème qu'il convient d'illustrer, ils composent ce que M. Emeneau nomme « setpieces of song-units », des séries ordonnées, des séquences poétiques : à chaque fois les unités de base sont identiques, mais le nombre d'unités mises en jeu et l'ordre d'apparition diffèrent, parce que l'interprète tient compte des circonstances, des sentiments de l'auditoire. Ce sont de telles séquences, ou suites de formules ordonnées autour d'un même thème, que nous croyons pouvoir définir comme des variantes : en confrontant l'ensemble de toutes les séquences connues, on peut indirectement reconstituer tout un secteur de la phraséologie traditionnelle. L'œuvre folklorique est donc déjà là en puissance, dans la mémoire collective, et cependant toujours à l'état naissant dans chacune de ces variantes. Les unités formulaires en elles-mêmes sont très rarement des innovations, presque toujours des répétitions. Comme nous le préciserons plus loin, il n'y a naissance de formules nouvelles que dans la mesure où elles sont acceptées par la communauté, par l'auditoire, et c'est leur répétition, d'un chant à un autre chant, qui est l'indice de leur pertinence. Voici, par exemple, au début d'un chant de deuil (76, p. 264), une séquence célébrant l'union conjugale — un schéma seulement, car le texte original est obscur, allusif et ne peut être que glosé.

[1] ô mon épouse

[2] heureuse épouse, ô mon épouse dont la main portait une ligne de chance

[3] tel époux jamais tu n'avais épousé,
tel épouse jamais je n'avais épousée

[4] poupées jeux d'enfants, petites cornes de bufflesses

5 six enfants nous avons mis au monde,
six bufflesses nous avons possédées

6 dans notre demeure sans nous joindre à d'autres,
nos bufflesses sans les joindre à celles d'autres

7 les barattes sans les mêler nous les disposions,
les présures sans les mêler nous faisions le lait-beurre

8 deux frères nous devînmes, deux belles-sœurs

9 les pointes des deux cornes,
les deux montants du portail de l'enclos

PRÉCISIONS NÉCESSAIRES. — *3* Au cours de mariages successifs. *4* Jeux d'amoureux, par métaphore jeux d'enfants traditionnels : les garçons façonnent des cornes de bufflesses en recourbant des tiges de rhododendron, et les filles des poupées avec les feuilles. *5* Chiffre conventionnel : six = beaucoup. *6* La femme se gardant des avances d'un autre homme qui la prendrait pour épouse en payant une compensation au premier mari (un certain nombre de bufflesses). *7* Même idée exprimée par référence au rituel des laiteries. *8* Polyandrie fraternelle : nous devînmes un groupe composé de deux frères et leurs épouses. *9* Les deux partenaires d'un même couple.

Cette sorte de développement se répète dans un très grand nombre de chants, les formules qui sont ici absentes apparaissant ailleurs et réciproquement. Leurs multiples occurrences sont inventoriées dans une *Concordance* qui constitue la clef du corpus et dont on ne saurait trop exagérer l'importance. D'une part, cette *Concordance* est la preuve matérielle du jeu des variantes, de la récurrence d'éléments identiques à travers des énoncés différents. D'autre part, elle constitue l'inventaire exhaustif des traits culturels, des sentiments et des rites. Elle esquisse un dictionnaire qui, pour chaque formule concrète (dénotant un rite, un lien de parenté, une image familière), indiquerait ses possibilités d'extension abstraite et la nuance sentimentale qui l'accompagne (l'amour, le regret...). Nous n'analyserons pas les symétries, redondances, allitérations et assonances, qui sont toujours subordonnées au parallélisme des hémistiches :

pǐstwǐr̥ xu·xya· / parwǐr̥ xu·xya· //
« ô (-ya·) épouse (ku·x) avec (-wǐr̥) chance (pǐšt),
ô   épouse   avec   ligne de chance (par) ».

Nous n'analyserons pas non plus les distorsions phoniques, les ajustements morphologiques qui transforment la langue familière ou vulgaire en cette langue différente et presque canonique qui est celle du chant et de la prière. Ce n'est pas notre but. Outre un article exhaustif de M. Emeneau[3] pour ce qui concerne le principe très général du parallélisme dans les

3. M. B. Emeneau, « Style and meaning in an oral literature ». *Language*, *42* (1966), pp. 323-45.

littératures orales, il est permis de renvoyer à diverses mises au point de
R. Jakobson réunies dans *Questions de poétique*. Plus qu'au style, c'est
aux conséquences sociales que nous voulons nous attacher, à cette sorte
de censure morale que l'art du chant exerce sur la communauté toda.

Bien que l'on ait recours à des spécialistes pour les chants cérémoniels,
n'importe qui en toute occasion peut improviser et commenter avec plus
ou moins d'aisance dans le maniement de la phraséologie les petits riens
de la vie quotidienne, et à plus forte raison les événements marquants.
Le moindre fait subit alors une véritable transmutation rhétorique, qui
le sépare du cours de la vie concrète et le plonge dans un monde de références culturelles stylisées à l'extrême, où la réalité n'est présente que par
ellipse ou allusion. Ainsi des unités telles que /e·ḍ oṇtafn/ « deux frères »,
que nous avons citée plus haut (vers 8), nécessitent systématiquement
un double commentaire, non seulement ethnographique (ici : polyandrie
fraternelle) mais historique : ici ce vers fait allusion aux liens d'intimité
du chanteur avec l'un de ses frères classificatoires qui avait épousé une
sœur de son épouse... toutes choses supposées connues de l'auditoire.
Cette *impersonnalité* de toutes les unités de chant et leur emploi constamment elliptique donnent naissance à une poésie obscure. L'obsédante référence aux bufflesses vient ajouter une sorte d'aberration, d'irréalité que
déjà Rivers[4] avait notée dans l'étrange complication des rites et des interdits qui protègent de tout regard profane les bufflesses sacrées et sauve-
gardent la pureté du lait. Un très grand nombre de formules célèbrent
leur beauté, le rythme de leur marche, la courbe de leurs cornes, et ce ne
sont pas là enjolivures ni jeu des métaphores poétiques.

> poupées, petites cornes de bufflesses
> six enfants... six bufflesses...

Le langage ici nous renseigne à l'envers, il faut inverser les termes.
Ce n'est pas : la réalité — puis l'image poétique ; mais l'ordre inverse :
l'obsession, la norme, les bufflesses — puis la réalité subsumée sous la norme.
L'art du chant instaure un milieu de sens idéal où les choses profanes ont
à se conformer aux choses sacrées, où la demeure humaine est imparfaite
si les bufflesses ne sont dans l'enclos, où les époux forment un couple
imparfait s'ils ne sont comme les deux cornes d'une même bufflesse...
Au point que, jamais personne n'étant nommé, lorsqu'un chant (d'amour,
de deuil) s'adresse à un être humain, un nom de bufflesse est utilisé au
vocatif à la place du nom de personne (chant 32*b*, p. 113) :

---

4. W. H. R. Rivers, *The Todas*, London, 1906. L'un des grands classiques de l'anthro-
pologie sociale.

¹ ô mon épouse

² heureuse épouse, ô mon épouse dont la main portait une ligne de chance

³ bufflesse Neſof, ô belle Neſof

⁴ Ki·škyfet, ô To·škyfan

⁵ corne qui se dresse ô Ki·škyfet
  corne qui s'incline ô To· škyfan

4 Doublet des noms sacrés du clan de l'époux. *5* Référence au sacrifice des bufflesses lors des funérailles : on les empoigne par les cornes pour les terrasser dans une lutte corps à corps.

Poèmes obscurs certes, énigmatiques et qui ne sont pas sans analogie avec les *fatrasies* de notre littérature médiévale. Mais cette obscurité est une impression d'ensemble que provoque l'extrême précision du détail ethnographique. Ainsi, de la formule « corne qui se dresse » (brutalement empoignée pour renverser la bête)... une interprétation et une seule est permise; il n'est ici nulle équivoque, nulle disparité, mais un système de conventions suivant lesquelles, dans un chant de deuil, la référence au sacrifice des bufflesses est pertinente. Seule la position où cette référence apparaît peut introduire une marge d'incertitude et suggérer un peu plus que ce qui est effectivement dit : le vers *5* pourrait suggérer par exemple l'image rencontrée plus haut (chant *76*, vers 4 et 9) du couple pareil à deux petites cornes. S'il y a mystère poétique, il est le produit d'une combinatoire. Qu'il nous soit permis de rappeler en ce sens les conclusions auxquelles parvenait Jean Paulhan, à propos d'un corpus de poésie populaire comparable, les *hain-teny* merina qu'il avait recueillis à Madagascar et publiés en 1913. Dans les poèmes merina comme dans les chants toda, l'improvisation se trouve prise dans une sorte de jeu combinatoire que Jean Paulhan définissait de façon très remarquable. « Le jeu n'était pas trop difficile : il suffisait, en tous cas, de dépayser un événement précis et de le plonger dans un monde de similitudes et de correspondances »[5]. C'est bien ce que nous nous proposions de décrire : une œuvre à l'état naissant, œuvre potentielle que suscite l'événement. Poésie d'influence et d'autorité, douée du pouvoir de censurer tel ou tel événement en faisant retomber sur lui le poids d'une phraséologie consacrée qui l'emprisonne dans le réseau des mots.

La conséquence est que chacun de ces poèmes ou chants est susceptible d'une double lecture, ou, comme l'exprimait Jean Paulhan, « joue sur deux plans ». D'une part il est question de tel ou tel événement sin-

5. J. Paulhan, *Les hain-tenys*, Paris, 1938, p. 22.

gulier, situé dans l'espace et le temps et dont les protagonistes sont connus.
Sur ce premier plan, les unités formulaires sont du point de vue logique
prises *en extension :* on considère leur pertinence dans l'évocation de tel
ou tel événement. Mais ce même poème ou chant transmet des vérités
immémoriales, puisque chacune des unités de chant confirme le pouvoir
récursif de la tradition, son pouvoir d'engendrer toujours de nouveaux
groupements, de nouvelles variantes. Sur ce deuxième plan, les unités
formulaires sont du point de vue logique prises *en compréhension :* on
considère leur retentissement dans la conscience collective. Voici de cette
double lecture un exemple détaillé. Il convenait, pour mettre en valeur
cet écart entre événement et tradition, de choisir un poème lyrique ou
dramatique. Une jeune femme chante. Elle va rejoindre dans la mort celui
qu'elle aime (chant *159*, p. 504 en entier).

Une fille du clan No·s (moitié To·rθas) aimait l'homme du clan Pi·r (moitié Töwfily)
servant en qualité de prêtre wïs o·l (prêtre-laitier de grade *wursol, cf.* Rivers, *op. cit.*, p. 71)
dans la laiterie sacrée du village où elle demeurait. Appartenant à des moitiés différentes, ils
ne peuvent s'épouser (chaque moitié est endogame). Elle refuse le parti que ses parents lui
ont choisi. Son père alors creuse dans la forêt une fosse à feu et par ruse y fait tomber le prêtre.
Il poste sur les lieux des Kurumba (chasseurs et sorciers qui vivent dans la forêt) pour en inter-
dire l'accès à la fille. Elle trompe leur vigilance, trouve la fosse et s'y jette à son tour. Dans
la présente version, la scène se passe au moment où la jeune femme ne voyant pas le prêtre
revenir au village devine le drame et part dans la forêt.

¹ ô prêtre wïs o·l
  ô prêtre wïs o·l

² vient ′ le soleil du soir
  viennent ′ les oiseaux lugubres

³ à la laiterie l'homme ′ ne vient pas
  ni ne place ′ la palette dans le lait

⁴ il y a ′ soleil couchant sur les crêtes
  il y a ′ fruits mûrs sur les hautes branches

⁵ au village öšte·ry ′ les bufflesses karosïr ′ les bufflesses rentrent au village
  au village ö·kïd ′ les bufflesses ke·no·x ′ les jeunes rentrent dans l'enclos

⁶ le prêtre wïs o·l ′ ne prend pas ′ la baguette sur l'aire
  le prêtre wïs o·l ′ ne suspend pas ′ la cloche avec la chaîne

⁷ laisser aller les jeunes [auprès] des bufflesses ′ il ne fait
  prendre la jarre à reculons ′ il ne fait

⁸ ils disent ″ les bufflesses karosïr ′ les bufflesses ont mugi ″
  ils disent ″ les bufflesses ke·no·x ′ les jeunes ont mugi ″

⁹ mon père ′ devient ′ comme sept diables
  ma mère ′ devient ′ comme sept démons

¹⁰ il y a ′ des Kurumba dans sept villages
   il y a ′ des tigres dans sept jungles

¹¹ ils allument ʼ comme un brasier sur les montagnes
ça tonne ʼ comme tonnerre dans la sécheresse

¹² la fumée s'élève comme la Voie lactée
ils allument un feu (?)

¹³ au fourré de cette jungle ʼ le prêtre wïs o·ḷ est tombé
au ravin de cette rivière ʼ le prêtre wïs o·ḷ est tombé

¹⁴ ô ma mère ʼ le bol au ventre rebondi ʼ prenez à la maison
ô mon père ʼ les bufflesses aux grandes cornes courbes ʼ gardez dans l'enclos

¹⁵ de la foule j'ai pris congé
de la multitude j'ai pris congé

¹⁶ le ciel ne faisait aucun bruit ʼ coup de tonnerre
aucun nuage ne l'assombrissait ʼ brusque éclair

¹⁷ couple de poupées ʼ je veux aller
deux petites cornes de bufflesse ʼ je veux aller

¹⁸ pour mon père ʼ paroles pour être écoutées
pour ma mère ʼ chanson pour être écoutée

¹⁹ ô prêtre wïs o·ḷ
ô prêtre wïs o·ḷ

Les apostrophes séparent les unités de chant. *3* Palette pour baratter. *5* Noms sacrés (doublets) du village de la fille et des bufflesses du clan No·s. « Les jeunes » /kore/ : bufflesses âgées de moins d'un an et non encore sevrées. *6* Instruments rituels du prêtre-laitier, *cf.* Rivers *op. cit.*, p. 40 (*mani*, la cloche) et p. 60 (*put*, a stirring-stick). *7* Lâchant les jeunes pour l'allaitement, prenant la jarre pour traire le lait. « A reculons » : attitude rituelle, ne jamais tourner le dos aux instruments, Rivers, p. 73 (*kabkaditi*). *18* « Paroles (ke·ḷ) à écouter (wï·rït) ʼ chanson koṇ) à écouter (wï·rït) », Emeneau : « words of song to listen to ».

La composition est nette. Les premiers vers, situant le drame dans l'espace et le temps, suggèrent un état d'âme, où domine un sentiment d'attente et d'anxiété. Ensuite vient le récit sous une forme énigmatique : la traîtrise des parents (vers *9*), le rôle des Kurumba (*10*), le feu (*11* et *12*) où tombe la victime (*13*). La phraséologie n'a que des liens très extensifs avec l'événement au point d'inclure des unités formulaires non-pertinentes (les tigres, le ravin) qui sont induites dans le second hémistiche par la présence, dans le premier, de l'unité qui leur est traditionnellement couplée. Les derniers vers enfin rendent compte d'une révolte : que la mère et le père gardent la vaisselle et les bufflesses qui auraient constitué la dot de leur fille (tel est le sens du vers *14*); elle s'unira dans la mort à celui qu'elle aimait (*17*). Le vers *18* précise le double effet que provoquent les « mots pour chanter » /koṇ/ : ils portent témoignage, ils instaurent une tradition. Sur le moment même ils formulent un choix, un désaveu, une profession de foi. Puis par le biais d'un artifice — le récitant assumant longtemps après le personnage de l'héroïne — ces paroles auront une résonance lointaine. Cette authentique histoire demeurera dans la mémoire toda sous la forme canonique d'un chant : « mots pour être entendus » parce qu'ils sont exemplaires et qu'ils intègrent le drame dans le monde idéal des choses dignes d'être chantées.

Nous reviendrons sur les premiers vers, images du soleil couchant et gestes rituels du prêtre-laitier, qui constituent une séquence homogène. Mais épinglons d'abord dans la suite du texte un ou deux couples formulaires parmi les plus obscurs. L'ethnographie révèle leurs connotations.

öw mut*s* xurb / öw twa·*s* füsy //
« Kurumba (kurb) en sept (öw) villages kurumba (mut),
tigres   (püsy) en sept   forêts (twa·*s*) ».

Seul trait pertinent sur le plan des faits : la présence des Kurumba. Mais la sorcellerie des Kurumba et les griffes du tigre sont *par excellence* les dangers de la forêt. Les tigres attaquent les bufflesses, les Kurumba attaquent les Toda (symétrie des rôles attestée dans d'autres unités de chant). /Mut/ désigne spécialement un village Kurumba, dissimulé dans la forêt. /Twa·*s*/ réapparaît au vers *13*, désignant soit la forêt qui couvre les pentes escarpées du plateau des Nilgiri où vivent les Toda, soit les forêts-galeries qui bordent des rivières encaissées. Fourrés et ravins, tigres et Kurumba : un même décor impénétrable, hostile, luxuriant.

pe xu*dy* kïnm / peθešk ïr //
« bol (kïnm) à grande (pe) cavité (ku*dy*),
bufflesse (ïr) à grande (pe) courbure de corne (tešk) ».

Seuls les hommes prennent soin des bufflesses, que les femmes ne doivent pas approcher. La mère règne dans la maison, le père a seul compétence sur les laiteries, les étables, les pâturages. Mais à ce contraste vient se surimposer une similitude : /ku*dy*/ et /tešk/ connotent une même forme courbe, arrondie, rebondie, forme heureuse et joyeuse *par excellence* comme l'attestent nombre d'unités de chant. Le vers *14* ne désigne pas seulement la dot (les bufflesses, et certains ustensiles dont le bol en métal pour la nourriture), il connote aussi les liens familiaux (la maison et l'enclos) et des sentiments heureux ou joyeux (formes courbes et rebondies). Limitons-nous à ces deux exemples.

On le voit, la phraséologie traditionnelle n'est pas un réservoir ouvert aux quatre vents où le poète puiserait les images de son choix pour les appliquer à un sujet donné, elle possède une logique interne, elle forme un ensemble clos, les unités formulaires sont prises dans un flux d'implications réciproques ou d'implications de proche en proche. Considérons le prologue (vers *2* à *8*) de ce chant. Pour suggérer l'attente angoissée se groupent différentes coordonnées symboliques : l'heure (soleil du soir), la saison (fruits mûrs), le paysage (montagnes embrasées) et tous les gestes rituels inaccomplis (unités de chant affectées d'un verbe négatif). Ce groupement n'est pas le résultat d'un libre choix. Tout se passe comme si le fonds de sagesse et de sensibilité recueilli dans les formules consacrées se répartissait de soi-même en différents genres, et par exemple, ici, séparation de ceux qui s'aiment, poème de l'attente[6]. D'une situation ou de sentiments de ce genre, nous avons une certaine intuition, or la phraséologie et les règles de composition ont le pouvoir de produire des séquences conformes à la fois à l'intuition et à l'ordre traditionnel des choses. Pour /ïr xarθfïs/ « la bufflesse a mugi », la *Concordance* donne (outre celui du vers *8*) deux emplois :

« la bufflesse a mugi, le lait s'est répandu »
« la bufflesse qui donne du lait, la bufflesse a mugi »

et pour /kor xarθïṭ/ un seul emploi, fréquent :

« l'enfant pleurait, la jeune bufflesse mugissait ».

Ce que nous indique la *Concordance*, ce sont des chaînons implicites du discours : le lait qui coule, l'enfant qui pleure, grâce auxquels notre prologue devient parfaitement homogène : séparation, attente (sentiment générique); le soir (heure symbolique), il faut allaiter, il faut traire, et personne ne vient; alors les jeunes sont sevrées de leur mère et mugissent, les bufflesses attendent d'être soulagées du lait qui stagne, et mugissent. Des variantes de cette même séquence se retrouvent ailleurs pour illustrer des situations de genre identique ou contraire (il suffit d'affecter d'une négation les unités de chant)[7] : il y a une unité profonde de l'ensemble du corpus, quel que soit le nombre des chants ou des variantes.

Quelles sont les limites de cet art? Une telle question doit se subdiviser : il faut d'abord se demander dans quelle mesure des innovations peuvent enrichir le matériel phraséologique. Des unités de chant qui font référence aux Anglais (administrateurs, voyageurs, chasseurs) ou aux missionnaires de l'église anglicane (présents depuis 1890 dans les Nilgiri) prouvent l'existence d'un processus d'innovation sans doute très lent. Mais alors une autre question se pose : les règles de composition, la logique interne de la

6. Éclairons ceci par un rapprochement. Dans la littérature tamoule classique, le poète lyrique met en œuvre une symbolique des paysages. C'est ainsi que par convention la séparation des amants et l'attente inquiète sont associées au paysage marin, en tamoul *neytal* (nénuphar blanc, région maritime) et forment, dira-t-on, « un poème du genre *neytal* ». A chaque genre est associé une heure, une saison, un oiseau... *Cf.* A. K. Ramanujan, *The Interior Landscape* (*Love Poems from a Classical Tamil Anthology*), Bloomington, 1967, p. 107.

7. Par exemple, chant *172*, vers *35-37* (séparation); chant *187* (*vient le soleil du soir...*).

phraséologie autorisent-elles des thèmes nouveaux, des genres inédits? L'une des expériences qu'a tentée M. Emeneau est sur ce point fort instructive. Le linguiste ethnographe engagé dans une enquête sur le terrain doit s'efforcer d'enregistrer toutes les versions qu'on lui dicte d'un même chant, puisque c'est la confrontation des diverses versions et les déformations subtiles qu'il note de l'une à l'autre qui au départ suggèrent l'existence de ce que nous avons appelé le jeu des variantes. Mais il peut aller plus loin et s'efforcer de *tester les limites* d'une tradition qu'il étudie. Ainsi Jean Paulhan à Madagascar, qui était parvenu à inventer et à réciter lui-même des *hain-teny* pour en déterminer la signification de l'intérieur, *se faisant* et non *toute faite*, du côté poïétique et non du côté esthétique.

Kanfïsody, excellent informateur et compositeur habile, faisait plus ou moins fonction de chanteur officiel de la petite communauté chrétienne toḍa (vivant en marge de la tribu, mais non sans de multiples liens). M. Emeneau lui suggéra de composer un Benedicite. La première tentative (chant *245*, p. 739) suit à la lettre le *Prayer-Book* tamoul; ni la mélodie, ni les paroles ne sont toḍa. Mais un jour, à l'aube (ici encore l'heure est symbolique), comme il veillait sur son champ de pommes de terre pour écarter les bêtes nuisibles, il improvisa ce Benedicite chrétien fondu dans le jeu des variantes toḍa, comme si la tradition, s'ouvrant à des influences étrangères sans qu'elle s'en trouve détruite, donnait naissance à un nouveau genre poétique (chant *220*, p. 662). Nous sommes aux limites de l'univers toḍa, et la tradition est à la fois perpétuée, mais subvertie. En célébrant par exemple la beauté des moissons (vers *24*), Kanfïsody attaque de front l'économie traditionnelle et la religion toḍa qui sont purement pastorales, mais paradoxalement il utilise pour ce faire des unités de chant traditionnelles (ailleurs appliquées aux paysans des plaines tamoules). Dès le premier vers se contredisent trois influences : toḍa, hindoue, chrétienne.

mu·re ro·jm	ut xïsfoy	kartnïyi /
Les trois royaumes	qui créa	c'est le Créateur,
mu·r köpotm	na·syfoy o·l	so·myïyi //
les trois directions	qui par son jeu créa	c'est le Seigneur.

Le premier couple formulaire est authentiquement toḍa et dénote la tripartition géographique des monts Nilgiri (Mekanad, Todanad, Peranganad, *cf. Toda songs*, p. 1). Le second couple exprime une idée caractéristique de la pensée hindoue : le monde a son origine dans *le jeu divin*. Dans la mythologie toḍa, ce jeu de création se ferme sur le monde clos de la tribu : la déesse Tö·kisy « joua avec (c'est-à-dire créa) » les bufflesses et les ustensiles » (attributions respectives des hommes et des femmes). Mais ce chant *220* témoigne de l'ouverture des traditions toda aux influences de l'Inde des plaines, de l'Inde tamoule et hindoue, parce que le christianisme s'y exprime par l'intermédiaire d'une *sanskritisation*[8] de la phraséologie. Pour nommer le Dieu chrétien, Kaṇfïsody forge un nouveau couple formulaire où se reconnaissent des mots sanskrits : le créateur (Skrt. *kartṛ*), le seigneur (Skrt. *svāmin*). L'exemple illustre parfaitement de quelle façon le compositeur *instaure les normes* dont la phraséologie est porteuse. Un chanteur emploie (chant *158*, vers *16*), pour définir l'activité de composer, le mot /ökm/ « calcul, combinatoire ». Mais cela ne désigne que l'un des deux aspects de l'œuvre naissante. D'autre part, en effet, l'œuvre actualise les puissances énonciatrices de la phraséologie traditionnelle ; elle transmet une expérience, des vérités, /wï·rị̈ xoṇ/ « des paroles pour être entendues ». Activité *opératoire* et activité *normative*, /ökm/ et /wï·rị̈ xoṇ/, d'une part le jeu des variantes et d'autre part la tradition : telle est dans la perspective d'une recherche poïétique la double nature d'un chant toda. Ce n'est que dans le cas extrême où la phraséologie consacrée ne lui permet pas d'exprimer la foi chrétienne que Kaṇfïsody recourt à l'innovation. Mais à peine est-il besoin d'innover ; la plus grande part des unités de chant qu'il emploie sont parfaitement classiques. Ne citons qu'un fragment :

[13] ô noir oiseau ka·rpiḷc, avant qu'aux lieux sacrés ne fasse jour, lève-toi gazouille, admirant le Seigneur

ô noire bufflesse Kaesmi·, avant que pour les Dieux se dissipe la nuit, lève-toi mugis, admirant le Seigneur

[14] ô petit enfant dans les bras, avant que la mère tu ne vois, lève-toi pleure, admirant le Seigneur

ô petite bufflesse dans l'enclos, avant que le lait de la mère tu ne têtes, lève-toi mugis, admirant le Seigneur

Seule la formule « admirant le Seigneur » innove.

8. M. B. Emeneau, « Toda verbal art and sanskritisation », *Journal of the Oriental Institute, Baroda, 14* (1965), pp. 273-9. Court mais fondamental.

POÏÉTIQUE DE LA FIXITÉ

PAR DOMINIQUE ET JEAN-YVES BOSSEUR

Dans quelle mesure peut-on parler de coexistence entre les termes de « poïétique » et de « fixité »? N'apparaissent-ils pas comme des notions totalement indépendantes?

Selon son sens étymologique, la poïétique concerne un « état », une attitude première; c'est bien au *fond*, au *Grund* originel qu'elle renvoie; et ce fondamental ne peut être qu'un, unique, unitaire. La fixité, elle, sous-entend les notions de degré, de niveau, de dialectique. Aussi est-ce peut-être sur la nécessité — absolue ou non — de la dialectique que se joue la possibilité d'annoncer une poïétique de la fixité. Envisager une « poïétique de la fixité » implique-t-il nécessairement un mode de pensée relationnel, qui tend à diviser un phénomène pour devoir, par la suite, mettre en relation ses composantes? Dans ce dernier cas, n'est-ce pas la relation pour elle-même qui est abordée au détriment d'un phénomène perçu globalement?

Heidegger écrit, dans *L'origine de l'œuvre d'art*, que le premier regard que nous portons sur une œuvre nous livre son caractère chosique, c'est-à-dire « fixé dans... » (une matière) « en un... » (objet). Or, c'est précisément à ce niveau que s'opposent Esthétique et Poïétique; le questionnement esthétique porte sur la chose, le produit et, de cette manière, on peut dire avec Heidegger que « la façon dont elle considère à l'avance l'œuvre d'art ne sort pas du domaine de l'interprétation traditionnelle de l'étant »[1]. L'analyse de l'œuvre ne s'effectue qu'une fois celle-ci fixée, postérieurement aux hésitations compositionnelles, et ne rend pas compte de la variabilité du champ d'expériences où se situe la création. Considérer l'œuvre d'art de son point de vue « chosique », c'est encore une fois admettre *a priori* la scission confirmée par toute la philosophie occidentale entre être et étant.

Toutefois, la problématique heideggérienne ne consiste pas uniquement à cliver le questionnement sur l'œuvre d'art en Esthétique — réflexion sur l'aspect chosique de l'œuvre — et Poïétique — réflexion sur la « réalité »

---

1. Martin Heidegger, « L'origine de l'œuvre d'art », *in Chemins qui ne mènent nulle part*, Paris, Gallimard, 1962, p. 29.

de l'œuvre —; il ne s'agit pas de nier l'importance — parce qu'indubitable — de « ce côté chose de l'œuvre »[2], mais il est nécessaire d'opérer un détour de la pensée : la démarche ne va plus de la chose à l'œuvre, mais de l'œuvre à la chose. De même que, pour Heidegger, le grand échec de la Métaphysique a été non seulement d'opérer une rupture entre être et étant, mais surtout de chercher à remonter à l'être à partir de l'étant, envisager l'œuvre à partir de sa réalité chosique permet difficilement de remonter à l'œuvre elle-même.

Philosophie de la poïétique

Le travail de Heidegger sur le « dire poïétique », le *logos*, langage des Grecs, sur la poésie d'Hölderlin a mis en évidence cette ambiguïté que nous retrouvons — dans une certaine mesure — dans la problématique soulevée par la « poïétique de la fixité ».

L'intérêt que Heidegger porte à l'Art et plus particulièrement à la poésie n'est pas sans rapport avec la préoccupation philosophique essentielle du sens de l'être, de l'instauration d'une ontologie fondamentale.

Tout comme sa démarche philosophique a consisté en un dépassement de la Métaphysique en tant qu'aboutissement de la subjectivité absolue, il s'agit ici de dénoncer une conception de l'art qui cherche à « objectiver » l'œuvre d'art sous forme d' « objet ».

Dans *Approche de Hölderlin* où est envisagée l'essence de la poésie, Heidegger écrit : « La poésie est fondation par la parole et dans la parole. Et qu'est-ce qui est fondé? Ce qui demeure... Il faut que l'être soit mis à découvert, pour que l'étant apparaisse. » « Le poète disant la parole essentielle, c'est alors seulement que l'étant se trouve par cette nomination nommé à ce qu'il est, et est ainsi connu *comme* étant. La poésie est fondation de l'être par la parole »[2]. Mais la difficulté qui jaillit alors est la suivante : comment faire pour que se rejoignent pensée et poésie? « Ce qui est dit en poématisant et ce qui est dit en pensant ne sont aucunement identiques[4] »; l'une et l'autre peuvent toutefois, « suivant des façons diverses, dire le Même »[5].

Donc, même si la pensée philosophique et la parole poétique sont séparées par un abîme, elles disent l'Un et le Même; le penseur et le poète « séjournent, proches, sur les monts les plus séparés ». Alors que, dans

2. *Id.*
3. Martin Heidegger, *Approche de Hölderlin*, Paris, Gallimard, NRF, 1962, p. 52.
4. Martin Heidegger, *Essais et Conférences*, Paris, Gallimard, coll. Les Essais, 1958, p. 138.
5. *Id.*

Sein und Zeit, l'œuvre d'art n'était qu'un document pré-ontologique servant à confirmer l'interprétation existentiale de l'être-là comme souci[6], dans *L'origine de l'œuvre d'art*, elle est « reconnue comme lieu d'advenue de la vérité de l'étant »[7]. Ne voir dans l'œuvre d'art que la « chose » qu'elle est dans une certaine mesure, sans remettre en question cette « choséïté » qui va de soi dans l'œuvre, entraîne simultanément la perte du sens de l'être; c'est considérer l'œuvre d'art comme un objet objectivé par une subjectivité. Que la distinction entre la matière — la consistance de l'œuvre — et la forme serve de « schéma conceptuel pour toute théorie de l'art et toute esthétique » ne prouve pas qu'elle « ressortisse originellement de la zone de l'art et de l'œuvre d'art »[8]. Il se peut donc que nous fassions « fausse route en cherchant la réalité de l'œuvre d'abord dans le support chosique »; il se peut que ce support chosique ne fasse pas « partie » de l'œuvre, mais de l' « être-œuvre » de l'œuvre. C'est pourquoi un renversement de pensée doit s'opérer; la démarche consiste alors en une attention portée à la *provenance* de l'œuvre d'art; tout énoncé sur la choséïté de l'œuvre est superflu « tant que l'*immanence pure* de l'œuvre ne s'est pas clairement manifestée »[9]. C'est alors seulement que l'œuvre d'art s'affirme comme ayant une signification ontologique; en tant que lieu d'advenue de l'éclaircie, son essence peut être déterminée comme « un se-mettre-à-l'œuvre » de la vérité de l'étant.

Mais si Heidegger déclare que « tout art, en tant que laisser advenir la venue de la vérité de l'étant comme tel, est dans son essence poésie » et semble par là même privilégier la poésie en tant qu'essence de l'art, il faut toutefois remarquer avec Allemann[10] que le concept de poésie est ici pris dans un sens plus large que celui que nous lui attribuons généralement. La vérité saisie comme éclaircie et réserve de l'étant comme tel, « *tout art est essentiellement Poème* (*Dichtung*) »[11]. Le privilège accordé à la poésie sur les autres arts provient de ce qu'elle est l'art du langage et que la langue, le logos, n'est pas seulement un moyen de compréhension et d'explicitation; elle « amène avant tout l'étant en tant qu'étant dans l'ouvert »[12].

Ce n'est pas en tant que langage que la poésie est privilégiée; c'est la langue, en tant qu'elle permet à la vérité d'advenir, qui est « poésie au sens profond »[13].

6. Martin Heidegger, *Sein und Zeit*, Paris, Gallimard, NRF, 1964, p. 241.
7. Beda Allemann, *Hölderlin et Heidegger*, Paris, PUF, coll. Épiméthée, 1959, p. 137.
8. Martin Heidegger, *L'origine de l'œuvre d'art, op. cit.*, p. 19.
9. M. Heidegger, *L'origine de l'œuvre d'art, op. cit.*, p. 30.
10. B. Allemann, *op. cit.*
11. M. Heidegger, *L'origine de l'œuvre d'art*, p. 56.
12. *Id.*, p. 58.
13. *Id.*, p. 58.

La poïétique de la fixité soulève la problématique de la « distance »; il y a, semble-t-il, entre les deux termes de poïétique et de fixité le même écart que celui que Heidegger constate entre langage et dire poétique.

Dans *Approche de Hölderlin*, Heidegger analyse un texte écrit par le poète vers 1880 où celui-ci conçoit le langage comme « le plus dangereux des biens ». Que le langage soit un « bien » de l'homme est évident puisqu'il permet la compréhension, donc la communication. Mais la parole se livre à nous sans nous donner une garantie sur son essentialité ou sur son inessentialité; c'est pourquoi le langage est toujours forcé de « compromettre ce qui lui est absolument propre, le dire authentique »[14]. De plus, le fait d'être un moyen de communication n'épuise pas l'essence du langage; « le langage n'est pas seulement un instrument que l'homme possède à côté de beaucoup d'autres; le langage est ce qui, en général, et avant tout, garantit la possibilité de se trouver au milieu de l'ouverture de l'étant »[15]. Le langage est, pour Heidegger, le problème philosophique par excellence : il n'est pas seulement un instrument disponible, il est « cet avènement qui lui-même dispose de la suprême possibilité de l'être de l'homme ».

Mais, si Heidegger a choisi Hölderlin comme poète des poètes, ce n'est pas parce que celui-ci a réalisé l'essence de la poésie : « ce qui forme le support de la poésie d'Hölderlin, c'est cette détermination poétique qui consiste à poématiser expressément l'essence de la poésie elle-même »[16].

Comment se fait ce « poématiser »? par le dire poïétique, qui se « presse sous une poussée débordante jusqu'au fondement et cœur de l'être »[17]. Car, poésie est, pour Heidegger, synonyme de « dire essentiel », originel; c'est pourquoi également la pensée est un dire poétique. « La pensée est le *dictare* originel »[18]. Mais que la pensée soit dire originel implique qu'elle ne soit plus dans le « voisinage de la philosophie » mais revienne « en-deçà de la philosophie ». C'est à cette seule condition que poète et penseur entrent en « communauté d'appartenance » dans la langue.

La notion de fixité remet en question, de manière irréfutable, celle d'idée originelle. On peut se demander si la mise en relation d'une idée originelle avec des développements, principes de variations..., n'entraîne pas l'abandon de la poïétique au profit de la dialectique.

Lorsque Husserl écrit dans les *Ideen* que « toute conscience est thétique », c'est-à-dire que, dès qu'il y a conscience de..., il y a possibilité de thèse, de passer à une articulation, il sous-entend les notions de discursivité

---

14. Martin Heidegger, *Approche de Hölderlin*, p. 47.
15. *Id.*, pp. 47-48.
16 et 17. M. Heidegger, *Approche de Hölderlin*, pp. 43 et 60.
18. M. Heidegger, « La parole d'Anaximandre », *in Chemins...*, *op. cit.*, p. 268.

et de logicité; s'il est vrai qu'il y a dans tout vécu possibilité de discours et de reconnaître une identité de sens à travers tout discours, cette chute inévitable dans la dialectique souligne le caractère idéal, « utopique » de l'attitude poïétique. L'existence de la pensée discursive ne porte-t-elle pas en elle-même l'affirmation de la poïétique comme état originaire, mais aussi l'incapacité de celle-ci de s'élever au rang de discours sans encourir le risque de se scinder, donc de prendre ses distances par rapport à une provenance pré-logique?

Dans ses *Cahiers de conversation*, Beethoven insiste à la fois sur ce qu'il peut y avoir d'originel dans l'acte créateur et sur le risque couru à chaque instant par cet originel; les influences extérieures qui impressionnent le noyau primordial et le dissimulent rendent nécessaire un retour perpétuel à l'origine.

Cette nécessité du retour, poétiquement exprimée par Novalis ou Hölderlin, Beethoven la pose au moyen de sons; cette idée originelle, le « ùrprinzip » — puisé dans la réalité phénoménale et non dans une règle abstraite — « jaillit de l'enthousiasme. Je la poursuis avec passion, je l'atteins pour la voir s'enfuir à nouveau et disparaître dans le tumulte des diverses émotions. Je la reprends aussitôt avec une ardeur nouvelle et ne peux plus m'en séparer. Dans une rapide extase, je la retourne dans toutes ses modulations et je triomphe enfin de la première pensée musicale. Voici une symphonie »[19].

Poïétique du matériau

Poser le problème de la poïétique de la fixité revient à se demander si, pour qu'une œuvre existe en tant qu'objet autonome pourvu de certaines propriétés, qualités, elle doit implicitement être fixée, c'est-à-dire structurellement invariable, donc diriger une perception esthétique dans un sens unique, d'un début donné vers une fin imposée, c'est-à-dire encore être un objet temporellement et/ou spatialement fini qui tranche sur les réalités qui l'entourent, se protégeant de tout ce qui pourrait altérer ses privilèges. D'où vient cette nécessité de la fixité? Est-ce l'œuvre elle-même qui requiert une telle « installation », selon l'expression de Heidegger[20]? La notion de fixation n'est-elle pas simultanément associée à l'expression de la subjectivité — celle du je, psychologique ou rationnelle, qui fige un moment donné de son histoire dans une œuvre — ou d'une objectivité — celle du maté-

---

19. Cité dans Luigi Magnagni, *Les Carnets de conversations de Beethoven*, Neuchâtel, A la Baconnière, coll. Langages, 1971, p. 107.
20. M. Heidegger, *L'origine de l'œuvre d'art, op. cit.*, p. 33.

riau —? Par là-même, cette notion n'accuse-t-elle pas une fois de plus dans l'histoire de la philosophie et de l'esthétique la rupture entre le sujet et l'objet?

L'acte créateur pose le problème du matériau et plus précisément celui de son autonomie ou de sa subordination (en particulier à la subjectivité du sujet-créateur qui l'objective); ainsi, se plaçant dans une perspective marxiste, Th. Adorno conçoit le matériau musical comme soumis à un développement immanent au mouvement historique; l'œuvre d'art est pensée, dans une telle perspective, comme l'aboutissement d'un combat dialectique entre un matériel — héritage social — et l'action créatrice proprement dite.

En quoi consiste alors cette « action créatrice »? Est-ce à « individualiser » le matériau objectif en le subjectivant? Le rôle du sujet serait d' « objectiver », c'est-à-dire de « poser » l'objet par un acte autoritaire de volonté subjective; individualiser l'objet revient à lui imprimer la marque unique du sujet composant, en le fixant. Le matériau n'est, dans cette mesure, qu'une masse informe qu'il s'agit précisément de modeler : la dualité matière-forme va de pair avec celle sujet-objet.

La démission du sujet en tant qu'il accomplit un acte abusivement autoritaire sur un matériau informe doit-elle être considérée, comme le fait Herman Sabbe à propos de la musique, comme une *régression* de l'esprit subjectif?[21] Le matériau est-il pris dans un processus historique que l'on doit suivre ou provoquer, mais, en tout cas, dont il est indispensable, en tant qu'artiste, de rendre compte, ou bien chaque œuvre n'est-elle pas liée à une application particulière des matériaux et appelle-t-elle de ce fait un mode d'analyse qui lui soit personnel? L'œuvre est-elle un prétexte pour prouver l'autorité de son auteur sur le matériau ou tout ce qui est donné à son imagination ou bien ne peut-elle pas être considérée comme une simple adéquation et une ouverture aussi large que possible sur le réel? La création est-elle une prise de pouvoir sur les phénomènes extérieurs susceptibles d'avoir un impact sur l'œuvre et ceux qui la reçoivent ou bien une coexistence avec ces phénomènes, la conscience qu'ils se produisent naturellement, sans que l'on ait à les cerner par une épreuve de force? Le refus d'une forme préétablie ne vient-il pas en partie du désir de tendre vers une attitude poïétique? Plaquer une forme (fixe ou mobile) à un matériau donné ne revient-il pas à instaurer un dualisme sans remettre en question l'origine, le bien-fondé de cet acte?

21. Herman Sabbe, « Philosophie de la musique la plus récente », *in Musique en jeu*, Éd. du Seuil, n° 7, mai 1972, p. 30.

Poïétique de la condition de l'œuvre

Le problème se pose alors de savoir si la fixité implique nécessairement fermeture sur soi de l'œuvre; est-ce qu'il n'y aurait pas différents types de fixité? une fixité « horizontale » qui détermine le sens de lecture de l'œuvre ou l'espace dans lequel elle est inscrite et limite un certain nombre d'extrapolations à son sujet, et une fixité « verticale », en devenir, qui, elle, permet une multiplicité de concrétisations, de lectures, parce qu'antérieure à toute orientation?

Il semble bien que ce qui provoque la fermeture sur elle-même de l'œuvre provienne avant tout de la volonté de l'artiste de chercher à prévoir les lectures possibles de l'objet créé et de les fixer, dans l'ambition de maîtriser ainsi l'avenir de l'œuvre et de juguler le hasard qui pourrait s'y introduire. Vouloir contrôler tous les aspects possibles de l'œuvre résulte de l'hypostase progressive que le je et la rationalité ont acquis sur la réceptivité et la conceptualisation poïétique. C'est précisément la nécessité d'une telle attitude mortifiante qui est remise en question par l'existence de la poïétique. Est-ce que le *poïein* implique nécessairement le figé? Est-ce que fixer implique nécessairement annihiler, dessécher? A quel niveau doit se situer la détermination pour permettre malgré tout une flexibilité de lecture?

C'est dans la mesure où les œuvres échappent en partie à l'héritage socio-historique qui les relie à un style particulier et ne nous apparaissent qu'à travers des théories dont les intentions nous échappent en partie, dont nous ne conservons généralement que des fossiles, que nous pouvons renouveler notre approche, nous infiltrer dans une problématique soulevée par l'œuvre, nous inscrire en elle, en accord avec la momentanéité de nos modes de pensée.

En tant que condition même d'existence de l'œuvre, la poïétique apparaît comme tout ce qui n'est pas application d'un système, tout ce qui lui échappe; si l'analyse historique d'un phénomène artistique donné est susceptible d'expliquer la fixation d'un système, puis un rejet éventuel, possède-t-elle des outils autres que partiels, c'est-à-dire dirigés dans le sens de pensée unidirectionnel, psychanalytique, sociologique..., qui désarticulent un phénomène, dont l'origine déborde tous ses cadres, pour vouloir par la suite le reconstruire sans réussir à combler la distance qui s'est instaurée entre l'acte poïétique originel et sa reconstitution?

Poïétique de la transmission

C'est le statut même de l'œuvre d'art qui doit être remis en question; l'œuvre est-elle nécessairement une fixation (du discours, d'un matériau musical, plastique...) ou la manifestation d'un *Grund* originel? La transmission d'un phénomène artistique suppose-t-elle sa fixation? Ceci pose naturellement le problème de la communication : quelles sont les conditions requises pour qu'une transmission soit possible, et jusqu'à quel niveau de détermination peut-elle tendre sans risquer une fixité qui rend l'œuvre d'autant plus vulnérable qu'elle est implacable? Est-ce que, par exemple, rassembler un certain nombre d'individus dans un lieu donné avec un certain nombre d'outils est une condition suffisante pour que s'établissent des échanges entre eux? Dans ce cas, une poïétique de la fixité serait ce à quoi on ne peut échapper : exister dans un lieu donné en relation avec un certain nombre d'individus... Comment trouver un processus susceptible de laisser les individus/interprètes/intermédiaires intervenir manifestement et/ou virtuellement à l'intérieur de l'œuvre? N'est-il pas nécessaire alors de situer la transmission entre la non-communication, c'est-à-dire la pénurie d'éléments sur lesquels il soit possible de se concentrer, et l'entrave à la communication, c'est-à-dire l'assujettissement à un système ou à une technique qui n'autorise aucun recul et choix subjectif? On pourrait à cet égard reprendre le schéma d'Henri Pousseur[22] :

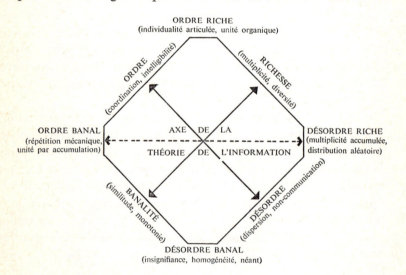

22. Henri Pousseur, *Fragments théoriques I sur la musique expérimentale*, Études de Sociologie de la musique, Éd. de l'Institut de Sociologie, Université Libre de Bruxelles, 1970, p. 64.

C'est dans cette zone intermédiaire qu'il pourrait naître une sorte de complicité entre actants et patients; une œuvre peut être conçue en tant que condition d'existence sans que l'on sache *a priori* quoi que ce soit sur la manière dont elle va se concrétiser dans le temps et dans l'espace. Cela place aussi bien l'actant que le patient dans un risque poïétique où les critères de qualités qui sont liés à un style de langage convenu et à un moment donné de l'histoire ne peuvent plus jouer aussi exclusivement. Le refus chez certains artistes de « réaliser », c'est-à-dire de concrétiser — et donc d'objectiver — les idées esthétiques, permet d'abonder dans le sens de l'existence d'une telle nécessité immanente à l'œuvre elle-même, et qui se manifeste dans les notes qu'esquisse l'artiste préalablement à la définition de l'œuvre elle-même, dans une phase de pré-conception (*cf.* par exemple, les *Cahiers de Conversation* de Beethoven, les *Cahiers* de Schumann, etc.).

Fermer une œuvre au niveau de son matériau soulève un paradoxe important : le désir de protection, de perpétuation de l'œuvre d'art figé en une immobilité éternelle sans tenir compte des effets naturels du temps sur ce même matériau, de son vieillissement. Faut-il alors prévoir un certain taux de destruction en ce qui concerne les arts d' « objets » dont les matériaux de composition sont susceptibles de modification progressive? En ce qui concerne les arts d' « interprétation », prévoir toutes les interprétations possibles à partir d'un texte donné n'est-il pas pure vanité? La personnalité des différents interprètes influence l'évolution de ce type d'art. Une œuvre est d'autant plus destructible qu'elle ne permet aucune inflexion; si elle n'admet qu'un mode étroit de transmission, il sera d'autant plus difficile pour elle de se projeter dans l'avenir. Alors que la fixité de l'œuvre se manifeste comme une protection, le comportement vis-à-vis de cette œuvre apparaît en contradiction avec cette nécessité. N'y a-t-il pas toujours un intermédiaire entre l'œuvre et son public? ne serait-ce que celui qui choisit de transporter une œuvre du lieu où /pour lequel elle a été conçue (église, monument...)? Par exemple, déraciner un objet de l'endroit où et pour lequel il avait été conçu et le transporter dans un musée, l' « exposer », n'est-ce pas déjà altérer sa fixité?

La notion de fixité est une notion moderne qui est précisément apparue lorsque l'œuvre a été promue au rang de chef-d'œuvre, c'est-à-dire lorsque s'est opérée une « division du travail » entre le créateur, l'interprète et l'artisan... Cette hiérarchisation — au niveau même des degrés de la créativité de l'individu — a atteint son apogée au cours du mouvement romantique introduisant l'individualisation des notions d'invention, d'originalité, de droits d'auteur, de possession; mystifier le sujet créateur et simultanément l'œuvre elle-même, préserver autour de l'auteur et de l'œuvre une aura prestigieuse ont contribué à fermer l'œuvre sur elle-même. Être un artiste consistait désormais à créer un objet parfaitement poli, fini, clos, déterminé.

Si la problématique de la poïétique de la fixité soulève la difficulté du passage de l'Idée à sa concrétisation, la question se pose alors de savoir comment faire pour que l'originalité de l'Idée première soit préservée dans sa mise à l'épreuve de la réalité; une telle problématique ne peut donc évoluer que dans un champ de questionnement sans cesse renouvelé.

S'il est vrai que dans l'objectivité, milieu où se meut la connaissance, celle-ci n'approche pas l'être mais plutôt s'éloigne de lui, donc, s'il y a, au fur et à mesure que la connaissance cherche à se faire, un retrait quasi simultané de l'essence de la réalité, une « inaptitude de principe » de la connaissance à saisir la réalité, est-ce qu'une « expérience de... » et non pas une « connaissance de... » qui ne tenterait pas de diviser mais chercherait plutôt à donner dans son unité originaire ne pourrait pas être envisagée?

En admettant avec Michel Henry qu'il doit y avoir un « mode de philosopher qui ne porte pas préjudice à l'essence »[23], est-ce qu'une attitude poïétique ne pourrait pas précisément correspondre à ce mode d'approche, être un mode de connaissance originaire? Ne pourrait-elle pas favoriser une auto-révélation du vécu, le vécu se révélant de lui-même, de façon immédiate, sans le recours médiatisant de la pensée discursive?

23. Michel Henry, *Essence de la manifestation*, Paris, PUF, coll. Épiméthée, 1963, *1*, p. 56.

DE LA GENÈSE LITTÉRAIRE

PAR TZVETAN TODOROV

A la mémoire de Jacques Ehrmann

« La genèse en tant que mouvement formel constitue l'essentiel de l'œuvre. »

Paul Klee, *Journal*.

I

Charles Dogson, plus connu sous le pseudonyme de Lewis Carroll, ne s'est pas contenté de narrer les aventures d'Alice des deux côtés du miroir, ni, comme on le sait bien, d'étudier la logique formelle; l'un de ses passe-temps favoris était, paraît-il, l'invention de jeux de mots, qu'il livrait aux lecteurs des magazines littéraires de l'époque. L'un de ces jeux s'appelle *Doublets;* il consiste à passer d'un mot à l'autre, alors qu'on ne peut changer qu'une lettre à la fois, en étant obligé de produire, de surcroît, un mot déjà existant dans le lexique. Par exemple, on vous donne le mot de départ *Head* et le mot d'arrivée *Tail;* il faut produire, en se conformant à ces règles, le second à partir du premier, il faut relier la tête et la queue. Un chemin possible est le suivant :

HEAD
heal
teal
tell
tall
TAIL

Un autre jeu inventé par Carroll est les *Syzygies*. On passe encore d'un mot à l'autre, mais ce sont des groupements de lettres qui changent, et non une lettre isolée. Par exemple, vous dites à votre partenaire : « Introduce *Walrus* to *Carpenter* » (Présentez le morse au charpentier), et il vous répond par le parcours verbal suivant :

WALRUS
Peruse
Harper
CARPENTER

Chaque mot nouveau doit figurer dans le vocabulaire de la langue et de plus posséder une partie commune avec le mot précédent; ainsi passe-t-on de *walrus* à *carpenter*.

Dans les deux jeux, le mot d'arrivée a pour seule raison d'être un mot antérieur et une règle de transformation des mots. Les mots produisent des mots, le langage produit du langage.

Nous restons là dans le domaine du jeu et de la distraction. Mais n'est-il pas concevable que le « mot d'arrivée » ne soit pas un simple mot, mais une suite de mots — un texte — une œuvre? Ce serait alors un texte produit par un autre texte, et non par des facteurs hétéromorphes; nous assisterions à une genèse du texte qui reste intérieure au langage, à une genèse intérieure du texte, ou encore à l'endogenèse littéraire.

Cette façon ludique d'expliquer la production de la littérature n'est pas — n'est plus — une hypothèse fantaisiste. Elle a été prise au sérieux, et explicitée, par un écrivain au moins (que l'on n'a pas toujours pris au sérieux, il est vrai) et qui se nomme Raymond Roussel. Dans un écrit méta-littéraire, plus célèbre encore que ses écrits littéraires, portant sur la genèse de ses propres œuvres et intitulé, justement, *Comment j'ai écrit certains de mes livres*, Roussel affirme que ses écrits sont produits à partir d'autres mots, d'autres phrases, en suivant certaines règles de transformation, un peu à la façon des *Doublets* et des *Syzygies* de Lewis Carroll.

L'exemple le plus célèbre, évoqué par Roussel, est celui de la nouvelle *Parmi les noirs*, produite à partir d'une phrase, et qui à son tour devient le germe d'une œuvre de plus grandes dimensions, *Les impressions d'Afrique*. La phrase initiale se prête à deux lectures différentes, pour peu qu'on en modifie tel élément phonique : ainsi « les lettres du blanc sur les bandes du vieux billard » (signes typographiques écrits à la craie sur les bordures du billard) et « les lettres du blanc sur les bandes du vieux pillard » (les missives d'un Européen sur les hordes d'un pillard). Ces deux phrases semblables et différentes seront disposées aux deux bouts du texte qui aura alors pour fonction de ménager un passage vraisemblable de l'une à l'autre. Ce « procédé » s'amplifie ensuite : d'autres associations, partant toujours de la même phrase initiale, viennent enrichir la trame du récit qui relie les occurrences initiale et finale. « Je cherchai de nouveaux mots se rapportant au mot *billard* toujours pour les prendre dans un sens autre que celui qui se présentait tout d'abord, et cela me fournissait chaque fois une création de plus. Ainsi *queue* de billard me fournit la robe à traîne de Talou. Une queue de billard porte parfois le chiffre (initiales) de son propriétaire, de là le chiffre (numéro) marqué sur ladite traîne » (p. 13). Ainsi se tisse le texte, à partir d'un élément verbal choisi initialement de

façon quasi arbitraire, selon des règles (des « procédés ») que l'on se fixe
à l'avance.

Une variante du procédé (une deuxième façon de produire des mots
à partir de mots) consiste à choisir une phrase connue, par exemple les
mots d'une chanson, ou une expression courante, ou même une adresse,
et à constituer ensuite une seconde phrase, paronymique mais de sens
indépendant, dont les unités deviennent le matériau d'un récit. Par exemple,
ce premier vers d'une chanson connue, « J'ai du bon tabac dans ma tabatière », produit une seconde phrase, « Jade tube onde aubade en mat a
basse tierce ». Les mots de celle-ci fournissent « tous les éléments du début
du conte » *Le poète et la mauresque* (p. 20). La différence d'avec le premier
cas est que les mots de départ ne sont plus présents dans le texte mais
figurent uniquement dans une mémoire sociale, commune à l'auteur et à
ses lecteurs. Le rapport *in praesentia*, là, s'oppose au rapport *in absentia*, ici;
ou, comme on dit aujourd'hui dans une terminologie linguistique, le rapport
syntagmatique s'oppose au paradigmatique.

Roussel n'est bien entendu pas le premier à affirmer cette génération
interne du texte littéraire, mais il est le premier à le faire de manière aussi
catégorique. Avant lui, Chklovski, chef de file des Formalistes russes,
avait formulé la même observation concernant les nouvelles toutes classiques de Boccace. La transformation qui décrit le passage entre texte de
départ et texte d'arrivée est appelée par Chklovski *déroulement* (*razvertyvanie*) : comme on déroule une bande, on projette la métaphore ou le
calembour initiaux en un récit entier. « Le motif (narratif) s'apparente
au trope et au calembour, écrit-il. (...) Les sujets des contes érotiques consistent en métaphores déroulées (*razvernutye*), par exemple : Boccace compare
les organes sexuels de l'homme et de la femme à un pilon et à un mortier.
Cette comparaison est motivée par une histoire entière, et on obtient ainsi
un ' motif '. On observe le même phénomène dans la nouvelle sur le Diable
et l'Enfer, mais dans ce cas le moment du déroulement est encore plus
éclatant, car à la fin on nous indique directement qu'il existe une telle
expression populaire. De toute évidence, la nouvelle est le déroulement de
cette expression. De très nombreuses nouvelles ne sont que le déroulement
d'un calembour. Les récits sur l'origine des noms appartiennent par exemple
à ce type » (p. 172).

Voici un exemple où le récit naît du jeu de mots; il figure, non chez
Chklovski, mais chez Étienne Tabourot, dit Chevalier des Accords : « Une
autre aussi bonne commère (ainsi que j'ai appris de Dame Philipote Pin-
taston) comme on portait son mari en terre, ' hélas! disait-elle, mon pauvre
homme et moi avons si bien vécu ensemble, nous avons eu trois enfants,

dont les deux petits sont morts et le plus grand vit '. En répétant ce mot de ' grand vit ', elle regardait ce jeune enfant vivant : auquel, puis après, adressant sa parole, elle disait ' Las! mon enfant, ton père nous a si piteusement dit adieu, hélas! quel congé, quel congé, c'est pour jamais, mon Dieu, quel grand congé! ' », etc. (p. 40).

Chez Boccace (ou Tabourot) comme chez Roussel donc, à en croire Chklovski et Roussel, les mots (du texte) naissent à partir de mots antérieurs; la règle est plus arbitraire chez Roussel, plus motivée chez Boccace, mais cela ne change pas la nature de la relation. Diffère, en revanche, l'extension de l'observation : remarque isolée chez Chklovski, elle devient le principe générateur dans l'écrit de Roussel.

Peu appréciée au moment de sa parution, l'œuvre de Roussel a attiré depuis de plus en plus l'attention des théoriciens littéraires; c'est encore un écrivain, Jean Ricardou, qui s'est particulièrement consacré à la défense et à l'illustration des théories rousselliennes. Le mouvement de généralisation, qu'on pouvait déjà observer dans le passage de Chklovski à Roussel, s'accentue encore avec Ricardou : ce ne sont plus seulement « certains » mais, quasiment, tous les livres qui sont écrits de cette manière. Ricardou se réclame d'une tradition qui commence pour lui à Mallarmé, puisque celui-ci avait annoncé : « L'œuvre pure implique la disparition élocutoire du poète, qui cède l'initiative aux mots ». C'est à cette initiative des mots ou encore aux « dispositifs par lesquels le texte s'engendre » (p. 118) que sont consacrées la plupart des études réunies dans le volume de Ricardou *Pour une théorie du nouveau roman*. L'une d'entre elles, « La bataille de la phrase », parle par exemple de « métaphore productrice », de « calembour producteur », de « fragment producteur », de « vocable producteur ». L'exergue de *La bataille de Pharsale* de Claude Simon produit, par association, tout un lexique et donc une thématique; le mot *jaune*, à son tour, engendre, de par ses sons, des mots comme *nuage, augelot, âge, nœud*, etc., et, par association à la fois des sons et du sens, « skélétik » (*via* « jeuner »), « ruisseler » (*via* « nage »), etc. Ricardou révèle aussi le mécanisme de production de ses propres livres : « Par une obéissance ironique au flaubertien désir du livre sur rien, *La prise de Constantinople* tire maints composants de ces opérations sur le vocable initial. Rien : nier, rein, renie (reni), nerf (ner), rang (ren), dans (en), rire (ri), erre (r), haine (n), etc. » (p. 123).

L'objection qui vient aussitôt à l'esprit, à la lecture de telles analyses, est qu'elles privilégient un facteur aux dépens de tous les autres. Le fil est menu qui relie *jaune* à *ruisseler*, et on se demande si *ruisseler* ne peut être déterminé par un autre facteur aussi, ou même essentiellement. Ricardou n'évoque ces autres facteurs que pour les condamner et les rejeter : c'est ce qu'il appelle « le dogme de l'Expression-Représentation ». Ce dogme consiste à croire que le langage « permet l'*expression* d'une expérience ou d'une doctrine, la *représentation* des divers aspects du monde » (p. 9).

Après des siècles pendant lesquels l'esthétique et la poétique se sont contentées d'expliquer les œuvres par des causes extérieures (la personnalité de l'auteur, les événements évoqués), ayant donc adhéré à une conception de l'exogenèse littéraire, on assiste ici à un renversement total : les mots ne sont déterminés que par d'autres mots. Ricardou serait le représentant hyperbolique — mais nullement isolé — de cette nouvelle tendance historique, qui détrône l'exogenèse et instaure à sa place l'endogenèse.

On peut se demander si le rapport d'expansion, affirmé par Chklovski, Roussel et Ricardou (le passage de la première phrase à la nouvelle entière, celui de l'exergue au roman), est la seule forme possible d'endogenèse. La critique roussellienne n'a pas manqué de chercher une réponse plus nuancée. Dans une étude sur *Les impressions d'Afrique*, Christiane Veschambre remarquait que la révélation posthume du procédé avait exercé une action aveuglante sur le lecteur : celui-ci ne voyait plus que l'effet signalé par Roussel, à l'exclusion de tout autre. Or, d'autres voies de l'endogenèse peuvent également être établies. Christiane Veschambre identifie en particulier deux figures, l'une synonymique, l'autre homonymique. Selon la première, le texte s'organise en séquences sémantiquement apparentées : par exemple, un lit de mousse sera commun aux aventures de Nina - Seil- Kor et à celles de Velbar - Sirdah, devenant ainsi le point de départ d'une série de développements analogues. Selon la seconde, les mêmes mots apparaissent ici et là, mais pris dans des sens différents. Par exemple, un épisode situe le zouave Velbar à Bougie et relate ses aventures amoureuses avec une jeune femme, Flore Crinis. Un autre, quatre chapitres plus loin, raconte la découverte par Fogar d'une chandelle végétale et d'un animal dont les crins sont utilisés pour la fabrication d'un instrument à cordes. Épisodes en apparences indépendants mais qui reposent en fait sur une série d'identités et d'oppositions : Flore est nom là, végétation ici; Bougie, nom et chandelle; Crinis, nom; les crins, objet; grille, au sens de clé de déchiffrement, là, au sens de cadre en bois, ici, etc.

Quelle est la différence entre ce type de rapprochement et celui indiqué par Roussel lui-même? Les rapports établis par C. Veschambre sont, en quelque sorte, beaucoup plus traditionnels. Alors que Roussel accordait un rôle exceptionnel d'*embryon* à certains mots, considérant le reste du texte comme un *produit*, en établissant ainsi une forte hiérarchie entre éléments de départ et éléments d'arrivée, ceux-ci se trouvent maintenant à égalité : nécessairement présents tous les deux, on ne peut pas dire que l'un engendre l'autre; ils se justifient et se cautionnent mutuellement. Un autre indice de la disparition d'une hiérarchie est l'absence d'une différence dans les dimensions : chez Roussel, une phrase produisait une nouvelle, puis un roman. Chez C. Veschambre, un épisode répond à un autre épisode.

Ce n'est pas autre chose que font — mais à une échelle beaucoup plus vaste — les praticiens de ce qu'on appelle l' « analyse structurale ». Lorsque Roman Jakobson démontre qu'à l'intérieur d'un poème s'établit une correspondance rigoureuse entre ses éléments phoniques, prosodiques, grammaticaux, il œuvre aussi dans le sens de l'endogenèse : un élément du texte se trouve déterminé par ses rapports avec d'autres éléments, également présents. Ce n'est pas autre chose non plus qu'affirme E. A. Poe lorsqu'il démontre dans la « Philosophie de la composition » tous les rapports qui ancrent mutuellement les éléments constitutifs du poème. La nuit décrite dans « Le corbeau » sera agitée par la tempête, premièrement, pour motiver le vol de l'oiseau qui cherche un abri; deuxièmement, pour contraster avec la sérénité qui règne dans la chambre : un rapport de contiguïté causale, un rapport d'antithèse, mais tous deux intérieurs à l'œuvre. La seule différence entre Poe, d'un côté, Jakobson, de l'autre, est que chez le premier ce déterminisme interne est inclus dans le cadre d'une esthétique pragmatique, qui repose sur l'effet à produire sur le lecteur. Amputée de son finalisme, la méthode critique de Poe — qui devient alors celle de Jakobson — reste à l'intérieur de l'hypothèse d'une endogenèse.

Il faut ajouter ici que la complexité des éléments mis en relation peut s'accroître infiniment, et que la relation même entre éléments de départ et d'arrivée peut être également variée. Un cas particulier serait celui d'un auteur qui, à l'intérieur d'une œuvre, en inclut une autre, antérieure, le reste de l'œuvre nouvelle étant suscité par le contact avec ce corps déjà existant : c'est le cas de la *Vita nova* de Dante, où les poèmes sont enveloppés par une histoire qui leur est postérieure. Une variante de cette attitude serait l'inclusion d'une œuvre non de soi mais d'autrui : c'est un peu le cas du *Sphinx des glaces* de Jules Verne, dont le germe est quelques pages, présentes, des *Aventures d'Arthur Gordon Pym;* ou, d'une manière très différente, celui de *La bataille de Pharsale* qui inclut, comme le signale Ricardou, des extraits de *L'âne d'or* d'Apulée. On peut rêver à d'autres combinaisons, encore inédites. Sortis du domaine de la fiction, nous trouvons d'ailleurs une variété bien plus grande de rapports entre textes se suscitant l'un l'autre : il faudrait inventorier ici toute l'activité dite de *commentaire*, qui n'est rien d'autre que la production du texte à partir du texte, dans une contiguïté immédiate : depuis le *Talmud* jusqu'à *S/Z* de Barthes.

II

En décrivant ces formes de l'endogenèse littéraire, j'ai laissé de côté la seconde version du « procédé » roussellien : celle où l'œuvre était née, par associations, à partir d'un vers notoire, « Au clair de la lune » ou « J'ai du bon tabac ». On a vu que le rapport de genèse était ici paradigmatique et non syntagmatique, que l'élément de départ ne se trouvait pas à l'intérieur de l'œuvre finale. La proximité de ces deux versions du « procédé » est évidente, et pourtant elle a un aspect troublant : peut-on encore parler d'endogenèse, de genèse intérieure, lorsque le germe initial est à l'extérieur du texte?

Ce problème, sous des formes variées, est présent dans les études littéraires depuis fort longtemps. On a longtemps rêvé à une « approche immanente » à l'œuvre littéraire, qui aurait pour objet l'œuvre toute entière et rien qu'elle, l'immanence assurant, croyait-on, la fidélité maximale. Il a fallu se rendre à l'évidence : la lecture immanente est une illusion. Quelle que soit notre bonne volonté, nous disposons toujours, à la lecture d'un texte, d'informations qui lui sont extérieures : informations qui proviennent à la fois de notre connaissance des formes de la vie, des mœurs, des comportements, et aussi de la langue, du vocabulaire — avec toutes les nuances culturelles portées par les mots. Ces informations — qui incluent, à la limite, la compréhension même de la langue que l'on lit — sont absolument indispensables à l'intellection d'une œuvre. Un texte est toujours et nécessairement plus qu'un texte. Peuvent en faire partie aussi, de manière indirecte, ces éléments de la mémoire collective que sont les vers des chansons ou d'autres phrases figées. Si l'on veut maintenir l'usage compréhensif de la notion d'endogenèse, il faut l'étendre aussi au rapport paradigmatique entre le texte présent et d'autres textes, absents.

Là encore, on peut se demander si Roussel a décrit la seule forme possible d'endogenèse *in absentia*. La critique roussellienne a touché ce point également. Dans un essai portant sur « Structure et fonctions du cliché », Laurent Jenny a soumis à l'examen l'une des révélations rousselliennes. Roussel écrit, toujours à propos de l'engendrement de son conte *Le poète et la mauresque :* « ' J'en ai du frais et du tout râpé ' m'a donné ' jaune aide orfraie édite oracle paie ' d'où l'épisode chez le Chinois. — ' Mais ce n'est pas pour ton fichu nez ' m'a donné ' Mets sonne et bafoue, don riche humé '. D'où le mets à sonnerie que hume Schanidjar. Je continuai le conte avec la chanson *Au clair de la lune*. 1º ' Au clair de la lune mon ami Pierrot '. 2º ' Eau glaire (cascade d'une couleur de glaire) de là l'anémone à midi négro '. D'où l'épisode dans l'éden éclairé par le soleil de midi » (p. 20).

Jenny commente : « On admettra avec nous combien certaines des associations sont comiquement inattendues, par exemple la suite de mots saugrenus qu'évoque en Roussel le premier vers d'*Au clair de la lune*. Mais, outre l'arbitraire des mots extraits par rébus de la phrase matrice, il faut considérer l'arbitraire des liaisons entre ces mots et les épisodes qu'ils sont censés appeler logiquement. Ainsi le rapport entre ' jaune aide orfraie édite oracle paie ' et l'épisode du Chinois est on ne peut plus lâche. Avec les mêmes mots, on pourrait concevoir tout aussi bien une anecdote fort différente où il serait question, pourquoi pas? d'un oracle lu dans le jaune d'œuf d'une orfraie savante (capable d' ' éditer ', de faire marcher une machine à imprimer). Ce ne serait ni plus ni moins arbitraire que ce que propose Roussel » (p. 513).

La critique est donc double, et elle met en évidence l'insuffisance explicative du procédé décrit par Roussel : la phrase de départ n'est que l'un des paronymes possibles du vers de la chanson; de plus, l'épisode d'arrivée n'est que l'un des multiples possibles qu'on peut déduire de cette phrase. Mais Jenny ne se contente pas de cette constatation négative et propose une solution au problème : « Le procédé ne fait que susciter des structures de récits toutes faites, puiser dans le grand réservoir des souvenirs culturels » (p. 513). En voici un exemple : « Reprenons en guise d'illustration un exemple déjà cité : l'équivalence ' J'en ai du frais et du tout râpé ' — ' Jaune aide orfraie édite oracle paie '. C'est sans aucun doute une homophonie assez discutable et par là même riche d'enseignements pour nous. Examinant la phrase ' homophonique ' de près, on s'aperçoit que seule la production des deux premiers mots ' jaune aide ' peut prétendre à être réellement motivée phoniquement. Le reste de la phrase ' homophonique ' est issu de ce que suggèrent ces termes beaucoup plus que d'une ressemblance phonique avec la phrase matrice. C'est-à-dire que, mentalement, Roussel substitue dès le début le cliché du ' magicien chinois ' aux termes ' jaune aide ', lequel cliché demande impérieusement de se développer dans son contexte rhétorique traditionnel, en relation avec des réseaux thématiques comprenant ' voyance ', ' pouvoirs occultes ', ' grimoires ', ' oiseaux nocturnes ', etc. » (pp. 514-515).

Ce ne sont pas des vocables qui produisent des épisodes, mais des réminiscences de tout un passé culturel. Les thèmes d'un récit sont traditionnels, tout comme ses schémas narratifs ou même les modalités de son écriture. Ou comme l'écrit Jenny : « Le rôle directement producteur du langage est ici pratiquement nul. La rhétorique a pris le relais » (p. 515). Mais quelle est la substance de cette pression rhétorique? Elle est encore intérieure au langage; nous restons dans le cadre de l'endogenèse, même s'il s'agit d'une autre de ses versions; la différence d'avec le cas précédent est que les éléments de départ et d'arrivée sont ici de nature semblable : un cliché — de la langue, de tel style — apparaît tel quel dans le texte.

Une telle conception de la genèse littéraire est en fait familière à l'historien de la littérature — mais elle avait eu jusque-là une application beaucoup plus restreinte. A la fin des années vingt de ce siècle, Milman Parry avait formulé l'hypothèse, aujourd'hui célèbre, du caractère « formulaire » de la poésie orale traditionnelle, poésie composée à l'aide de stéréotypes figés. Mais Parry croyait cette particularité propre à la littérature orale seulement, imposée par la nécessité dans laquelle se trouvent les bardes d'improviser. Par cette extension nouvelle, l'hypothèse de Parry s'applique également au domaine de la littérature écrite, production d'une époque où l'originalité, non la fidélité à la tradition, est la valeur appréciée. Cette extension doit donc être corrigée par un rétrécissement corrélatif : la tradition n'est plus ici un tout indécomposable, mais une série de sous-ensembles cohérents, variables selon le « style », le « genre » ou le « thème ».

Michael Riffaterre a donné l'expression la plus achevée à cette nouvelle version de l'hypothèse de Parry (même si elle ne se présente pas forcément comme telle chez lui). Riffaterre, comme Roussel, comme Ricardou, comme Jakobson, veut explorer le « pouvoir génératif du mot » (p. 418); mais ce mot est d'abord situé dans la tradition culturelle, multiple et complexe; il est, d'autre part, très souvent autre chose qu'un mot : un cliché peut se situer à tous les niveaux du langage. Voici comment Riffaterre définit lui-même son programme : « Je voudrais donc proposer une lecture qui ne tienne compte que des mots et de leur collocabilité, qui fasse voir comment ils se déclenchent, pour ainsi dire, les uns les autres, pour aboutir à une mimésis convaincante parce que chacune de ses composantes lexicales est fortement ' motivée ' par la combinaison des séquences verbales qui la précèdent. (...) Il n'est question que de constater comment les phrases, à mesure qu'on les déchiffre, semblent engendrées de manière nécessaire; de constater comment l'énoncé, loin de se modeler sur un objet non-verbal, se plie aux impératifs d'associations sémantiques et formelles entre les mots. (...) Associations stéréotypées, reconnaissables à la lecture : la description n'est pas vraie par rapport à la géographie et à la sociologie du nord de la France; elle est vraie parce qu'elle se conforme à une mytho-

logie que le lecteur porte en lui, faite de clichés et de lieux communs »
(p. 404).

Ce fond commun auquel on puise peut être fait de l'ensemble de la
tradition littéraire : ce serait le cas de la littérature orale. Il peut être constitué d'un de ses sous-ensembles : Roussel n'emploie pas n'importe quels
clichés littéraires mais ceux du récit d'aventures exotiques. Il suffit de
rétrécir encore l'extension du texte de départ en en augmentant la compréhension — et donc la complexité — pour se retrouver dans une version
encore différente de l'endogenèse, relativement bien connue, qui est celle
de l'action exercée par un texte antérieur sur le texte présent; ou, comme on
dit couramment, celle de l'influence. Dans le premier cas, ce sont des
éléments linguistiques (ou discursifs) qui se retrouvent identiques, de part
et d'autre; dans le second, ce sont des *textes* entiers, des livres qui s'inter-
pellent, et la relation peut être aussi bien de ressemblance (la stylisation)
que d'opposition (la parodie).

Le rôle de facteur déterminant joué par la tradition ou par tel ou tel
de ses éléments est largement reconnu; c'est même le type d'endogenèse
le plus systématiquement relevé. Chklovski écrivait déjà : « L'œuvre d'art
est perçue en relation avec les autres œuvres artistiques et à l'aide d'associations qu'on fait avec elles. Non seulement le pastiche, mais toute œuvre
d'art est créée en parallèle et en opposition à un modèle quelconque »
(*Théorie de la littérature*, p. 50). Mais c'est Bakhtine qui, le premier, formulera une véritable théorie du déterminisme intertextuel, de l'endogenèse
à partir de textes antérieurs, théorie aujourd'hui trop connue pour qu'on
y revienne. C'est dans la même perspective (bien qu'animé d'un esprit
différent) que Harold Bloom parle d'une « angoisse de l'influence » qu'é-
prouve tout écrivain lorsqu'il prend à son tour la parole : il dialogue toujours avec le texte de son prédécesseur. Ici encore, il n'y a pas à considérer
les seuls mouvements d'expansion ou de reprise : celui de condensation
est tout aussi fréquent; ne disons-nous pas couramment que tel poème
résume toute une tradition, condense tout un courant littéraire?

Nous avons vu précédemment qu'on ne pouvait arrêter l'endogenèse
au texte étudié lui-même mais qu'il était nécessaire d'y inclure l'ensemble
des discours produits antérieurement et évoqués par ce texte. Mais, à observer de plus près les variantes de cette version élargie de l'endogenèse, des
doutes plus graves encore s'élèvent quant à la possibilité de l'isoler du
reste des facteurs qui déterminent l'œuvre d'art. Si nous pouvions tracer
une limite rigoureuse entre littérature et non-littérature, cette expansion
menaçante aurait peut-être pu être arrêtée. Mais une telle limitation ne
paraît ni possible ni même souhaitable. Elle est impossible car il n'existe

pas d'objet absolu appelé littérature qui traverserait intact les frontières des cultures comme celles des siècles : la « littérature » est une notion historique et relative, définie toujours différemment selon les divers contextes culturels; il n'y a pas de dénominateur commun à toutes les œuvres littéraires, ni de trait qui les caractérise et qu'on ne trouve pas également en dehors de la littérature. Peu souhaitable aussi, car elle tracerait une frontière arbitraire entre les divers facteurs qui déterminent le façonnement de cette œuvre. Où mettrons-nous les vers initiaux des deux chansons qu'évoque Roussel, à l'intérieur ou à l'extérieur de la littérature? Et, quelle que soit la réponse, c'est certainement hors la littérature que l'on placera l'adresse de son cordonnier, autre source d'inspiration. Mais alors, faut-il exclure des facteurs linguistiques qui président à la genèse d'un roman les écrits de ceux qui ne furent pas écrivains mais philosophes, moralistes, auteurs de mémoires, chroniqueurs de la vie sociale? Et que dire de tous les discours anonymes mais combien déterminants qui remplissent les journaux, les livres de lois, la conversation quotidienne?

De même si l'on se place dans la perspective des écrits d'un seul auteur. Considèrera-t-on comme pertinente pour l'endogenèse la relation entre ce poème et tel autre qui lui est antérieur (texte et avant-texte, pour parler comme Jean Bellemin-Noël), avec lequel il entre en dialogue, mais non celle entre ce même poème et l'évocation des mêmes thèmes, la présence des mêmes mots, dans une lettre amicale? On dira qu'il y a, dans le cas imaginé, un rapport direct, facile à établir; mais se rend-on compte combien, en revanche, il est difficile de prouver qu'il n'existe aucun rapport entre deux écrits, ce rapport pouvant occuper, on l'a dit, tous les degrés intermédiaires entre l'analogie et l'opposition, l'acceptation et le refus? Ou pourquoi inclure parmi les facteurs de l'endogenèse le journal de l'auteur mais non celui de son voisin où pourtant se trouve seulement (c'est encore un cas imaginaire) enregistrée telle conversation cruciale : du fait d'avoir été dites et non écrites, les paroles perdent-elles toute leur « intériorité »? D'ailleurs pourquoi s'en tenir au langage verbal seulement? Tout comme le comportement d'une société possède une charge symbolique que l'écrivain peut prendre comme interlocuteur de son propre texte, il peut aussi établir un contrepoint complexe entre des productions qui choisissent des substances différentes; c'est Jakobson lui-même qui l'a rappelé dans une étude exemplaire consacrée à la mythologie de la statue chez Pouchkine : mythologie que l'on saisit aussi bien à travers ses vers que par ses dessins.

Mais si la bio-graphie, la socio-graphie, la picto-graphie sont toutes « intérieures » à l'œuvre, que reste-t-il à l'exogenèse? Rien. Du coup, la notion même d'endogenèse perd sa raison d'être et devient un synonyme de la genèse tout court. La distinction esquissée au début se révèle illusoire. Pourquoi cet échec? Parce qu'on ne peut, pour dire la genèse du langage et du symbolique, se placer en dehors d'eux. Parce que les mots ne peuvent, sous menace de cesser d'être des mots, être l'expression première et inimitable du créateur individuel : ils participent de la répétition, non de la différence; ils sont comme troués et par ces ouvertures ils communiquent avec le reste de l'histoire — que l'on ne peut jamais saisir à un stade extra-symbolique ou pré-linguistique. C'est là une des grandes leçons que l'on peut tirer de l'œuvre de Claude Lévi-Strauss portant sur les mythes : plus que tout autre, il nous a appris qu' « il n'existe jamais un texte original : tout mythe est par nature une traduction, il a son origine dans un autre mythe provenant d'une population voisine mais étrangère, ou dans un mythe antérieur de la même population, ou bien contemporain mais appartenant à une autre subdivision sociale — clan, sous-clan, lignée, famille, confrérie — qu'un auditeur cherche à démarquer en la traduisant à sa façon dans son langage personnel ou tribal, tantôt pour se l'approprier et tantôt pour le démentir, donc toujours en le déformant » (p. 576). La genèse du mythe est multiple mais on ne trouve jamais, dans aucune de ses sources, que des mythes, que des « traductions ». Autrement dit, par Lévi-Strauss encore, « les structures ont une genèse » mais « chaque état antérieur d'une structure est lui-même une structure » (p. 560). C'est de la même manière exactement qu'on n'atteint jamais un état antérieur au langage : le langage, c'est précisément ce qui rend l'opposition du dehors et du dedans, de l'exo- et de l'endo-, intenable. Seul reste extérieur au langage ce courant d'énergie qui fait qu'il y a énonciation — mais qui ne détermine en rien la nature même de cette énonciation.

Est-ce à dire que tous les travaux consacrés à la genèse d'une œuvre littéraire se valent, et qu'il n'y a pas de différence entre critique « externe » et critique « interne » (pour reprendre la distinction courante)? Non. Les travaux de critique externe, dits encore traditionnels — catégorie anonyme dont on se sert comme d'un repoussoir —, pêchent de deux côtés. D'une part, ils oublient que la société est toujours déjà une « socio-graphie » et la vie de l'auteur une bio-graphie; ils les abordent comme s'il s'agissait de faits bruts mis à leur disposition, et non de discours possédant leur propre organisation. D'autre part, ils n'envisagent pas le travail de transformation qui s'opère entre le texte de départ et le texte d'arrivée mais s'en tiennent à la seule description du premier, postulant ainsi, implicitement, la présence de la relation la plus pauvre qui soit : celle de la simple ressemblance (à laquelle les successeurs de Freud ont ajouté l'opposition, ce qui nous enrichit fort peu). L'étude de la genèse des œuvres exige donc un mouvement double : de la part des défenseurs « modernes » de l'endogenèse, une reconnaissance des frontières réelles (ou, plutôt, de l'absence de frontières) de leur domaine, infiniment plus riche qu'ils ne le croient; de la part des partisans « traditionnels » de l'exogenèse, une prise de conscience du rôle toujours déjà présent du langage et du symbole, et de l'action complexe qu'ils exercent sur le texte littéraire. Ce rapprochement réciproque ne signifie pas, bien entendu, que toutes les genèses se ressemblent: la variété des relations génétiques se pliera à une typologie des discours qui auront servi comme points de départ à la « création littéraire ». Le terme même de genèse devient d'ailleurs déroutant : il n'y a pas de genèse des textes à partir de ce qui n'est pas eux, mais toujours et seulement un travail de transformation, d'un discours en un autre, du texte au texte.

III

Cette étude de la transformation des discours n'épuise pas, cependant, le problème de la genèse littéraire. A côté de la genèse *des œuvres* et de leurs parties, il faut nécessairement aussi penser celle de *l'œuvre* ou de ses espèces. Je m'explique : jusqu'ici il s'agissait toujours de confronter une instance de la littérature : l'œuvre ou l'une de ses parties, à une instance linguistique, ou même déjà littéraire : telle phrase, tel style, telle œuvre. Or, il est possible d'envisager cette genèse à un niveau plus abstrait, où ce n'est plus une occurrence qui en produit une autre, mais une catégorie linguistique qui engendre une forme ou une catégorie littéraire.

Lessing est sans doute l'un des premiers à avoir pensé cette genèse abstraite de la littérature. C'est là le grand mérite du *Laocoon* et des autres écrits de Lessing, plus que dans les thèses particulières qu'il défend : il affirme clairement que les propriétés de la littérature — et non de telle ou telle œuvre particulière — sont à déduire à partir des propriétés du langage (et non de telle ou telle expression); son exemple — auquel nous ne croyons plus — est la linéarité du langage et la temporalité du récit. A la même époque, un Diderot procède de manière comparable lorsqu'il remarque, dans un de ses écrits sur le théâtre : « Le contraste des caractères est dans le plan d'un drame ce que cette figure (l'antithèse) est dans le discours » (p. 236). De même, plus près de nous, Chklovski (que l'on retrouve décidément partout) avait écrit un article intitulé « Le lien des procédés de composition avec les procédés stylistiques généraux », où il s'employait à montrer la continuité qui existe entre la répétition, l'antithèse, la gradation à l'échelle de la phrase et à celle du roman. Dans chacun de

ces cas, il s'agit encore de la genèse — qui n'est plus cependant celle des
œuvres mais celle des catégories du discours littéraire.

La distinction entre ces deux types de genèse est essentielle. Dans le
premier cas, on reste sur le plan des occurrences perceptibles : une œuvre
en engendre une autre, le texte détermine le texte. Dans le cas présent,
on change de niveau d'abstraction : la catégorie produit la catégorie; mais,
ce qui plus est, cette genèse abstraite des « formes » influe à son tour sur
la formation de l'œuvre concrète et individuelle. Un poème est ce qu'il
est, d'une part, à cause de l'action des poèmes précédents, de l'autre, à
cause des contraintes exercées par ce type de discours qu'est la poésie,
contraintes déterminées à leur tour par un choix dans les possibles de la
langue.

Cette différence logique entre les deux genèses ne signifie pas que le
même chercheur, dans le même écrit, ne puisse les explorer simultanément;
c'est même ce qui se produit le plus souvent. On observe, choisissant au
départ comme objet la genèse des œuvres, que tel calembour produit telle
nouvelle; généralisant l'observation, on suggère que *le* calembour produit
la nouvelle. C'est ainsi qu'a procédé l'un des premiers spécialistes de la
question, le prédécesseur des Formalistes, Alexandre Potebnia. Dans ses
cours des années 80 du siècle dernier, à l'Université de Kharkov, il constate
la proximité des exemples étudiés et il en induit la parenté des genres (fable
et proverbe); il formule l'idée d'un passage par transformations d'une
forme à l'autre : il parle du déroulement (*razvertyvanie*) du proverbe en
fable ou en conte didactique; et, inversement, de l' « enroulement » (*sver-
tyvanie*) de la fable en proverbe ou dicton (pp. 91-98). On peut imaginer
ainsi que ce qui est morale de fable dans un cas devient proverbe indépendant dans l'autre. Mais, remarquons-le, si le proverbe peut expliquer
la morale de la fable et en déterminer ainsi l'intention générale, il ne rend
pas compte de ce qui précède : il y a toujours mille chemins qui mènent
au même point d'arrivée. L'une des formes participe concrètement de
l'autre; mais, même si elle en détermine le mouvement d'ensemble (l'aboutissement à telle morale plutôt qu'à telle autre), on ne peut pas dire que
les deux se ressemblent : l'illustration de la morale qui fait la fable est
simplement absente du proverbe. Plutôt qu'une image de la fable, celui-ci
en est le germe concret.

On a vu que l'idée du déroulement était reprise par Chklovski, mais
celui-ci, tout en citant des exemples variés, ne la généralisait pas à l'ensemble
des genres (comme nous l'avons fait, à titre d'exemple, au début du para-
graphe précédent). La même hésitation dans la généralisation se retrouve
sous la plume d'un autre folkloriste, Kurt Ranke. Bien qu'il parle des

« transitions (*Ubergänge*) des dictons aux contes didactiques », il ne précise pas la portée de son observation. Je traduis l'exemple de Ranke qui illustre bien la notion de « déroulement » :

a) Wellerisme : « ' N'ayez pas peur ', dit le coq au ver de terre et le mangea. ' La peur, je ne sais ce que c'est ', dit le ver de terre et rampa dehors par l'arrière. »

b) Conte : « ' Tiens, voilà un bon morceau ', dit le coq au ver de terre et le mangea. ' Le soir ne dure pas toute la journée ', dit le ver de terre et rampa dehors par le derrière. ' Je t'aurai bien quand même ', dit le coq, le mangea pour la deuxième fois et mis son derrière contre le mur. ' On trouvera bien une solution ', dit le ver et rampa dehors par le bec. ' Tu es une charogne endiablée ', dit le coq, le mangea pour la troisième fois, enfonça son bec dans son derrière et chanta : ' Je t'ai eu, grand malin! Qu'on t'achète maintenant un billet aller-retour! ' » (p. 315).

En revanche, un folkloriste soviétique contemporain, G. L. Permiakov, va davantage dans le sens de la genèse des formes (et non seulement de celle des énoncés individuels). Son livre s'intitule significativement *Du dicton au conte* et porte comme sous-titre « Notes sur la théorie générale du cliché ». Cet auteur élabore une classification complète de tous les clichés linguistiques, depuis les locutions et les phraséologismes jusqu'aux grands genres folkloriques : conte de fées, conte didactique, fable; classification qui couvre tous leurs différents aspects : verbal, compositionnel, thématique. La conclusion de Permiakov est ferme : « On arrive inévitablement à la conclusion que tous les clichés complexes, en partant des phraséologismes et en terminant par les contes didactiques, constituent une série conséquente de formes linguistiques » (p. 75). « Les grandes différences entre unités phrastiques et transphrastiques sont quantitatives » (p. 56). Une explication parmi d'autres de ce phénomène serait, selon l'auteur, le fait que toutes ces unités fonctionnent comme des signes des mêmes situations, réelles ou imaginaires, signes qui modèlent notre perception du monde (p. 63). La thèse de Permiakov est étayée à l'aide de très nombreux exemples empruntés aux diverses formes folkloriques de pays du monde entier.

Dans son cas donc, comme dans bien d'autres, un texte de départ est à la fois prétexte et protoforme d'un texte d'arrivée. J'avais observé la même surdétermination dans le rapport du genre fantastique avec les tropes. Celui-ci exige une hésitation entre interprétation naturelle et surnaturelle d'événements étranges; les tropes, qui apparaissent systématiquement dans les textes fantastiques, nous laissent hésiter entre leur sens littéral ou figuré. Ces tropes entrent donc à la fois dans un rapport direct de participation (c'est l'un des moyens par lesquels se réalise le fantastique) et dans un rapport indirect de préfiguration : la structure du trope est comme projetée dans celle du genre entier. Ici encore parenté réelle et parenté formelle s'interpénètrent.

Les deux types de contraintes peuvent donc coïncider dans leur extension; mais il n'y a là aucune nécessité. Un exemple illustrera le cas d'existence autonome : c'est celui du système des cas grammaticaux extrapolé dans ce qu'on appelle aujourd'hui le « modèle actantiel ». Une longue tradition théâtrale, qui s'origine dans la *commedia dell'arte*, donnera lieu à une hypothèse, formulée par Gozzi, amplifiée et systématisée par Étienne Souriau : les mêmes rôles (ou emplois) se retrouvent à travers d'innombrables pièces individuelles. De manière indépendante, Propp a retrouvé le même problème dans son analyse aujourd'hui classique du conte de fées russe : ici encore on a affaire à des rôles et à des « sphères d'action » constants, qui sont dissimulés par l'apparente variété des personnages. En cherchant à unifier ces deux tentatives visant au même but, Greimas s'est aperçu, non seulement de leur proximité, mais aussi du fait que cette configuration de rapports entre personnages reproduit les mêmes catégories que l'on trouve dans un système de cas en grammaire. « Pierre donne une pomme à Marie » : ce sont non seulement des instances des cas nominatif, accusatif et datif, mais aussi trois rôles dans un récit : le Sujet, l'Objet et le Bénéficiaire (ou Victime, si Pierre est le nom d'un serpent...). Il n'est pas nécessaire que les actants d'un récit se retrouvent à l'intérieur d'une phrase réelle, déclinés chacun selon le cas qui lui revient : c'est le système des rôles dans un récit, pris comme un tout, qui n'est rien d'autre que la transposition, sur le plan du discours, d'un mécanisme qui articule les cas à l'intérieur de la phrase. La genèse formelle est affranchie ici de toute contingence empirique.

Cette hypothèse a été explorée de la manière la plus détaillée dans le livre d'André Jolles *Formes simples*. Pour Jolles, comme pour les autres partisans de l'endogenèse, « la poésie... prend racine dans le langage » (p. 16); en conséquence, le but de la recherche littéraire « morphologique » consiste à « établir dans le détail l'itinéraire qui va du langage à la littérature », c'est-à-dire à « partir des unités et des articulations du langage, telles que nous les livrent la grammaire, la syntaxe et la sémantique », pour « remonter systématiquement aux œuvres les plus hautes de l'art » (p. 17). Plus exactement, Jolles établit trois étapes principales dans la remontée vers une origine abstraite des formes littéraires. « Pour arriver à découvrir et à distinguer chaque forme, il fallait passer d'abord par la Forme actualisée. Nous avons commencé par rencontrer la forme dans son actualisation;

partant de là, nous sommes arrivé à la Forme simple en tant que telle; dans cette forme, nous avons appréhendé la disposition mentale » (p. 211). Que signifient ces termes?

La forme actualisée, ou actuelle, correspond aux genres et aux types, tels qu'ils se laissent immédiatement observer. Certaines de ces formes actuelles seront dites « savantes » : celles que pratiquent les écrivains; d'autres resteront populaires et on les qualifiera de folkloriques; ainsi d'une part, la nouvelle, de l'autre, le conte de fées. A partir de ces formes actuelles, on peut — on doit — remonter à une forme abstraite, Forme simple, dont les formes actuelles ne sont que quelques-unes parmi toutes les réalisations possibles. « Pour parler en termes de scolastique, écrit Jolles, on peut dire que la Légende (Forme simple) contient sous le mode virtuel ce qui existe dans la Vie (Forme actuelle) sous le mode actuel » (p. 43). Les formes simples sont en nombre limité (alors que les formes actuelles sont innombrables) car elles résultent de la rencontre d'une certaine disposition de l'esprit et d'une configuration verbale. « Toutes les fois qu'une activité de l'esprit amène la multiplicité et la diversité de l'être et des événements à se cristalliser pour prendre une certaine figure, toutes les fois que cette diversité saisie par la langue dans ses éléments premiers et indivisibles, et devenue production du langage, peut à la fois *vouloir dire* et *signifier* l'être et l'événement, nous dirons qu'il y a naissance d'une *Forme simple* » (p. 42). En pratique, ces formes simples se laissent également identifier par la présence constante de certaines expressions linguistiques, que Jolles appelle des « gestes verbaux », ainsi que par des objets qui reparaissent constamment : ainsi des reliques dans le cas de la légende. Mais la forme simple elle-même n'est pas une origine ultime : il faut, à partir d'elle, remonter à cette disposition mentale (*Geistesbeschäftigung*) qui l'a produite, à cette « attitude existentielle » (p. 34) que peut prendre l'esprit et que l'on reconnaît à son tour par une série de « mots-jalons », qui en indiquent le sens : ainsi *imitation*, pour la légende.

Prenons un exemple : celui d'une forme que Jolles est le premier à identifier, le *Cas*. D'abord, « il existe une disposition mentale qui se représente l'univers comme un objet que l'on peut évaluer et juger selon des normes; dans cette disposition, on ne se borne pas à mesurer les actions selon les normes, on va jusqu'à juger les normes entre elles par ordre ascendant » (p. 143). Les mots-jalons de cette disposition seront donc : *norme*, *jugement*, *choix*. Au niveau du langage, cette disposition mentale produit une forme simple, qui est précisément le Cas (de conscience) : toute confrontation de plusieurs normes sur un objet particulier, où l'on se trouve obligé à choisir l'une d'entre elles. Le geste verbal du Cas n'est pas particulièrement net, « il ne s'empare pas des choses avec la même sûreté absolue que dans les autres formes simples » (p. 146); on relève néanmoins certaines expressions récurrentes. L'objet du Cas est, en revanche, évident : c'est la récompense qui « représente aussi bien la décision que le balancement et l'oscillation inscrits dans le Cas » (p. 155). Enfin, le Cas connaît toute une variété de formes actuelles : l'article de journal qui illustre les ambiguïtés du Code pénal; les contes du Vétala, inclus dans le recueil indien de l'*Océan des histoires ;* les problèmes sophistiques de l'Antiquité; les Cas d'Amour familiers à la rhétorique courtoise; les cas de conscience proprement dits, objet de la casuistique (problèmes relevant de la doctrine des obligations); il n'est pas jusqu'à la littérature qui ne connaisse des formes actuelles du cas (ce seront alors des formes savantes) : « La littérature des XVIIIe et XIXe siècles pèse et mesure les motifs d'une action selon des normes internes ou externes — ce qu'on nomme généralement *psychologie*; ce critère mouvant dans le jugement des caractères d'une œuvre et de l'œuvre en tant que telle me semble bien proche de ce qu'on voit dans la casuistique... » (pp. 156-7).

Le point le plus fragile dans l'argumentation ingénieuse de Jolles est, on le voit facilement, sa base même : c'est la doctrine des dispositions mentales originelles. A supposer même leur pertinence pour la définition des Formes simples, comment fixer le vertige de toutes les dispositions possibles, comment clore la liste des « attitudes existentielles »? Or, Jolles est lui-même conscient de la nécessité qu'il y a de présenter un système des Formes simples (et non seulement une liste, comparable à celle des Formes actuelles). Il écrit : « Il faut que leur liste (celle des Formes simples) soit *complète*, il faut que leur totalité épuise l'univers qu'elles réalisent, tout comme les catégories de la grammaire et de la syntaxe constituent, dans leur totalité, l'univers tel qu'il se réalise en tant qu'univers dans le langage » (p. 137). On peut se demander si cette comparaison n'est pas plus qu'une image : si elle n'est pas une suggestion selon laquelle les dispositions mentales elles-mêmes ne sont pas antérieures au langage mais résultent de la projection de ce découpage exclusif qu'opèrent dans l'univers les catégories de la grammaire. Plusieurs affirmations isolées de Jolles tendraient à confirmer cette hypothèse. Le mythe n'est-il pas « une réponse qui contient une question préalable; la devinette (...), une question qui appelle une réponse » (p. 105)? L'impératif et l'injonction ne sont-ils pas les formes habituelles du proverbe — tout comme de la légende, d'ailleurs, puisque celle-ci impose l'imitation de l'exemple qu'elle contient? Mais la question comme l'ordre ne sont rien d'autre que des modes du discours, des « valeurs illocutoires », dans le vocabulaire d'Austin : c'est-à-dire des catégories du langage. La genèse de la littérature reste donc intérieure au langage.

Ces quelques exemples de recherche génétique concernant non plus les textes particuliers mais les modèles d'écriture ne forment évidemment pas une histoire de la question. Encore moins une théorie. Car un chaînon essentiel manque pour qu'on puisse échafauder une théorie génétique : on ignore presque tout des formes élémentaires du discours. La connaissance de la littérature implique celle du discours; la poétique a besoin d'une rhétorique.

RÉFÉRENCES

M. BAKHTINE, *La poétique de Dostoïevski*, Paris, Seuil, 1970.

J. BELLEMIN NOËL, *Le texte et l'avant-texte*, Paris, Larousse, 1972.

H. BLOOM, *The Anxiety of Influence*, New York, Oxford UP, 1973.

V. CHKLOVSKI, « La construction de la nouvelle et du roman », *in Théorie de la littérature*, Paris, Seuil, 1965, pp. 170-196.

D. DIDEROT, *Œuvres esthétiques*, Paris, Garnier, 1968.

A. J. GREIMAS, *Sémantique structurale*, Paris, Larousse, 1966.

R. JAKOBSON, *Questions de poétique*, Paris, Seuil, 1973.

L. JENNY, « Structure et fonctions du cliché », *Poétique*, 3 (1972), 12, pp. 495-517.

A. JOLLES, *Formes simples*, Paris, Seuil, 1972.

D. F. KIRK, *Charles Dogson Semeiotician*, Gainsville, Flo., Florida UP, 1963.

C. LÉVI-STRAUSS, *L'homme nu*, Paris, Plon, 1971.

M. PARRY, *The Making of Homeric Verse*, Oxford, Clarendon Press, 1971.

G. L. PERMIAKOV, *Ot pogovorki do skazki*, Moscou, 1970.

A. POTEBNIA, *Iz lekcij po teorii slovesnosti. Basnja, poslovica, pogovorka*, Kharkov, 1894.

K. RANKE, « Nachwort des Herausgebers », *Fabula*, 3 (1959-1960), 3, p. 315.

J. RICARDOU, *Pour une théorie du nouveau roman*, Paris, Seuil, 1971.

M. RIFFATERRE, « Le poème comme représentation », *Poétique*, 1 (1970), 4, pp. 401-418.

R. ROUSSEL, *Comment j'ai écrit certains de mes livres*, Paris, Pauvert, 1963.

E. TABOUROT, *Les Bigarrures du Seigneur des Accords*, Genève, Slatkine Reprints, 1969.

C. VESCHAMBRE, « Sur les *Impressions d'Afrique* », *Poétique*, 1 (1970), 1, pp. 64-78.

NAISSANCE DU MYTHE DU HÉROS

PAR KARL KERENYI

Si nous limitons le domaine de la mythologie grecque aux dieux et même au mythe de l'origine de l'humanité, nous devons en exclure les héros, mais les héros sont indissociables des dieux et appartiennent de ce fait à la mythologie, tout en intervenant dans des temps non plus légendaires mais historiques. Entre les récits héroïques et la mythologie au sens strict, entre la mythologie des dieux et celle des héros, qui se rejoignent ou se mêlent en de multiples aspects, il existe une différence de nature : la mythologie héroïque est en partie liée à l'histoire et elle en est très proche, elle ne se situe pas dans un temps mythique mais dans un temps historique, comme si elle était histoire et non mythologie. Les héros ne deviennent divins qu'exceptionnellement, pour Hercule, sur l'Olympe, pour les autres dans le monde souterrain, et il est impossible de leur dénier l'historicité qui est leur première caractéristique, mais, pour leur rendre vraiment justice, il ne faut pas trop la souligner, car, même s'ils ont été des personnages historiques, ils vivent leurs histoires sur un mode anhistorique; par là ils se rattachent à la mythologie et aux dieux et deviennent des archétypes. Ils vivent une quasi-existence qui est à la fois plus et moins qu'une existence de simple mortel, plus car elle comprend aussi leur survie dans le culte. L'héroïcité n'est pas leur caractéristique immuable et unique; pour cette raison, en principe, je préfère à *Held** le terme grec intraduisible *Heros*. Dans toutes les histoires leur consubstantialité avec les dieux est leur principale caractéristique; d'ailleurs, cette position intermédiaire entre les dieux et les hommes est celle des divinités dans la plupart des mythologies étrangères aux grandes civilisations du Proche-Orient et de la Méditerranée.

La création poétique qui prend continuellement comme sujet d'inspiration les héros leur a conservé cette caractéristique, c'est pourquoi un Alexandre, un César ou un Napoléon complètement transformé par l'arbitraire de l'écrivain est plus concevable qu'un Persée ou un Œdipe tout à fait différent, un Alexandre le Grand modifié l'est déjà moins, car, dès l'Antiquité, il a pris rang parmi les héros. Les héros de l'histoire appartiennent aux temps historiques. Ils sont situés dans un laps de temps parti-

---

* *Held* veut dire héros en allemand (*N. d. T.*).

culier qui est déterminé par un grand nombre d'événements contemporains
auxquels on ne peut rien changer. Un Napoléon ou un César complètement
« nouveau » resterait reconnaissable à son contexte; chez les héros de la
mythologie il existe au contraire un fond immuable que l'on retrouve
toujours chez le même héros. L'expression que R. W. Emerson utilise
en histoire des religions peut s'appliquer ici : *The hero is he who is immo-
vably centred*. Il peut ressembler à d'autres héros par un ou plusieurs
traits; en effet, il existe des types de héros comme de simples mortels.
Dans son noyau originel, le héros demeure unique. La réduction d'une
existence héroïque unique et cohérente à un archétype et à une possibilité
existant depuis toujours dans l'homme et dans le monde justifierait une
étude qui ne saurait être purement psychologique ou philosophique, mais
devrait aussi s'appuyer, malgré ses lacunes, sur l'histoire de la tradition
héroïque chez les Grecs. Toutefois, cette introduction requiert une interprétation philosophique qui va dégager un mythe du héros.

Chez les Grecs, le héros, dans ses « histoires », participe, encore plus
que les dieux, de l'anthropomorphisme. Sa caractérisation purement
humaine est tout à fait possible, il est pourtant auréolé d'un éclat que nous
pouvons appeler divin, dans le sens de l'histoire religieuse — pour laquelle
le divin est ce donné d'où elle tire son origine[1].

« Éclat » est employé dans un sens métaphorique aussi justifié que
dans le cas d'une œuvre d'art... Chez le héros, l'éclat du divin est curieu-
sement obscurci par l'ombre de la mortalité. Son caractère mythologique
est donc celui d'un être particulier qui a *une* histoire : le récit de la vie
de *ce* héros et d'aucun autre. Remplaçons le caractère mythologique par
une caractérisation purement humaine, les histoires de héros deviennent
alors le récit d'exploits de guerriers et ces derniers ne méritent l'appellation
de héros que dans le sens non-cultuel employé par Homère — c'est-à-dire
à peu près « hommes nobles ». Ainsi se trouvent fixées les frontières de la
mythologie au sens large et de la mythologie héroïque.

La poésie épique qui chante les voyages et expéditions de troupes
entières de héros — par exemple le voyage des Argonautes ou la guerre
contre Troie — a subi cette transformation. Tous ces récits — comme
aussi ceux de l'expédition des Sept contre Thèbes, et une quantité d'épopées
pré-homériques perdues — sont devenus des poèmes héroïques avec leur
atmosphère spécifique, même lorsque leurs héros faisaient partie de la
mythologie. Comme toute mythologie, la mythologie héroïque conserve

---

1. Dans le sens des études de fond menées dans mon livre *Umgang mit Göttlichem*,
Göttingen, 1955.

son alliance avec le culte, la poésie héroïque, elle, pour autant que nous la connaissons, est indépendante du culte. Le héros, objet d'un culte, se différencie plus du héros de l'épopée que du héros de la tragédie qui est toujours, elle aussi, un acte cultuel. En fait, il s'agit d'une différence d'atmosphère et non de nature. Pour que la description des héros de la mythologie grecque ne se ramène pas à un récit de poésie héroïque, il faut tenir compte de cette différenciation : ou bien elle rejette l'atmosphère particulière de la poésie héroïque (de toute façon elle ne cherche pas à éveiller d'intérêt pour les descriptions de combats) ou bien elle la combine avec une autre atmosphère.

La manière dont nous ont été transmises l'histoire du voyage des Argonautes et celle de l'expédition des Sept contre Thèbes, l'une par l'intermédiaire d'un poète savant, Apollonios de Rhodes, l'autre par la tragédie, représente une étape intermédiaire à ne pas sauter dans la retranscription de la mythologie héroïque. Retranscrire, pour l'homme d'aujourd'hui, le contenu purement héroïque des épopées attachées au nom d'Homère, l'Iliade et l'Odyssée, me paraît encore possible à l'heure actuelle, et même souhaitable, mais ce n'est pas le propos de cet ouvrage.

Le culte attaché aux héros est une forme spécifique de vénération qu'il ne faut pas confondre avec la « vénération du héros » selon Carlyle. Elle est vraiment un culte, un acte purement et simplement rituel, un tribut qui revient de droit au héros, mais elle n'est pas un acte d'exaltation. Elle est l'analogue, sur un mode mineur, de cette vénération apportée, sur un mode majeur, aux dieux du monde souterrain, aux maîtres des défunts. Le héros, qui conserve même chez les morts son éclat divin, fait naître chez les vivants, encore plus qu'un simple défunt, un frisson profond, que nous décrivons, selon la juste remarque de W. F. Otto, trop superficiellement comme de la crainte alors qu'il est en même temps l'état d'âme le plus cérémonieux et le plus respectueux[2]. Les dieux des morts et les héros recevaient un sacrifice appelé *énagisma*, différent du *thysia* offert aux dieux du ciel. Le sacrifice était présenté sur des autels de forme particulière, plus bas que le *bômos*, l'autel habituel, et appelés *eschara*, « foyers ». A travers eux, le sang des animaux sacrifiés et les boissons offertes devaient couler dans la fosse sacrificielle. De ce fait, ils avaient une forme d'entonnoirs ouverts vers le bas. Ce type de sacrifice ne se terminait pas en un joyeux repas auquel dieux et hommes participaient, l'animal était immolé la tête en bas au-dessus de la fosse et non pas, comme pour les dieux du ciel, la tête tirée vers le haut avec la gorge renversée en arrière, et il était entièrement brûlé. Telles étaient les caractéristiques de ces rites, qui n'étaient

---

2. W. F. Otto, *Die Götter Griechenlands*, Frankfurt am Main, 1947, p. 183.

toutefois pas figés en un cérémonial immuable. Ainsi, lors des sacrifices en l'honneur d'Héraclès, des aspects joyeux se mêlaient-ils en beaucoup d'endroits à cette austérité; de plus en Attique les animaux lui étaient offerts selon le rite réservé ordinairement aux olympiens; ailleurs aussi les Grecs prenaient plaisir même à ce culte et lui donnaient ici ou là un caractère moins sinistre.

Le culte complète le portrait du héros mais lui seul ne saurait à nos yeux lui conférer toute son importance, ni d'ailleurs les tombeaux conservés si impressionnants soient-ils, ceux qui se trouvent à l'intérieur et à l'extérieur des murailles cyclopéennes de Mycènes ou les tombes auxquelles leur situation grandiose et imprenable donne une apparence « héroïque », qui ont été découvertes près d'Eleusis sur la route du Péloponnèse à Thèbes et protègent apparemment six des fameux Sept. Il en va de même pour les noms, liés aux fondations de villes, à l'histoire de familles princières, de races aristocratiques et de lignées entières; ils n'auraient pas suffi à conférer une signification plus générale aux héros (sans parler du grand nombre d'entre eux qui sont restés pour nous de simples noms ou anonymes). Tous les héros présentent un intérêt scientifique, dans la mesure où ils appartiennent à l'image d'ensemble de la culture grecque et les récits qui avaient le culte en arrière-plan ont une signification humaine.

Il peut sembler parfois que les histoires de dieux comme de héros seraient réductibles à des thèmes de contes comme si elles développaient quelques contes auxquels on pourrait facilement les réduire; cette illusion, en dehors du fait qu'elle est trompeuse, est plus que tout capable de distraire l'attention de la signification humaine profonde de ces histoires. Quand on les considère en eux-mêmes, les « thèmes » ou les « schémas » de récits sont toujours le résultat d'abstractions et de réductions. Ils ont une existence et une importance non en eux-mêmes mais dans le cadre d'histoires qui sont plus que des thèmes ou des schémas. Les contes ont un motif et une structure très nets qui ne les caractérisent pas totalement, mais auxquels ils sont réductibles en très grande partie; ils dénotent par là aussi leur caractère relativement tardif. C'est par des textes relativement ou absolument tardifs que nous ont été transmis les contes et les cycles de contes les plus anciens. Considérer les contes comme la forme la plus ancienne des histoires de dieux et de héros, en raison de l'analogie entre ces textes, est une inconséquence due à une méthode historique imprécise. Or, ces textes sont précisément l'unique base que nous possédions pour réfléchir sur le caractère de la forme de récit appelée conte. Dans une étude sérieuse[3],

---

3. André Jolles, *Einfache Formen*, Halle/Saale, 1930, p. 238.

rien que ce caractère a permis de reconnaître l'époque relativement tardive d'apparition du conte. Le conteur s'en prend à la réalité tragique de l'existence humaine dans ses limitations et lui oppose l'anti-tragédie. Consciemment ou inconsciemment, le créateur de contes est un contestataire, un anti-tragédien, et sa création est seconde par rapport à ce qui est nié : ce qui est premier, ce qui est né se trouve dans le mythe. Le conte s'achève au mieux par le mariage, par la consommation. Si c'est aussi le cas de l'histoire de Persée, ce mythe tient son caractère de conte du fait qu'il est parvenu de l'époque mycénienne sous une forme relativement tardive aux poètes qui l'ont pris comme sujet. Dans l'histoire de Thésée ou dans celle de Pélée — tous deux noms de même type — il est presque encore possible d'observer le processus de la naissance du conte à partir du mythe; dans un cas, la fin tragique, la mort de Thésée chez Lycomède, reste totalement inexpliquée, mais elle est bien là; dans l'autre cas, cette fin est adoucie par le mariage avec une déesse, qui est considéré par le mythe et par le conte qui en découle comme une faveur compensant toutes les suites tragiques. Un autre genre littéraire s'apparente aux histoires héroïques de la mythologie : c'est une forme de récit directement transformable en tragédie, qui s'appelle dans les langues nordiques *saga* et en allemand *Sage*. La *saga* nous est accessible dans des ouvrages de la vieille littérature islandaise, qui reposent certainement sur les chroniques familiales orales des races nobles émigrées en Islande. La *Sage* doit être considérée avec A. Jolles comme une « forme simple » — le conte aussi, mais avec plus de vérité — comme le principe formateur qui, dans la *saga*, construit et organise le monde. Naissant d'une réflexion sur la famille, la lignée, les liens du sang — c'est ainsi que le grand germaniste caractérise la *Sage*[4] — « elle construisait, à partir d'un arbre généalogique, un monde qui restait le même avec cent nuances changeantes, un monde de fierté familiale et de malédiction paternelle, de possessions et de querelles familiales, d'enlèvements de femmes et d'adultères, de vendetta et de déshonneur, de fidélité et de haine entre parents, un monde de pères et de fils, de frères et de sœurs, un monde de l'hérédité ».

Cette description présente en particulier avec l'histoire des Atrides des ressemblances, mais aussi des différences, que nous retrouverons dans toutes les histoires de héros grecques : en Grèce, par exemple, la tradition héroïque n'est pas aussi profonde, aussi construite, ni aussi autonome; il n'existe aucune transmission familiale analogue à celle de la *saga* islandaise. Nous devons réunir des fragments qui sont toujours de seconde

---

4. *Einfache Formen*, p. 82.

main. Cette main, il est vrai, appartient souvent à de grands poètes, dont Homère.

Et les conclusions que l'on peut tirer sur un monde culturel antérieur aux poèmes homériques, celui de la mythologie héroïque primitive, justifient cette question : la tradition mythologique héroïque était-elle sur le sol grec l'équivalent exact de la *saga* en Islande ou n'était-elle pas plutôt un phénomène original dans l'histoire de l'humanité?

Franchissons la célèbre porte de la citadelle royale de Mycènes, dont le haut est orné et couronné d'une colonne flanquée de lions, symbole du culte de la grande déesse souveraine des animaux sauvages et qui marque peut-être l'endroit de sa manifestation sous forme d'oiseau. Nous remarquons d'abord une grande nécropole entourée de pierres plates parallèles. Ce cercle fut dressé au XIVe siècle avant Jésus-Christ, après l'édification de la porte et des murailles cyclopéennes de la forteresse, autour des fosses tombales des premiers rois : c'était le signe de la vénération que les Atrides portaient aux Perséïdes — nous conservons ici sans preuves les noms trouvés dans la mythologie héroïque — vénération adressée par leurs successeurs à des rois qui n'étaient peut-être même pas leurs ancêtres par le sang. Schliemann trouva, en fouillant le cercle des tombeaux, un autel ayant servi au culte héroïque, selon le rite décrit plus haut. A l'époque où la forteresse royale ne contrôlait plus aucun territoire, deux cultes de héros, à notre connaissance, subsistaient à Mycènes mais tous deux hors des murs : le culte de Persée lui-même et non de ses successeurs probables, les Perséïdes, qui nous est connu par la tradition et le culte de l'Atride Agamemnon, attesté par la découverte du lieu où on le vénérait.

Par contre, Schliemann n'a découvert aucune pierre tombale portant le nom d'un des morts royaux vénérés dans le cercle. A ce moment-là du reste, on ne s'attendait pas à trouver de témoignage écrit d'une époque aussi ancienne. Mais, récemment, lors des fouilles d'un second cercle de tombeaux identiques hors des murailles, on mit à jour des stèles représentant des scènes de chasses et de combats avec des animaux gigantesques mais dépourvues de toute inscription; ce silence des pierres devint alors significatif. Aucune autre découverte ne permet jusqu'à présent de conclure au caractère fortuit de ce silence qui est caractéristique. En effet, nous connaissons aujourd'hui l'écriture mycénienne; on en a découvert des vestiges dans le palais de Cnossos en Crète et en plusieurs endroits sur le continent, dans le palais de Nestor à Pylos, à Mycènes et, pour ne nommer ici que ce centre des histoires de héros, à Thèbes. Plutarque nous parle de cette écriture que les Grecs de l'époque historique trouvaient plus semblable aux hiéroglyphes égyptiens qu'à leur propre alphabet. Les Spartiates qui, sous Agésilas, dominaient la Béotie aux environs de 380 avant Jésus-Christ ouvrirent, à Haliartos, un tombeau dans lequel, selon la tradition, Alcmène, la mère d'Héraklès, était enterrée; ils y trouvèrent une tablette de bronze portant des signes analogues mais accompagnée d'objets beaucoup moins intéressants que ceux des tombeaux du cercle de Mycènes. Dans aucun des nombreux tombeaux mycéniens ouverts par les archéologues on n'a trouvé d'inscription, les tablettes écrites découvertes dans les palais et dans les maisons recensent des biens, des offrandes et des tributs apportés aux dieux et aux héros. Au sujet de la Crète et de Mycènes, j'ai formulé un jour[5] une remarque toujours valable qu'on peut répéter en utilisant ces termes d'Oswald Spengler : « Dans l'ensemble des découvertes crétoises, il manque toute indication d'une conscience historique, politique et même biographique, identique à celle qui a profondément et particulièrement dominé les hommes de la culture égyptienne depuis les époques les plus reculées de l'Ancien Empire[5]. Aucun désir d'immortalisation par l'écriture n'a tout au moins laissé ses traces dans les nécropoles mycéniennes, qui sont pourtant disposées et protégées avec un si grand soin[6] ».

L'immortalisation existait pourtant mais pas dans l'écriture : les magnifiques tombeaux en coupole, hors de la ville, furent construits du XVe au XIIIe siècle avant Jésus-Christ. Les fosses tombales, si richement garnies d'objets précieux, témoignent non seulement d'un culte des morts à Mycènes, précurseur du culte grec des héros à l'époque historique, mais de plus cette mutité est la preuve d'un culte de la mémoire et, pour s'exprimer dans la langue des Grecs historiques, déjà parlée dans la citadelle des cercles de tombeaux, d'une confiance envers la déesse Mnémosyne. Selon de nombreux témoignages plus tardifs d'une croyance qui reposait sûrement sur l'ancien culte des morts, le mort lui-même devait faire personnellement confiance à cette déesse et boire à sa source dans le monde souterrain. Celui qui se souvient de soi-même répond au souvenir dans lequel il continue à vivre : cela représente sans doute le don le plus important de Mnémosyne. Mais, pour la religion mycénienne des morts, nous ne possédons aucun témoignage semblable à ces petites tablettes dorées sur lesquelles est écrite la méthode d'acquisition de ce très grand don. Nous ne pouvons pas toutefois éviter de reconnaître une époque de Mnémosyne, qui n'était pas exclusivement celle de traditions familiales plus ou moins ténébreuses et dans laquelle déjà les filles de cette très grande déesse avaient leur importance. Les fouilles du Palais de Nestor à Pylos ont fourni, à

5. *Apollon*, 3e éd., Dusseldorf, 1953, p. 162.
6. Article dans *Die Welt als Geschichte*, 1935, p. 197.

mon avis, la preuve qu'une poésie épique très humaine, très concrète a précédé Homère et est arrivée jusqu'à lui à travers les temps troublés de la fin du millénaire[7].

On ne peut pas dire exactement jusqu'à quel point l'écriture avait déjà servi de support à la mémoire et à la poésie, les documents écrits ne tenaient sûrement pas la première place à cette époque que j'ai appelée justement l'époque de Mnémosyne. Et, si la sombre histoire familiale des Atrides présente une ressemblance avec la *saga* islandaise, elle ne nous paraît pas caractéristique de la mythologie héroïque grecque dans son ensemble. De nombreux héros et héroïnes sont auréolés d'un éclat divin qui était peut-être celui des divinités anciennes. Nous ignorons jusqu'à quel point les rois de Mycènes aspiraient à être semblables aux dieux et jusqu'à quel point leur culte des morts manifestait cette revendication. Jusqu'à maintenant les découvertes archéologiques[8] font, sans conteste, du culte héroïque chez les Grecs le prolongement non pas du culte général des morts chez les Mycéniens, mais de leur culte des morts royaux. S'il y a là un théomorphisme, dont l'importance nous est encore inconnue, il se mêlait dans la mythologie des dieux à un anthopomorphisme... La rencontre pourrait avoir eu lieu dans le mythe héroïque. Le divin pénétra dans l'humain, l'humain fut exalté jusqu'à être attribué aux dieux et le mythe du héros naquit : appartenant à l'humanité, il participait des deux domaines de Mnémosyne, le royaume des morts auquel était dédié le culte rendu sur les tombeaux et le passé actualisé par le souvenir et empreint d'une idéalité pouvant caractériser des hommes divins.

Ce n'est qu'une supposition sur la naissance du culte héroïque chez les Grecs : si l'éclat divin des hommes, objets de ce culte, est la réalisation dans la mort d'une aspiration de la nature humaine, il serait alors plus adéquat de parler d'un personnage conflictuel, homme-dieu aux innombrables variations dans les innombrables histoires, ce qui expliquerait toutes les variantes de la mythologie héroïque. Les histoires de héros reposeraient sur la possibilité de voir surgir chez les hommes dans une race et une famille un être unique qui échappe aux liens de race et de famille; la mythologie héroïque attribue un caractère divin à la mise au monde et à l'irruption soudaine d'un être unique, totalement neuf, original et voué à un destin unique. Dans le langage philosophique, on pourrait parler ici d'une manifestation de l'être dans l'homme et on devrait ajouter que l'être s'incarne toujours dans des personnages, que ce soit dans l'histoire ou dans

7. *Cf.* K. Kerényi, *Griechischen Miniaturen*, Zürich, 1957, p. 109; T. B. L. Webster, *in Classica et Medievalia*, Kopenhagen, 1956, p. 149.
8. *Cf.* G. E. Mylonas *in Studies Robinson*, 1951, p. 64.

la mythologie, c'est cette dernière qui nous intéresse exclusivement ici. J'emploie le terme d'homme-dieu sans référence à sa signification chrétienne et par rapport à la situation grecque où ce terme, qui ne signifie pas la rédemption de l'homme, exprime cependant une haute conception de celui-ci, sans équivalent dans toute l'histoire religieuse. Cette citation de Carlyle[9] peut s'appliquer, elle, à l'ensemble de l'humanité et à son mode d'expression post-christique : « L'essence de notre être, le mystère qui est en nous, qui se nomme ' je ' — avons-nous des mots pour cela ? — est un souffle du ciel, la manifestation de l'être suprême en l'homme. Ce corps, ces facultés qui sont notre vie ne servent-ils pas d'enveloppe à cet Indicible ? ' Il n'y a qu'un temple dans le monde, dit le pieux Novalis, et c'est le corps humain. Rien n'est plus saint que cette forme sublime. S'incliner devant l'homme est un hommage à cette présence dans la chair. On atteint le ciel quand on touche un corps humain. Ceci sonne un peu trop comme une fleur de rhétorique mais n'en est pas une. Si on y réfléchit bien, c'est un fait scientifique, l'expression dans les mots que l'on a pu trouver de la vérité profonde. Nous sommes la merveille des merveilles, le grand mystère impénétrable de Dieu ' ».

Carlyle justifiait de cette façon son exaltation et sa vénération des héros qui, pour lui aussi, représentaient la base du christianisme, mais en réalité d'un christianisme arien et de ce fait peu différent de la conception antique. Il faut rappeler ici ses propres mots sur la vénération des héros : *heartfelt, prostrate admiration, submission, burning, bondless, for a noblest godlike Form of Man*, admiration sincère, prosternée, soumission brûlante, sans freins pour la très noble et divine nature humaine. « Est-ce que ce n'est pas, ajoute-t-il, le cœur du christianisme lui-même ? Le plus grand de tous les héros est un Être que nous ne nommons pas ». Les histoires de héros grecs sont, à l'opposé, aussi peu exaltées que leur culte des héros. Bien plus, elles sont étonnamment réalistes et rien moins que moralement idéalisantes quand elles décrivent les caractéristiques humaines de leurs héros. Carlyle fait exactement le contraire. La mythologie grecque s'occupe de l'origine des villes, des familles, des lignées et s'occupe en même temps de l'homme-dieu qui détermine sa valeur singulière. Entre ces deux thèmes, l'histoire des découvertes et des acquisitions, des progrès économiques et techniques joue un rôle plus réduit. Le concept ethnologique de « héros culturel » appartient à des mythologies différentes de la mythologie grecque et ce serait un acte de violence que de vouloir l'introduire dans celle-ci. Un héros « culturel » serait un héros réduit à une fonction et l'humanité

9. *On Heroes*, 1er cours.

des héros grecs interdirait précisément une telle réduction. Héraclès serait, si on voulait faire de lui un héros culturel, tout au plus un héros de la chasse, un ennemi des animaux sauvages, un Orion qui était lui aussi plus que cela. L'analyse des actions d'Héraklès dégage des caractéristiques tout à fait différentes et cette simplification n'a été effectuée qu'à cause de leur interprétation tardive. Deux grandes acquisitions indispensables au progrès de l'humanité : les céréales et le feu sont attribués à des dieux et à des titans — Déméter, Hermès, Prométhée —, le travail des métaux à des dieux et à des sur-êtres surgis de la terre — Héphaïstos, les Dactyles et les Kabires. Seul celui qui apporte le vin est un homme-dieu, à vrai dire l'homme-dieu parmi les dieux : Dionysos.

La mythologie héroïque grecque, même si elle met sur le même plan les hommes-dieux et les fondations, se caractérise par le fait qu'elle donne plus d'importance au côté humain qu'aux fondations. Les Hindous, par exemple, accentuent lourdement ce caractère divin, encore renforcé quand leurs héros dévoilent, par des manifestations violentes et sans retenue, le dieu qui a pris forme humaine. Ce qui donne son caractère à la mythologie grecque, c'est que le divin se comprend de lui-même : ses épiphanies sont la chose la plus naturelle du monde; le caractère humain dans toutes ses manifestations y est très nettement accentué et tout particulièrement dans la sévérité du destin et de la souffrance que les héros affrontent. En insistant sur le caractère humain, la mythologie héroïque prend une accentuation qui la fait déboucher précisément sur la tragédie. Les histoires héroïques aboutissent, à partir du culte héroïque, solennel par nature, sur la scène tragique, lieu de bouleversements toujours renouvelés à partir de la trame ancienne. Quand nous recherchons un terme grec pour cette donnée mythologique particulière — car il n'existe en grec rien de semblable à *Sage* ou *saga* — nous rencontrons l'expression qu'Asklépiadès de Trogilos a employée à l'époque de la disparition de la poésie tragique dans un ouvrage en prose qu'il intitula *Tragodumena*, c'est-à-dire sujets de tragédies. Toutes ces histoires méritaient ce titre, même celles qui n'ont pas été prises comme sujet par les poètes tragiques, elles étaient toujours des tragédies potentielles. Dans ce domaine, il n'y a pas seulement des petits drames présentant comme plan archétypal un groupe de personnes indispensables, mais, comme dans les histoires de dieux, il s'agit toujours au fond d'un drame particulier aux innombrables variations, du destin de l'homme-dieu. Mais, en dehors de l'homme-dieu, d'autres personnages sont susceptibles d'intervenir, même s'ils ne le font pas toujours : la mère de l'homme-dieu qui le conçoit d'un dieu, le représentant de ce dieu, le père terrestre du héros, souvent aussi un frère de nature inférieure, qui est parfois un frère jumeau. Mais aucune règle ne régit la succession des épreuves que le héros doit subir, ni des actions qu'il doit accomplir pour devenir un héros. Destin et parcours ne s'identifient pas; Emerson a exprimé la vérité sur le héros — et Rilke l'a confirmée — par la phrase citée précédemment. Nous devons toujours la rappeler quand nous nous occupons des histoires de héros. L'éclat divin du héros, terni par le destin, vient de ce qui est immuable en lui. C'est grâce à cette immuabilité, dont le culte témoigne encore après sa mort, que le héros accomplit les tâches imposées par le destin. Ne pas subir la mort comme Héraklès représente une exception très rare, le héros est toujours atteint par la mort qui appartient à son « personnage » et le culte en témoigne comme du dernier changement amené par le destin dans sa vie, c'est donc un culte des morts.

Culte et mythe du héros contiennent la tragédie en germe. La tragédie attique est liée au culte et à la mythologie héroïques, dans le temps comme par ses sujets, son principe de formation et sa signification. Il n'existe aucune rupture, mais au contraire un travail intellectuel continu et sans failles qui, si l'on pense à la mythologie héroïque — ce culte du héros par le récit — peut déjà être considéré comme un exercice cultuel. La tragédie n'est pas moins un acte cultuel que les actes sacrés de la vénération des héros : c'est un acte important et solennel du culte de Dionysos qui raconte les souffrances des héros. Ainsi il reste encore à répondre à la question : les héros dépendent-ils de Dionysos et Dionysos fait-il partie des héros? La liaison étroite entre le culte, le récit en l'honneur des héros et le jeu dramatique appelé tragédie en l'honneur de Dionysos montre par elle-même un aspect de ce dieu qui permet de répondre à la question : il était bien le héros parmi les dieux, c'est ainsi que l'appelaient les femmes d'Elis : « Viens, héros Dionysos. » Même si on était sûr que, dans ce contexte, héros signifie seulement seigneur, cette coïncidence est cependant remarquable : l'appellation réservée chez Homère à des hommes non gratifiés d'un culte est attribuée ici dans son culte à un dieu en relation évidente avec l'empire des morts et la mort elle-même, ne serait-ce que par l'histoire de sa naissance. Qu'il soit né de la déesse du monde souterrain, Perséphone, ou de la princesse thébaine, Sémélé, alors qu'elle brûlait déjà, enflammée par l'éclair de Zeus[10], il eut une naissance souterraine ou une naissance dans la mort. Dionysos fut arraché du feu mortel par Zeus, comme Asklépios, dieu de la médecine, fut sorti sur le bûcher par Apollon du sein de sa mère, Koronis. C'est l'histoire de la naissance

---

10. *Cf. Mythologie der Griechen*, pp. 246-250; sur Asklépios, voir K. Kerényi, *Göttlichen Arzt*, 2ᵉ éd., Darmstadt, 1956, p. XI.

dans le feu d'un dieu qui vient de la mort et qui est atteint par elle. Asklépios était, lui aussi, destiné à mourir malgré sa naissance digne du dieu guérisseur. Sémélé était, elle aussi, une *héroïs*, une héroïne, ainsi se nommaient à Delphes les rites mystérieux par lesquels elle était célébrée; Dionysos devait la faire sortir du monde souterrain[11], mais il mourut aussi.

La naissance d'un dieu dans un tombeau, avec ou sans le thème de l'incendie, a dû être une très vieille histoire, car c'est aussi celle de la naissance de Persée, le héros fondateur de Mycènes. Il naquit sous la terre, dans une salle d'airain où sa mère était enfermée pour toujours comme dans une chambre funéraire. De là, la voix de l'enfant perça jusqu'à la cour du palais. L'histoire se passe à Argos, forteresse royale en face de Mycènes. Elle fait revivre pour nous le cercle des tombeaux dans la cour du château mycénien, comme si les anciens conteurs pensaient que la salle d'airain avait été construite justement là dans les profondeurs. La mort de Dionysos fut toutefois attribuée à Persée; il l'aurait tué pour détruire son culte — telle fut l'explication tardive — en jetant le dieu dans les profondeurs de Lerna. Mais l'histoire de l'inimitié entre Dionysos et Persée est au fond l'explication de la conviction régnant dans les environs de Mycènes et d'Argos que Dionysos aurait un rapport avec le monde souterrain dont on croyait l'entrée près de Lerna, ville préhistorique à proximité du lieu que l'on vient de nommer. Comme à Élis, on y célébrait une fête au cours de laquelle on appelait le dieu hors du monde souterrain. A Élis, les femmes chantaient que le héros Dionysos devait venir dans son temple en piaffant avec son pied de taureau. A Lerna, Dionysos Bugénès était nommé fils de taureau et appelé au son de la trompette — cérémonie rare en Grèce. Tout ceci nous fait penser à un rite plus primitif, sûrement originaire de l'époque mycénienne. Un agneau était plongé dans les profondeurs des eaux pour le *Pylaochos*, gardien de la porte. Or, Hadès, maître du monde souterrain, s'appelait aussi gardien de la porte ou *Pylartès*, celui qui ferme la porte. D'après le récit de l'enlèvement de Sémélé hors du monde souterrain, c'est à cause de sa mère que Dionysos était descendu sous terre près de Lerna; d'après l'histoire de Persée, il y fut précipité. Mais à qui était adressée la sonnerie de la trompette, sinon à un être qui était chez lui sous terre et attendait cet appel pour réapparaître parmi les vivants?

Si on l'appelait en tant que héros, c'était aussi une allusion à sa liaison étroite avec l'empire des morts. Et c'est peu dire. Le philosophe Héraclite avait une vision plus vaste. Il trouvait partout des exemples de l'Unique qui se manifeste par des qualités opposées. Il prend des exemples sans les

---

11. *Mythologie der Griechen*, p. 251; Pausanias 2.37.5.

inventer pour les rendre significatifs. Dans le monde visible : « l'eau de
la mer est la chose la plus pure et la plus impure; pour les poissons, elle
est buvable et représente le salut; pour l'homme elle est imbuvable et
représente la mort. Il en va de même pour le chemin qui va à la fois vers
le haut et vers le bas ». Dans le monde invisible, « Hadès et Dionysos sont
le même être ». C'est le même enseignement que nous dispensent aussi
— à nous, mais non aux contemporains — les monuments et surtout cette
peinture de vase du maître archaïque Xénoclès, qui nous raconte à sa
manière comment Dionysos, le cantharos à la main, reçoit, ou renvoie,
Perséphone[12]. Mais les preuves les plus révélatrices sont des pierres tombales archaïques des environs de Sparte[13] et de nombreuses tablettes d'ar-
gile récemment découvertes[14] qui nous mettent sous les yeux cette identité.
Ici le dieu trône avec dans la main le même récipient à vin, le cantharos,
ou avec la grenade offerte à Perséphone, la reine du monde souterrain
qui se trouve à ses côtés. D'autres symboles — le serpent, le chien, le cheval,
une fois aussi le dessin d'une tête de jeune homme et les offrandes apportées
par de petites formes humaines au couple divin — témoignent sans équivoque qu'Hadès et Dionysos sont le même « héros » en une seule personne.
Bien plus, une des stèles porte le nom du sage spartiate Chilon et prouve
qu'il n'est pas question du héros en général mais de Dionysos enterré là
comme héros — et c'est l'enseignement le plus important. Le culte de
Dionysos semble avoir été jadis en Grèce une forme élevée de théomorphisme, il ne s'agissait pas de parvenir à une apothéose en général sans
incarnation dans une forme particulière, mais de s'identifier à ce dieu
précis, époux de la reine du monde souterrain et souverain de l'empire
des morts. Cette tentative des rois ne fut pas poursuivie par la poésie homé-
rique qui se montre très réservée pour tout ce qui concerne Dionysos. Au
premier abord cet essai semble avoir eu lieu là où l'on tenait Dionysos
pour le roi du monde souterrain et surtout dans le Péloponnèse, région
beaucoup moins imprégnée de l'esprit d'Homère que le monde des îles ou
Athènes, mais les traces infimes qu'il a laissées ailleurs en éclairent le sens :
par exemple les sarments de vigne sur lesquels les Athéniens étendaient leurs
morts dans les tombeaux[15]. Et quelles traces n'a pas laissées la coutume de
mettre des vases de vin près de l'enterré, qui a, ne l'oublions pas, une signification semblable! Nous lui devons des trésors de la peinture de vases

12. *Mythologie der Griechen*, p. 244.
13. Tode-Wace, *A Catalog of the Sparta Museum*, Oxford, 1906, p. 102.
14. Une publication en est préparée par Ch. A. Christu.
15. *Cf.* « Dramatische Gottesgegenwart in der griechischen Religion », *Eranos-Jahrbuch*,
Zürich, 1951.

et en fait la plupart de nos connaissances sur cet art. La funéraire antique — espèce abâtardie du culte héroïque — est pleine de dionysiaque jusque dans les époques les plus tardives. Tout est là, indice et conjuration de la félicité que Dionysos, le dieu qui partage la souffrance et la mort, octroie après les inévitables souffrances de la vie, encore augmentées par les actions guerrières. Il fut parmi les dieux le héros qu'autrefois les rois tentaient d'imiter. On lui dédiait aussi un chant parlant du bélier, qui le représente victime immolée et souffrante. Le chant s'appelait *tragodia* — chant sur le bélier — et, dans la tragédie elle-même, la souffrance des héros lui fut offerte par des poètes toujours plus hardis.

Son mythe qui, au départ, embrassait le destin de tout ce qui vit, plantes, animaux, hommes, prit dans l'histoire de la naissance thébaine du dieu des traits caractéristiques du mythe de l'homme-dieu. Son surnom à Lerna, Bugénès, fait allusion à sa descendance de divinités à forme animale. Sa mère thébaine, Sémélé, porte encore le nom qui qualifiait en Phrygie la déesse du monde souterrain[16]. Mais elle n'est plus qu'une fille de roi, la fiancée choisie du roi des dieux. On ne lui fait aucun tort quand on voit en elle une jeune fille de la terre[17]; elle appartient à la longue suite des mères de héros aimées des dieux, qui, dans l'au-delà, selon l'Odyssée, occupent les meilleures places. La poésie généalogique les dénombrait et les glorifiait les unes après les autres : « ou comme celle... », ainsi commençait la louange de chacune et cela devint un genre poétique. Ulysse ne voulait en fait parler que d'elles en dehors de sa rencontre avec sa propre mère. Il ne parle pas de Sémélé et c'est un silence de poids qui peut avoir deux explications opposées : ou bien le poète se tient sur la réserve devant la mère du dieu comme devant le dieu lui-même, ou bien il témoigne par son silence de la véracité de cette version selon laquelle Dionysos ne laissa pas longtemps Sémélé dans le monde souterrain. D'après l'hagiographie thébaine, elle resta mortelle en concevant et en mettant au monde le dieu dans la maison de son père et mourut pendant la naissance. Ainsi, dans le palais de Kadmos, le mythe divin aboutit-il au mythe héroïque. La personne de l'homme-dieu qui réunit la divinité et la mortalité apparaît ici, pour un moment, dans toute sa pureté, en Dionysos, le fils d'une femme mortelle. Or, c'est ainsi que se présentaient toutes les naissances de héros. Un être de descendance divine naissait, non seulement dans la mort comme le fils de Sémélé, mais, en fin de compte, pour la mort et le monde souterrain, pour continuer à agir au delà de la tombe et pour recevoir un

16. *Cf.* la revue *Maia*, Firenze, 1951, 12.
17. W. F. Otto, *Dionysos*, Frankfurt am Main, 1939, p. 62.

culte sur son tombeau. Si l'on considère les histoires héroïques comme une mythologie liée au culte, on comprend sans difficulté et directement la naissance de la tragédie grecque. Le destin du héros qui devient l'objet d'un culte après être passé à travers la souffrance et la mort est très proche de celui de Dionysos. Cette conception tirée de la tradition apporte naturellement une solution à cet ancien problème, qui en confirme par là-même l'exactitude. Pour l'exposer en détails, il convient de commencer par l'histoire de Kadmos et d'Harmonia. Car, dans le palais de Kadmos, l'histoire de la naissance de Dionysos n'était pas le seul cas de transformation d'un mythe divin en mythe héroïque, il y avait aussi l'histoire de ce couple divin. Kadmos et Harmonia ne recevaient en Grèce aucun culte en tant que héros et leur histoire est assez pauvre en traits humains. Il faudrait donc dire au préalable qui ils étaient vraisemblablement. Selon la tradition, c'était un héros et une héroïne qui n'avaient pas trouvé leur repos chez les Grecs mais dans la lointaine Illyrie. Il était facile de raconter leur enlèvement sur une île des morts car leurs tombes n'étaient vénérées nulle part en Grèce. Leur métamorphose en serpents devait représenter pour un héros et une héroïne la forme consacrée de la survie dans le culte, ou bien, autre possibilité, ils étaient sous cette forme encore plus étroitement liés au monde souterrain. Cette deuxième hypothèse était probablement la vraie. Leur culte, très solennel, ne leur était pas adressé en tant que héros mais en tant que couple vivant dans le monde souterrain. Au centre de leur culte se trouvait leur mariage, fêté à Samothrace dans les mystères et il est difficile de déterminer jusqu'à quel point ce culte thébain a subi l'influence de Samothrace, ou jusqu'à quel point les mystères de cette île de la Thrace, attestés par des constructions relativement récentes, s'étaient formés sous l'influence de Thèbes. Trois des noms secrets des dieux des mystères, Axieros, Axiokersos, Akiokersa, sont grecs; le quatrième, Kadmilos ou Kasmilos, est un diminutif de Kadmos. Un des deux répondants sur lesquels s'appuie notre source, qui est très brève, est l'historien Dionysodoros qui est très vraisemblablement béotien et pouvait connaître les noms des dieux thébains. A Thèbes, le couple divin des mystères était appelé Axiokersos et Axiokersa, « ceux qui sont dignes du mariage » et ces noms signifiaient, dit-on, Hadès et Perséphone. C'est à une fête de mariage que se rapportent beaucoup de vases qui ont été trouvés dans le sanctuaire des mystères de Thèbes et on ne peut pas admettre que dans ce *Kabirion* on aurait fêté le mariage d'autres divinités que sur l'île kabirienne de Samothrace. Le sanctuaire se trouvait en dehors de la ville. D'autre part, dans les ruines sacrées du palais de Kadmos, dans la forteresse des Thébains, la *Kadméia*, se dressait une très vieille statue de Dionysos Kadmos.

Le fiancé vénéré à Thèbes n'était personne d'autre que lui, Dionysos et Hadès en une seule personne, appelé Kadmos dans les histoires héroïques, Axiokersos dans les mystères. La fiancée vénérée n'était personne d'autre qu'Harmonia, appelée aussi Perséphone. Le récit de leur rencontre et de leur mariage nous est cependant transmis comme une histoire héroïque*.

Traduction française de
MARIE-NOELLE DELORME-LOUISE *et* BRIGITTE DU PLESSIS

---

* Ce texte représente l'introduction de l'ouvrage de K. Kerenyi, *Die Heroen der Griechen* (Zürich, Rhein-Verlag, 1958, pp. 11-31) reproduite ici avec l'aimable autorisation de Mme Kerenyi.

SUR LA POÏÉTIQUE ARCHITECTURALE

PAR JACQUES GUILLERME

Le paradigme de l'invention organique est souvent invoqué, s'agissant d'interpréter la production de formes artistiques, quand il n'est pas explicitement donné pour « modèle ». L'analogie est intuitivementfon dée sur ce que l'insolence du geste technique tire ses effets d'un fonds d'énergie vitale, dans les limites que prescrit, sans doute, la forme des associations neuroniques d'apprentissage. Dans cette vue, l'acte poétique est simple prolongement du métabolisme organique ou l'expression momentanée d'un *habitus*.

Toutefois, la poïétique, en tant que théorie de la production d'œuvres, n'est point encore instruite d'un statut épistémologique défini et tous les efforts tentés jusqu'à ce jour pour la réduire à quelque système déduit de la représentation savante des organismes vivants n'ont abouti qu'à l'expression de généralités assez plates. Il est vrai que, du point de vue de la consistance scientifique, il serait présomptueux d'espérer pour la poïétique une formalisation plus claire et plus impérieuse que celle de la discipline qui la subordonne, savoir la « science » du comportement.

Il paraît difficile, néanmoins, d'écarter, au titre de prolégomènes, les analyses morphologiques et, au delà, sémiologiques des produits de l'art. La présence de l'œuvre, un moment immobilisée sous le regard analytique, prend, semble-t-il, valeur de « fait » indubitable. D'où l'espérance de réunir un corpus documentaire et d'y composer une morphologie qui se fonderait sur le repérage d'identités structurelles et de variations signifiantes dans des régions empiriques que distinguent des catégories d'usage ou des traits stylistiques. Mais on aperçoit bien vite les limites épistémologiques d'un projet qui range les œuvres dans un espace monotone semblable à celui de la taxinomie des naturalistes et ignore méthodiquement les conditions de leur production. Or, la poïétique, comme théorie particulière des processus de la création artistique, doit se donner au moins les visées et l'appareil d'une technologie entendue comme discours sur la pratique tendant à se constituer en science normative de la production d'effets. Et compter avec une production, c'est nécessairement impliquer dans la théorie quelque lien avec l'histoire contingente. Seule, une poïétique divine pourrait être dite anhistorique. Il ne peut donc y avoir, sinon au titre de fable, de poïétique générale, puisqu'il y faudrait conjoindre une théorie achevée de l'histoire; il ne peut y avoir que des poïétiques spéciales qui réunissent sous des modalités comparatives des segments d'activité productrice découpés en vertu de critères variables, tels que ceux qui, par exemple, ressortissent à la division sociale du travail.

Puisqu'il faut se limiter et viser au spécifique, on aura soin, dans les pages qui suivent, d'une classe d'objets apparemment bien définie, les modèles graphiques des projets d'architecture au XVIIIe siècle. L'avantage d'un tel choix réside, comme on espère le montrer, dans la réduction provisoire et régionale du poïétique à l'heuristique. L'inscription des signes qui sanctionne la conception architecturale est, en effet, une activité intermédiaire de modelage d'une œuvre virtuelle qui est représentée par une figuration codée. Mais le code n'est que rarement explicite et spécial, du moins dans les figures d'esquisse, et il n'apparaît comme tel que dans les re-présentations destinées à séduire les décideurs économiques ou à ordonner aux agents techniques. Une seule condition peut être donnée pour universelle dans la technique du projet graphique celle de la réduction des points de vue, savoir que l'on ne peut figurer que si l'on renonce à tout figurer. C'est, d'autre part, dans la mesure où la genèse de l'idée architectonique est liée à une disposition de traces propres à supporter des variations que la figuration peut être dite heuristique; ou, en d'autres termes, l'analogie du traçage avec quelque système formel susceptible d'états successifs introduit une heuristique ressortissant à la théorie des ensembles flous.

Dans une telle vue, la poïétique du projet architectural reposerait sur le concours de boucles de réaction sensorimotrices et de dispositifs instrumentaux correcteurs qui aurait pour effet de réduire progressivement le flou dans la séquence des moments graphiques jusqu'aux stades ultimes des rendu et des dessins d'exécution. Tel pourrait être le programme d'une description séquentielle du procès de conception architecturale : la réduction conceptuelle que l'on pourrait alors tenter intéresserait la poïétique sous le rapport de l'élucidation progressive des codes de figuration et instituerait par là un ordre logique des états iconiques discrets et des sélections qui en ont engendré la suite. Mais une telle opération, si elle peut procurer des algorithmes de composition, ne saurait évidemment remonter aux fondements originels du geste créateur : elle n'en donnerait qu'une simulation codée.

« On s'étonne que l'homme dessine par des lignes alors qu'il n'y a point de lignes; mais c'est que la ligne ressemble à la pensée, et non point à la chose », disait Alain[1], qui semble répondre en quelque Élysée à l'In-

1. Alain, « Vertu du dessin », *Propos* du 13 mai 1924, réimp. *in Préliminaires à l'esthétique*, Paris, 1939, p. 191.

tendant Gobert : « C'est une chose admirable, à laquelle on fait peu de réflexion, qu'avec deux lignes qui composent peu de caractères et quelques figures, les hommes ayent renfermé le moyen d'expliquer toutes leurs pensées, de mesurer le ciel et la terre et de figurer tout ce qui tombe sous les sens »[2]. C'est, ici et là, en peu de mots, faire sentir toute l'efficace d'une technique qui supporte, de longue date, deux régimes d'illusion, soit qu'elle rende comme présents des objets empiriques absents, soit qu'elle initie et institue des opérations sur des objets fictifs, comme la droite du géomètre dont les conditions d'existence (et non pas seulement la réalisation pratique) sont très problématiques. C'est, au demeurant, ce régime d'illusion qui autorise d'innombrables variations dans le trajet figurateur et conserve, dans certaines limites, leur fonction référentielle immédiate à des figures très inégales par l'aspect et la qualité du trait.

L'esquisse, dans un tel contexte défini, contient l'information de l'œuvre achevée, et c'est en ce sens que de Gérando pouvait soutenir que « le croquis est sans doute le plus philosophique de tous les signes analogues »[3]. Ce qui, en d'autres termes, est attribuer à l'esquisse le pouvoir de recéler et de communiquer une anamorphose de la structure du projet. Toutefois, on notera que le croquis le plus elliptique, même s'il est conçu dans le seul dessein d'instruire, comporte, en outre, des propriétés expressives qui sont, pour l'essentiel, attachées aux irrégularités du tracé. Il y a là deux instances quasi indépendantes dont la distinction peut sans doute être rapportée aux deux ordres de fonctions cérébrales que M. R. Ruyer désigne par *épicritiques* et *protophatiques*.

On voudra bien concevoir, cependant, que, dans le traçage même de l'esquisse, des traces appartenant à l'équipage de l'expressif puissent être furtivement enrôlées par le jugement « épicritique » en tant que singularités de « structure » propres à dévier, dans quelques circonstances particulières, la progression du schème formel d'ensemble, et à altérer, par conséquent, le projet. Il y aurait avantage, à cet égard, à disposer d'une théorie analytique du schématisme qui permît d'exprimer sous forme sérielle la liaison des propriétés structurales et informationnelles, de manière à évaluer l'efficacité heuristique de petites variations accidentelles. En

2. Gobert, *Traité pour la pratique des forces mouvantes... précédé d'un discours sur la certitude, l'étendue et l'utilité des mathématiques*, Paris, 1702, p. 7. Les « deux lignes » auxquelles il fait allusion sont la droite et la courbe, qui forment les « limites » de la représentation de tous les objets.

3. J. M. Degerando, *Des signes et de l'art de penser considérés dans leurs rapports mutuels*, Paris, an VIII, t. II, p. 396. L'auteur insiste sur le caractère d'« abstraction » du croquis, et rappelle encore que « les beautés essentielles du dessin et du tableau se trouvent déjà dans leur esquisse », qu'il identifie à la « pensée du génie », en sorte que « les couleurs et les ombres n'appartiennent plus qu'au mérite de l'exécution », *Ibid.*, p. 397. Sur ce thème, *vide infra* et notes.

l'absence d'une telle théorie qui jetterait du jour sur le procès même du projetage et de ses accidents, on retiendra qu'une poïétique conséquente se trouverait vouée à une prompte stérilité si, dans quelque souci de positivisme vulgaire, elle se renfermait à ne considérer que l'aspect de documents achevés et à n'instituer de comparaisons que purement morphologiques.

Sans doute, comme le dit bien M. M. Blanchot, l'œuvre se rapproche le plus d'elle-même « quand nous ignorons tout des circonstances qui l'ont préparée, de l'histoire de sa création et jusqu'au nom de celui qui l'a rendue possible »[4]; mais, enfin, si l'œuvre a effacé dans sa matière les traces de sa genèse, si les repentirs en sont absents ou occultés, si la facture visible dissimule le travail en profondeur, il n'est point raisonnable de proférer autre chose qu'un commentaire iconographique ou une attribution stylistique. C'est pourquoi la constitution d'un discours poïétique suffisant suppose généralement des informations étrangères à l'œuvre même; de leur mise en perspective on peut toujours espérer expliquer la possibilité qu'apparaisse dans un ensemble synchronique un sous-ensemble poétique auquel appartient l'œuvre envisagée. Tentons d'en expliciter les conditions :

Étant donnée la structure latente d'un édifice — supposée fixée — qui relève d'un système formel idéalement analysable sans résidu, on ne peut nier que sa figuration ne ressortisse à des pratiques apparemment contingentes. Les actualisations de ces pratiques enveloppent assurément les conditions de toute expérience individuelle dans un contexte culturel diffus. Mais, si grevées qu'elles soient d'intuitions empiriques, ces pratiques ont pour constant fondement une activité radicale qui n'est autre que la représentation.

Or, la ressemblance n'étant, en aucune façon, nécessaire à la fonction de référence, il reste que n'importe quoi peut représenter n'importe quoi, à la seule réserve de l'agence d'un code. La multitude des actualisations possibles de la figuration atteste que le modelage graphique est bien une conduite individuelle distincte où ce que l'on peut appeler le travail du style varie indéfiniment l'ordre des conventions nécessaires à la production du projet. Aussi la poïétique, prise comme spéciale par l'homogénéité de ses objets d'étude, traitée comparativement par le repérage des facteurs différentiels de leur production, apparaît-elle comme le chantier de l'analyse d'une activité productrice où se dessinerait la détermination de l'individuel dans la formation du modèle, *i.e.* une structure particulière réductible à une combinaison d'éléments formels — tectoniques et décoratifs qui appartiennent à un répertoire généralement limité. Mais, pour que la poïétique — spéciale et comparée — du projet architectural soit autre chose

---

4. M. Blanchot, *L'espace littéraire*, Paris, 1955, p. 230.

et plus qu'une stylistique comparée, il faut bien qu'elle incorpore des relations qui représentent de quelque façon le travail de la stylisation. Elle suppose donc idéalement un ensemble de règles relatives à la formation et à la transformation des diverses expressions graphiques du système formel qui fonctionne dans la pensée de l'architecture. Dans une telle vue, les divers styles expressifs du modelage graphique sont tributaires d'une sémantisation de l'acte d'inscrire ; or, pareille sémantisation est ce qui rend compte du caractère d'expérience globale de l'acte pratique de figuration, tout en introduisant le jeu des significations attachées à la combinaison des entités morphologiques du modelage. Que la sémantisation soit nécessairement à l'œuvre dans l'ordination des traces graphiques ressort encore de l'hétérogénéité essentielle des univers iconiques et théoriques.

Cependant, le modelage achevé — fût-il fruste — suppose que les traces soient univoquement liées à un ensemble de dénotations issues d'une langue formelle ; à la formalisation graphique du projet doit répondre le formalisme d'un système architectural. S'il est vrai que l'esquisse puisse d'abord hésiter, que la forme parfois se cherche dans d'apparentes indéterminations, et que vacille le corps des références, l'usage social de la figuration exorcise le plus souvent l'informe, appelant le secours d'un encodage dont la clé est antérieure et extérieure aux formations du modelage initial. Or, les conditions de cet encodage sont très généralement formulées dans des textes, didactiques ou critiques ; les diverses expressions du modelage graphique sont ainsi référables à des formations discursives contemporaines, plus ou moins explicites, qui, à quelque degré, les informent, au sens propre, et dont la connaissance est indispensable à l'intelligence de la pratique figurative[5]. Si bien que l'histoire philosophique du projetage graphique suppose obligatoirement un double regard conjoint sur l'icône et le texte, étant entendu que les synchronies successives entre ces deux modes de production ne sédimentent pas nécessairement en couches uniformes.

« Les modernes architectes semblent avoir fait un art particulier de dessiner l'architecture[6] », tel est le constat de Quatremère de Quincy qui, en 1800, oppose à la « prétention » et au « fini dans l'exécution » de ses contemporains[7] le faire désinvolte des vieux maîtres[7].

5. *Cf.*, à propos de la logique du modelage, M. Bunge, « Analogy, simulation, representation », *Revue internationale de Philosophie*, (87), 1969, 1, pp. 16 *sq.*

6. Quatremère de Quincy, art. « Dessiner », *in Architecture* (Encyclopédie méthodique), t. II, Paris, an IX, p. 209.

7. « La plupart des anciens dessins d'architecture n'étoient que de simples traits à la plume, hachés ou lavés légèrement au bistre », *Ibid.* « A peine reste-t-il des plus célèbres architectes, qui ont le plus construit dans les quinzième, seizième et dix-septième siècles, et le plus en grand, quelques légers dessins de leurs conceptions ; et ces dessins sont loin d'avoir l'étendue, le fini d'exécution et l'importance qu'on voit aujourd'hui, dans les écoles, aux études des moindres élèves », *Ibid.*, t. III, 1825, p. 217. s, v. « Projet ».

Il est manifeste, en effet, que le genre du projet d'architecture s'est progressivement approprié dans le cours du XVIIIᵉ siècle, en France tout au moins[8], une parure de minutes graphiques qui caractérise habituellement les produits de l'académisme néo-classique. Non sans raisons, Quatremère attribue cette promotion du « rendu » à une séparation de plus en plus marquée des compétences dans la production d'architecture : « depuis qu'il s'est trouvé des hommes qui inventent ou composent sans savoir construire et d'autres qui construisent pour ceux qui ne savent qu'inventer, il a bien fallu des dessins plus rendus, plus précieux et plus finis[8]. Si cette division technique et sociale du travail, que Rondelet avait précédemment stigmatisée[9], ne fait point doute, elle ne fut pas, tant s'en faut, le seul facteur à déterminer l'évolution du genre.

Il est clair que cette évolution doit d'abord être analysée sous le rapport des relations de pouvoir. Pour les segments intermédiaires du projetage, la sélection des modes de représentation est, en effet, tributaire des modalités plus ou moins ritualisées de la présentation aux agents économiques[10]. En outre, le choix des moyens figuratifs n'est évidement pas indépendant des doctrines de la composition architecturale dont la formulation se précise et s'enrichit au cours du XVIIIᵉ siècle à la faveur d'entrecroisements thématiques complexes qui font intervenir toutes sortes de formations discursives sur la représentation de l'espace. Si bien que l'on assistera, au début du XIXᵉ siècle, dans des milieux bien définis, à un surprenant retournement dans la codification des moyens aussi bien que dans les justifications idéologiques qui les supportent.

Il y a une délectation propre à la saisie visuelle d'un simulacre miniaturisé qui intervient fortement dans la pratique architecturale. « Comprendre sous un même regard est la manière primitive de comprendre dans une même raison », disait Bachelard[11]; mais la raison est bien souvent

---

8. *Ibid.*, t. II, p. 209.

9. La « protection particulière qu'on a accordée depuis à ceux qui ne se sont occupés que de la décoration est cause que la plupart des Architectes ont négligé l'étude de la distribution et surtout celle de la construction, pour ne s'occuper que de la partie, à laquelle on a prodigué jusqu'à présent toutes les distinctions et les récompenses ». *In Mémoire sur l'architecture considérée généralement...*, par le Sr Rondelet, 1790, p. 7.

10. *L'art de laver* de H. Gautier (Brusselle, 1706) est sous-titré « la nouvelle manière de peindre sur le papier suivant le Coloris des Dessins qu'on envoie à la Cour ». J. F. Blondel rappelle que c'est par le secours du Dessin qu'« un Architecte explique avec netteté ses idées aux Grands » in *Dissertation sur l'architecture*, Paris, 1772, p. xxxij. Dans son *Traité des ombres dans le dessin géométral*, rédigé vers 1775-80, T. Olivier évoquant « les dessins des ingénieurs (qui sont) destinés à paroître sous les yeux du roi et des ministres », prescrit les règles pour les « disposer de manière qu'ils puissent commodément les examiner », *Applications de la géométrie descriptive aux ombres, à la perspective...*, Paris, 1847, p. 7.

11. G. Bachelard, « Le monde comme caprice et miniature », *Recherches philosophiques*, 1934. Réimp. *in Études*, Paris, 1970, p. 28.

myope et entreprend trop naïvement dans la clôture même du simulacre. Si Pingeron, en 1771, rappelle qu' « un dessin fait proprement frappe toujours parce que l'on en embrasse toutes les parties, ce que l'on ne peut faire dans un édifice d'une certaine étendue », l'analyse qu'il procure ainsi est aisément subornée par les prestiges de la facture ; car, dit-il encore, le lavis où excellent les architectes français n'est qu'un « foible talent qui leur fournit un moyen sûr d'enlever le suffrage de ceux qui n'ont que des yeux »[12]. Expression enjouée qui dit bien tout le pouvoir de séduction dont sont investis les documents intermédiaires de l'architecte, et le parti intéressé qu'en tire la profession avec la complicité évidente des destinataires. Au tout début du siècle, Frémin s'en plaignait déjà, dans ses *Mémoires critiques d'architecture :* « « je ne puis approuver la méthode de ces deux architectes qui ne s'occupent dans les desseins qu'ils donnent qu'à y exprimer mille et mille ornemens, afin de séduire la veuë, de surprendre ceux qui ne se connoissent point en Bâtiment »[13]. Et, dans son indignation, il va même jusqu'à incriminer les architectes d'ombrer leurs projets pour en dissimuler les vices : « Combien de gens, qui, à la veuë d'une petite image bien ombrée, s'imaginent que, dans l'exécution, les choses auront au moins autant de grâce, se sont abandonnés à la confiance et qui dans le progrez de l'ouvrage y trouvant des défauts que la noirceur de l'encre leur avoit caché, ou que l'art du dessinateur avoit artificieusement ourdy dans le mélange des ombres, pour déranger la veuë et la dissiper, sont au désespoir de leur dépense... »[14]. Il est vrai qu'à l'époque l'imposition des ombres dans les projets d'architecture n'était point assujettie aux règles qui prévaudront plus tard et assureront en principe une plus fidèle représentation de la structure figurée — fidèle appelant ici davantage l'idée d'une constance *de* convention que l'approche réussie d'une saisie illusionniste[15].

12. Pingeron, *La vie des architectes anciens et modernes*, Paris, 1771, p. IX.

13. (Fremin), *Mémoires critiques d'architecture...*, Paris, 1702, p. 15.

14. *Ibid.*, p. 18. On trouve dans Baltard, plus de deux cents ans plus tard, des censures analogues : « ce prestige des dessins d'architecture, tels qu'on les produit de nos jours, peut devenir utile à nos architectes auprès des personnes inhabiles dans les arts, et qui ne peuvent apprécier autrement un projet d'édifice que par l'apparence séduisante d'un dessin laborieusement traité et qui pourrait avoir l'inconvénient de sauver à l'œil ou l'insuffisance de l'étude du projet, ou son incorrection », *Discours d'ouverture du cours de théorie de l'architecture* à l'École royale des Beaux-Arts, s.d., p. 12.

15. Le thème de l'« imitation exacte » est, à l'époque néoclassique, l'un des plus fortement valorisés, tout en demeurant équivoque dans son renvoi implicite à une nature artificieuse. « Rien ne peut exciter l'émulation comme de mettre en évidence tous les beaux monumens ou leurs imitations exactes, susceptibles d'entrer dans des musées publics. La facilité de consulter les meilleurs modèles à chaque instant du jour, et celle de les copier, doivent concourir à porter les arts à leur perfection », P. M. Rigot de Morogues, *De l'influence des arts sur l'opinion publique, et de leurs rapports avec la civilisation*, s.l.n.d., p. 19. — Sur le statut épistémologique de l'imitation, la doctrine la mieux prononcée se trouve dans Quatremère de Quincy qui oppose expressément le particulier et l'individuel au principe « *abstrait et généralisé* » dans « l'imitation réduite en système », in *Sur l'idéal dans les arts du dessin*, s.l.n.d., p. 27.

C. Normand, à qui l'on doit quantité d'ouvrages graphiques qui portent la marque d'un souci obsessionnel de la précision linéaire, rappelait, en 1827, que « la méthode d'ombrer sous l'angle de quarante-cinq degrés » ne s'imposa que tardivement : « ce fut dans le siècle dernier que les élèves de l'Académie d'Architecture en offrirent les premiers exemples dans leurs projets destinés aux concours; la netteté, la précision qu'ils y apportèrent ensuite la fit généralement adopter. Avant ce temps, le lavis pour les dessins des Édifices, des bâtiments et de leurs détails étoit arbitraire; il n'étoit pour ainsi dire assujetti à aucune règle. Les dessins les mieux faits et les plans les mieux gravés, même dans le règne de Louis XIV, ne nous montrent aucunes ombres déterminées, mais seulement des teintes fondues sur des parties éclairées, de là cette monotonie et cette indécision que l'on voit sur les dessins et les gravures d'architecture de cette époque... »[16].

Encore faut-il distinguer les visées propres de la règle parmi la diversité un peu confuse des effets d'une pratique à quoi s'applique la codification. Janinet, en l'an 7, ne mettait-il pas en garde les dessinateurs contre l'abus de l'ombre à quarante-cinq degrés? : « on ne devra faire usage de dessins ombrés sous l'angle de cinquante grades que pour se rendre compte de la saillie de chacune des parties, et pour servir de règle à ceux qui doivent être chargés d'en diriger l'exécution »[17]; car, pour l'auteur du *Cours graphitechnique*, le dessin lavé doit être requis pour anticiper sur « l'effet que doit produire un bâtiment »; non seulement, on se doit de mettre en perspective « suivant les différens lieux d'où (les édifices) peuvent être vus ordinairement », mais, en outre, « les dessins doivent être ombrés suivant les accidents de lumière qu'ils doivent éprouver à différens instants du jour et même par reflet »[18]; ainsi, le rendu pittoresque du projet est-il chargé de mettre en accord le programme avec l'effet de l'exécution : « Si le bâtiment projeté, continue Janinet, offre dans tous ses dessins un effet conforme à la phisionomie et au caractère qu'il doit avoir suivant sa destination et

---

16. G. Normand, *Méthode abrégée du tracé des ombres dans l'architecture à l'usage des élèves de cet Art*, Paris, 1827, n. p.

17. (Janinet), *Cours graphitechnique de dessin et d'art*, Paris, an VII, p. 42.

18. Les grands lavis de Boullée illustrent par l'emphase picturale du rendu un goût nouveau pour l'optique romantique des projets. Mais la subordination du projet aux effets de lumière était déjà prescrite dans la préface de l'édition de 1755, du *Dictionnaire d'architecture Civile et hydraulique* de d'Aviler : « Que l'Architecture n'a pas de règles par elle-même et que ce sont celles de l'optique qu'on doit y adapter. Si les Architectes se fussent attachés à connoître la manière dont se fait la vision, les diverses sensations que l'organe de la vue éprouve, selon qu'il est disposé, et la façon dont les objets se présentent à l'œil, suivant leur situation à son égard, il n'est point douteux que nous n'eussions une belle théorie de l'Architecture... ». Toutefois, après avoir fièrement affirmé que les « élémens de l'optique sont les élémens de l'Architecture », l'auteur avoue quelque indécision sur les « règles du beau » pour, enfin, prononcer prudemment qu'« un sentiment aussi délicieux et aussi délicat que celui du goût ne comporte point de règles... » (pp. ix-x).

sa disposition, on pourra raisonnablement prévoir que l'exécution répondra à l'intention qu'on aura eu en le composant »[19].

Le ressort minutieusement illusionniste est, au demeurant, bien fragile à manipuler, car il est clair que plus le rendu s'approche des aspects « tirés des lois de la nature », comme les invoquait T. Olivier[20], plus évident apparaît l'artifice. Ce qui semble l'emporter, toutefois, dans la justification académique d'un règlement des ombres, c'est moins le souci d'une figuration picturale que le soin de normer un espace de représentation dans equel on puisse raisonner les combinaisons volumétriques.

Tout d'abord, normer, qui est presque à soi une fin. Quand Dupain publie, en 1750, *La science des ombres*, il prône des règles, « au moyen desquelles on puisse apprendre géométriquement ce qu'on n'acquiert ordinairement que par induction en copiant longtemps »[21]. Et, quand Blondel publie sa *Dissertation* de 1772, il subordonnera « la manière de dessiner l'Architecture avec intelligence » à l'obligation de « descendre dans tous les détails de la théorie des ombres », la possession de cette théorie assurant l'architecte de « concevoir ce qu'il est nécessaire d'ajouter ou de retrancher dans les différentes parties de son projet »[22]; il s'agit donc bien d'en appeler à un jugement méthodique qui opère sur des phénomènes normés, et c'est effectivement dans cette normalisation que se fonde la possibilité d'une variation réglée de possibles, donc, par excellence, une procédure heuristique.

Cependant, cette rationalité trouvera dans la génération suivante des adversaires sur sa droite comme sur sa gauche, si l'on peut dire. D'une part, il y a ceux qui rappellent que tout est dans le feu de l'esquisse, et que l'imagination ne peut que s'embarrasser de procédures minutieuses, de l'autre ceux qui s'efforceront de réduire la conception à quelques algorithmes de composition.

19. Janinet, *op. cit.*, p. 42.

20. « Les dégradations des teintes doivent être tirées des lois de la nature, et l'étendue des ombres portées (...) doit être traitée avec le secours de la géométrie. C'est de l'harmonie de ces différentes parties que dépendent la correction et l'expression du dessin... », *Traité des ombres...*, *op. cit.*, p. 6. On notera l'usage restrictif du terme « expression » qui est dans une pensée d'ingénieur subordonné à la règle correcte. Cent ans plus tard, E. Morin, tout attaché de certains écarts qu'il est à une rigoureuse pratique du lavis des ombres, fera, au contraire, dépendre l'expression contrôlés relativement aux indications de la pure correction : « Ce tracé (des ombres) doit d'abord se faire d'une manière aussi exacte que possible, toutefois si les projections d'ombre donnent des courbes trop disgracieuses, on peut légèrement les modifier...) Ce qui donne un bon effet, c'est de forcer un peu les ombres en les allongeant », *Études sur l'architecture...*, Paris, 1883, p. 22.

21. Dupain l'aîné, *la science des ombres par rapport au dessein*, Paris, 1750, p. IX.

22. J. F. Blondel, *op. cit.*, p. xxxiij. Dans ses *Principles of architecture...*, (London, 1809), P. Nicholson marque bien le rapport nécessaire entre représentation et jugement : « If the representation of the shadows be not accurate, the representation of the object is not accurate; and unless this be carefully regarded the judgment of the student will be perpetually misled, and he will be unable to make those comparaisons between different figures, in which it is of the highest importance he should habitually exercise himself ». T. III, p. x.

Soient quelques citations qui illustreront ces deux partis.

Côté inspiration et génie :

... il seroit presque impossible qu'un homme de génie offrît ses vastes pensées par un dessin minutieusement terminé... A voir ceux des Vanvitelli, des Servandoni, des Perrault, des Mansart... on juge que cet extrême *fini*, qu'on n'obtient que par le temps et la patience, n'est pas compatible avec l'expression d'un sentiment vif, rapide, familier avec les principes de l'ordonnance et ceux de la construction des bâtiments. Et cependant ces sortes de dessins très polis sur lesquels leurs auteurs ont en effet épuisé leur prodigieuse dextérité pour employer l'encre de la Chine à faire des nuages bien arrondis, ou bien vaporeux, et à tracer de jolis contours par une plume légère, ces dessins sont ceux qui paroissent contenir le mérite le plus réel et mériter toutes les palmes. C'est par ces petits moyens que l'homme praticien, l'homme à grande conception est écarté pour jamais...[23].

C'est une chose assez étrange que de croire que la science de l'architecture consiste dans le dessin... Le dessin de l'architecte est une sorte de croquis destiné à être jeté au feu après l'érection de l'édifice... ne demandons pas à l'architecte de génie une belle image dessinée par lui : le feu de l'imagination qui l'agite ne peut lui permettre de se tenir sur le même ouvrage le temps qui lui serait nécessaire pour le bien dessiner; il calcule en grand l'effet qu'il doit produire; c'est tout ce qu'on peut lui demander; il voit son œuvre entièrement achevée pendant qu'elle n'existe que dans sa pensée... [24].

Côté rationalisation, c'est une science de l'architecture qui est invoquée, le projet étant, en effet, chose mentale, cependant que le graphisme est rejeté au purgatoire de la communication :

La main de l'architecte n'a aucune autorité, la manière n'entre pour rien dans la composition d'un projet fondé sur le raisonnement, et il peut être manchot et aveugle et encore faire établir des monumens estimables et dignes de la science à laquelle sa raison est assujettie [25].

Il existe chez un grand nombre d'architectes de nos jours une apathie réelle contre les connoissances théoriques... C'est par ce travers d'esprit funeste qu'ils croient avoir élevé leur art au plus haut degré par la perfection du dessin où ils sont parvenus[26].

Ainsi, l'on voit condamnée de divers côtés une espèce de virtuosité institutionnalisée par les concours quand elle n'est pas soutenue par une pratique sociale vicieuse. Et cette condamnation est toujours portée au nom de quelque conception théorique de l'architecture dont l'unicité diverse et la pureté nécessaire sont menacées aux yeux de leurs défenseurs par les outrages de la manière.

Toutefois, les critiques les plus originales et les plus systématiques contre les prestiges durables des projets lavés furent le fait de J.-L. Durand,

23. (Anon.), « Sur les concours et les jurys des beaux arts », *Journal général de la Littérature, des Sciences et des Arts*, 5 messidor an 9, n° 8, p. 31.

24. A. Saint-Valery Seheult, *Le génie et les grands secrets de l'architecture historique*, s.l.n.d., p. 71.

25. L. Lebrun, « Continuation des développemens du principe de stabilité et des proportions de l'architecture... », *Annales de l'Architecture...*, novembre 1809, p. 378.

26. C. F. Viel, *Principes de l'ordonnance et de la construction des batimens...*, 4e vol. Paris, 1812, p. 63.

le premier professeur d'architecture de l'École Polytechnique, dont le *Précis des leçons* est devenu un classique pour les historiens de l'architecture. On sait qu'il justifie son système parce que le dessin géométral est un genre faux et fallacieux. Contre ceux qui « regardent le lavis des dessins comme inhérent à l'architecture », il oppose que « si l'architecture n'était en effet que l'art de faire des images, au moins faudrait-il que ces images fussent vraies, qu'elles nous présentassent les objets comme nous les voyons dans la nature : or, celle-ci n'offre aux yeux rien de géométral; par conséquent, le lavis des dessins géométraux, loin d'ajouter quoi que ce soit à l'effet ou à l'intelligence de ces dessins, ne peut y ajouter que du louche, de l'équivoque ». L'argumentation est intéressante, car c'est obliquement qu'elle s'attaque au lavis, c'est-à-dire à un exercice qui était très en faveur à l'École, au point que Durand aura quelque peine à en purger les épreuves au profit de son système pédagogique[27].

Ce qu'il reproche encore au géométral des élévations, c'est d'être, en quelque sorte, un piège pour le dessinateur qui serait tenté de rechercher dans le charme du simulacre le « charme étrange » des effets, d'y sacrifier les convenances et d'oublier que « les projets les plus propres à produire les plus grands effets dans l'exécution sont ceux qui sont disposés de la manière la plus simple »[28].

En place de « ce genre de dessin... souverainement dangereux »[29], Durand propose un système de projetage simplifié qui permet « d'acquérir en peu de temps de vrais talents en architecture »[30], fondé sur des « formules graphiques », qui instituent un bon « mécanisme de composition »[31].

Tout est soumis dans cette technique de composition au primat de la

---

27. Le projet de concours porte, aux yeux de plus d'un critique, la marque de l'inexécutable. Rondelet évoque, en 1790, les « projets chimériques et ruineux, souvent même inexécutables, des élèves de l'Académie d'Architecture... », *Mémoire..., op. cit.*, pp. 7-8. Viel est encore plus virulent : « les productions des concurrens (sont), sans exception, inexécutables (...). Les dispositions dans les plans et les élévations qui flattent le plus dans les dessins des élèves couronnés, ne peuvent exister que sur le papier », *Principes..., op. cit.*, p. 88. Sur « le singulier accroissement (des projets) sur le papier », à l'époque néoclassique, et sur la doctrine pédagogique qui en justifie la pratique, *vide* l'article « Projet » du t. III de l'*Architecture* de Quatremère de Quincy, *op. cit.*, p. 217.

28. *Précis des leçons d'architecture données à l'École royale polytechnique*, Paris, 1819, p. 34.

29. *Ibid.*, p. 34.

30. *Partie graphique des cours d'architecture faits à l'École royale polytechnique*, Paris, 1821, p. 1. La méthode de Durand suscitera quelques imitateurs : *cf.*, en particulier, Wigrin-Taillefer, *L'architecture soumise au principe de la nature et des arts*, Périgueux, 1804 où l'auteur reprend à son compte la procédure du tracé craticulaire, « souverain régulateur des masses et de chacun des détails qui en dérivent », selon les termes du commentateur des *Nouvelles des Arts* (IV, 1804) qui vante les mérites de « cette méthode expéditive et sûre de composition ».

31. *Précis des leçons d'architecture données à l'École polytechnique*, Paris, an XIII, vol. II, p. 17.

distribution horizontale des espaces, tributaire, elle-même, des convenances du programme; elles ne sont jamais si nombreuses qu'elles ne puissent être satisfaites par un si petit nombre de combinaisons dépendantes d'un tracé modulaire. L'édifice résulte, en définitive, de la combinaison d'éléments structuraux peu nombreux et assujettis aux nœuds d'un réseau orthogonal. Dans la préparation du projet, les façades n'apparaissent qu'en dernière instance : « le plan et la coupe étant bien arrêtés, l'élévation n'est plus qu'une projection »[32], si bien que le désir suspecté d'invention se trouve sans recours ni même possibilité de tentation.

L'ordre prescrit des opérations sauvegarde l'ordre ascétique du rendement et de l'économie qui est de mise pour des ingénieurs[33], mais qui ne tardera pas à fasciner une partie des architectes contemporains[34]. Ce n'est qu'à partir de 1811 que le travail sur le mécanisme de composition sera requis des élèves au lieu de la présentation de quatre dessins lavés, prescrite par l'organisation du 27 messidor an XII[35]. Ce qui est piquant, en définitive, c'est que l'architecte Durand apparaît dans son entreprise plus abstracteur et moins graphiste que plusieurs de ses collègues qui se montrent soucieux de familiariser les jeunes ingénieurs avec toutes sortes de pratiques graphiques, depuis le croquis à main levée jusqu'à l'épure lavée de descriptive[36]; c'est-à-dire ce qui inscrit la manipulation des apparences sous les rapports extrêmes de la pratique de chantier et du calcul pour le calcul.

32. *Précis des leçons d'architecture*, vol. II, « Discours préliminaire », Paris, 1821, p. 17.

33. « ...plaire n'a jamais pu être le but de l'architecture (...). L'utilité publique et particulière, le bonheur et la conservation des individus et de la société, tel est (...) le but de l'architecture », *in* Durand, *Précis*..., éd. 1819, vol. I, p. 18. « En architecture, l'économie, loin d'être, ainsi qu'on le croit, un obstacle à la beauté, en est au contraire la source la plus féconde », *Ibid.*, p. 21. La leçon ne sera pas oubliée parmi ceux que L. Lebrun nommait les « partisans du positif »; ainsi, par exemple, H. Rohault la récite dans son *Projet d'hôpital* (Paris, 1810) : « l'excellent maître de qui j'ai reçu les premières leçons d'architecture, quand j'étois élève à l'École polytechnique, nous répétoit sans cesse que la source de la beauté en Architecture étoit l'économie jointe aux convenances... », p. 4.

34. Le rédacteur du *Pausanias français*, commentant le Salon de 1806, dit de l'architecture qu'elle est « un art ou plutôt une science, dont le premier caractère est l'utilité morale », et ailleurs que « l'Ordre (en) est l'âme et l'essence », *État des arts du dessin en France à l'ouverture du XIXe siècle*, 2e éd., Paris, 1808, pp. 496-97.

35. Fourcy, *Histoire de l'École polytechnique*, Paris, 1828, p. 246. Durand rappelle, dans la *Partie graphique des cours d'architecture*, que, « depuis la nouvelle organisation, un arrêté du Conseil supérieur de l'école a changé l'obligation de faire ces quatre dessins en celle de rédiger graphiquement dans les salles toutes les leçons données à l'amphithéâtre. Dès lors, les quatre dessins ont été remplacés par un assez grand nombre d'esquisses relatives au mécanisme de la composition », *op. cit.*, p. 2.

36. Arago, déplorait que « les élèves se montrent généralement peu habiles dans le dessin expéditif, à peine s'en trouve-t-il qui sachent faire un croquis d'après l'inspection d'un modèle; ce genre de dessin est cependant celui qui dans la pratique au jugement de MM. les officiers généraux peut rendre le plus de services... », *École royale polytechnique, Conseil d'Instruction*, 3 janvier 1822 (Ms.).

En outre, la dilection polytechnicienne pour le lavis[37] n'est pas une nouveauté, elle ne fait que reprendre en compte une tradition fortement instituée dans les corps précédents d'ingénieurs militaires qui n'avaient pas peu contribué à en perfectionner les pratiques, à mesure que s'accroissait la complexité de leurs travaux. Si bien que, se trouvant devoir enseigner l'architecture à de futurs ingénieurs, qui dans les services seront appelés à faire de l'architecture sans avoir été éduqués dans les ateliers d'architectes, l'architecte Durand avait toutes les raisons de rechercher une forme spécifique de présentation de la discipline et, partant, de rejeter de toutes les manières le lavis et le géométral dont la pratique commune ne l'eût distingué, ni de ses collègues polytechniciens, ni de ses confrères parisiens.

Cette conjoncture se corrobore de ce que Durand se justifie impavidement par un commentaire esthétique où l'économie, en tous les sens du terme, est donnée pour une valeur première et totalitaire[38]. Si ce dogmatisme rencontre les soucis des ordonnateurs militaires et par là assure la possibilité que se réunissent dans le même individu le concepteur de formes et le décideur économique, il se singularise par la liaison explicite de l'économie et de l'expression du beau.

D'où le mode de poïétique mis en jeu : aux fastes de l'invention intuitive, Durand substitue la clarté sans reproches d'un système hypothético-déductif, puisque, une fois inscrites les conditions du programme sur le réseau modulaire horizontal, la structure et, en dernier ressort, l'aspect externe se trouvent comme inévitablement déduits. Ce qui fonctionne, en cette occurrence, c'est une programmation heuristique qui donne lieu à un nombre limité de combinaisons possibles tributaires du choix simplifié de quelques paramètres. Ce qui est visé c'est bien un art de la seule combinaison qui, dans l'espace du tracé, fait l'économie de la monstration du « faire » artistique expressif. Le projet c'est alors la structure d'un objet qui réalisera une classe d'énoncés. La méthode de Durand est bien le signe

---

37. Les procès verbaux du *Conseil de Perfectionnement* rendent compte de l'intérêt porté à l'enseignement du lavis : « C'est une opinion reçue de tous les services publics que le lavis est indispensable pour donner à la représentation d'un objet un caractère plus frappant et, si l'on ose dire, plus populaire. Sans doute la science des projections suffit pour donner une description fidèle des objets, mais elle suppose dans l'examen du dessin un travail d'esprit auquel ceux à qui sont fournis les projets n'ont pas toujours le tems de se livrer. Le lavis et la description des ombres sont un langage abrégé précieux par le tems qu'il fait gagner (...). La Commission (de révision des programmes) (...) pense que l'enseignement du lavis ne saurait être trop recommandé » (13 juillet 1811), fᵒ 124. (La commission était formée par Legendre, Lacroix, Bruyère, Bonne et Malus.) Cependant, Arago déplorera devant le *Conseil d'Instruction* du 5 février 1824 que, « en général, les élèves dessinent bien le trait, mais ils exécutent mal le lavis... » (Ms. E. P.).

38. *Vide supra*, n. 34. *Cf.* le plan économique de Durand pour Saint Pierre de Rome, « dont l'adoption eut épargné aux trois quarts de l'Europe des siècles de calamités », *Précis des leçons...*, pl. 2.

d'une volonté d'ingénieur de soumettre à l'empire du calcul des régions entières de l'empire. Il n'est pas interdit de voir là le signe annonciateur d'une « réification » et de la schizoïdie qui y convient[39].

Mais, surtout, on ne peut manquer de relier la formulation de la méthode de Durand à l'affleurement dans l'*épistémé* contemporaine d'un nouveau champ d'intelligibilité qu'instruit l'analyse des formes naturelles lorsque, avec Haüy, se constitue la cristallographie scientifique. J'ai naguère tenté de montrer que « dans les dernières décennies du XVIIIe siècle quelque chose s'échange entre la théorie d'une pratique et la théorie d'une représentation; le produit commun de ces deux théories, c'est une morphogenèse, insoucieuse de la matière et des forces, assujettie à la seule rencontre d'une norme de régularité avec un art combinatoire. Il y a bien échange entre deux processus antiparallèles : Haüy, le 'cristalloclaste', infère de la forme externe les caractères d'un réseau interne ajusté à l'invisible élément intégrant. Durand, le constructeur théoricien, pose pour premier le réseau dont la maille est le modulateur de la forme externe »[40].

Si la cristallographie implique une théorie des ensembles ordonnés, dont les éléments sont soumis à de strictes règles de consécution, le mécanisme de la composition, selon Durand, appartient au même type de pensée subordonnée à une représentation sérielle. Composition modulaire et solidité de la réticulation cristalline sont deux aspects connexes et corrélatifs d'une entreprise de mathématisation sérielle de l'espace qui opère par une schématisation du discontinu. Rien d'étonnant, dès lors, que les produits d'une telle « endogenèse », aux normes strictes, et aux réalisations uniformes, n'apparaissent comme une manifestation emblématique de l'ordre. Si bien que l'information poétique de l'espace — si tant est que cette expression ait un contenu scientifique — se subordonne à l'exhibition d'une combinatoire matérialisée; si un tel parti de modelage n'épuise pas le jeu des catégories esthétiques, il est peut-être bien un modèle de toute production artistique. Du moins, pour les gens qui pensent avec J.-F. Taylor que « All human art is an art of combination »[41].

---

39. « L'univers réifié de dissociation de totalités, de spatialisation et de quantification est nécessairement le siège d'une dégradation des contenus axiologiques de l'existence », J. Gabel, *La fausse conscience*, Paris, 1962, p. 121.

40. « L'espace technique de la composition architecturale », *Cahiers de l'École d'Architecture de Nancy*, I, mai 1973, p. 23. *Cf.*, également, « Notes pour histoire de la régularité », *Revue d'Esthétique*, 1970 (3-4), pp. 383-94.

41. J. F. A. Taylor, *Design and expression in the visual arts*, New-York, 1964, p. 6.

LES MANIFESTES FUTURISTES :
THÉORIE ET PRAXIS

PAR NOËMI BLUMENKRANZ-ONIMUS

Les manifestes futuristes tiennent dans l'histoire du mouvement futuriste une place prépondérante. De 1909 à 1944, les membres du groupe futuriste en ont publié (à ma connaissance) cent soixante-quinze qu'ils diffusèrent dans l'Europe entière (aux frais de Marinetti, rappelons-le), et qu'ils firent paraître, traduits dans toutes les langues, dans les revues d'avant-garde. Ces manifestes, poétiques et politiques d'abord, devaient progressivement concerner tous les arts : peinture, musique, sculpture, architecture, danse, cinéma, scénographie, arts décoratifs, arts de la vie.

On a souvent eu tendance à ne voir dans ces manifestes que des déclarations tapageuses, provocantes, publicitaires et, disons le mot, facétieuses. Des peintres, des sculpteurs, des architectes, des musiciens, qui comptent parmi les artistes les plus féconds de l'avant-garde internationale, n'auraient écrit ces textes que pour amuser l'Europe devant laquelle ils auraient multiplié les plus ridicules pitreries.

Certains, au contraire, ont reconnu aux manifestes leur caractère profondément sérieux : mais, tout en insistant sur leur genre systématique, rationnel et théorique, ils ont nié leur relation avec l'œuvre. Ces écrits ne témoigneraient alors que de l'intentionnalité rationnelle des artistes signataires qui, elle, serait tout à fait extérieure au processus de la création artistique.

Nous croyons, au contraire, qu'il faut voir dans le manifeste futuriste une réponse à une nécessité profonde, partagée par tous les artistes du XXᵉ siècle : celle du besoin de communication. L'œuvre d'art elle-même obéit à ce besoin mais elle n'y parvient que difficilement au XXᵉ siècle en raison de l'évolution de l'art lui-même. On peut alors admettre que le manifeste est un moyen de faciliter cette communication. Il répond au besoin d'objectiver l'expression artistique qui, elle-même, paraît plus subjective à mesure que l'art, dans tous les secteurs, revendique son autonomie et rejette la convention figurative, narrative, anecdotique, et abolit même le fonds culturel admis par tous jusque-là.

C'est donc pour pallier cette difficulté — profondément ressentie par les artistes de notre siècle — que naît le manifeste. Comment, en effet, s'assurer que le récepteur d'une œuvre y trouvera ce qu'effectivement y a mis, ce qu'a voulu y mettre le créateur? Le manifeste semble alors avoir été écrit pour permettre au public dont on recherche le soutien indispensable d'accéder en connaissance de cause à l'œuvre. Il joue en quelque sorte le rôle qu'ont joué dans la création dramaturgique française du XVIIᵉ siècle les préfaces, les « examens », les avant-propos. Il n'est pas dépourvu d'un caractère pathétique : conscients de la justesse de leurs vues prophétiques, les artistes, qui, déjà, sur le plan des recherches techniques et formelles, ont à mener de difficiles luttes, se rendent compte que le caractère étrange, inouï, de leurs œuvres peut les éloigner d'un public dont plus que jamais ils ont besoin. Ce ne sont pas de nouvelles théories esthétiques qu'ils cherchent alors à échafauder mais de réelles « confessions créatrices » qu'ils essaient d'écrire pour dévoiler au public leur nouvelle pratique artistique, pour partager avec lui leur expérience vécue de la création.

Mais, en même temps qu'ils associent le public à leur nouvelle praxis artistique, une véritable pensée plastique (ou musicale, ou poétique, ou théâtrale) proprement opératoire, au terme d'une longue maturation de la pensée, s'informe par des mots, grâce aux mots. Le manifeste agit alors comme un révélateur qui rend visibles des idées latentes jusqu'ici.

Notre propos est donc de situer le manifeste dans le processus créateur de l'œuvre, soit qu'il la précède, soit qu'il lui succède. Une dialectique incessante s'instaure, croyons-nous, entre la pratique artistique et le manifeste, entre le manifeste et l'œuvre.

Le manifeste a un rôle de médiateur nécessaire entre la personnalité de l'artiste, son dynamisme mental et son œuvre. Il est en quelque sorte une halte dans la praxis artistique et, comme le disent eux-mêmes les peintres futuristes de leur fameux manifeste du 11 avril 1910, « une pause nécessaire ». C'est dans cette halte du faire que la pensée prend son élan pour permettre à l'œuvre de poursuivre son aventure créatrice.

Il semble qu'indépendamment du besoin de communication que ressent l'artiste, le verbe soit aussi seul à même d'interpréter, d'expliciter — même imparfaitement, même partiellement — le contenu spirituel de l'œuvre que les artistes des temps modernes privilégient incontestablement. Mais les peintres futuristes sont bien conscients de la difficulté d'une telle tentative, eux qui écrivent dans le Catalogue de l'*Exposition des Peintres futuristes*[1] : « Il est à peu près impossible d'exprimer par les mots les valeurs

---

1. « Les Exposants au Public ». Introduction au Catalogue de l'Exposition à la Galerie Bernheim, Paris, 5-24 février 1912.

essentielles de la peinture ». Or, tout en s'exaspérant de cette irréductibilité des valeurs de la peinture au mot, c'est encore par des mots qu'ils incitent le lecteur-spectateur (du manifeste et du tableau) à se dépouiller de sa culture intellectuelle pour éprouver l'émotion, pour « se livrer éperdument » à l'œuvre d'art. On sent très bien dans ce texte le trouble qu'éprouvent les peintres futuristes lorsqu'ils se rendent compte qu'ils ne parviendront pas à exprimer par des mots tout ce qu'ils ont mis dans leurs toiles. Mais la difficulté exacerbe encore leur volonté de communiquer l'expérience : c'est par le *tempo* du texte qu'ils rendent perceptible ce que leurs recherches ont d'authentiquement nouveau, et les mots ne servent plus qu'à traduire le rythme de leur pensée.

Car, on ne le dira jamais assez, les recherches techniques, formelles, spirituelles ont été poursuivies par les artistes futuristes avant qu'ils ne rédigent leurs manifestes. Nous voulons donc montrer comment, loin de programmer l'œuvre, le manifeste est souvent une réflexion à partir des œuvres déjà réalisées, à partir aussi de l'expérience vécue et de l'intuition créatrice, et comment, à son tour, la théorie peut donner naissance à une nouvelle création. Car l'œuvre n'est pas le fruit d'une génération spontanée : elle a une longue histoire, elle poursuit sans relâche son entreprise où la pensée joue au moins un rôle aussi important que le faire.

Les manifestes surgis des œuvres sont nombreux : ne prenons pour exemples que les manifestes de peinture, de sculpture, de théâtre et de cinéma, publiés entre 1910 et 1916, et qui en sont les meilleurs témoignages.

Le Manifeste technique de la Peinture futuriste, publié le 11 avril 1910, a été rédigé — Boccioni l'a raconté lui-même[2] — dans une grande fébrilité, « avec une furieuse allégresse, sans recherches historiques et philologiques, dans deux ou trois cafés nocturnes... de Milan ». A cette époque, les artistes signataires de ce manifeste ont tous déjà derrière eux une œuvre picturale assez considérable. Les idées esthétiques qui jaillissent nombreuses et nouvelles dans ce manifeste sont nourries par les recherches antérieures de ces peintres. Ainsi l'affirmation :

> Nos corps entrent dans les canapés sur lesquels nous nous asseyons et les canapés entrent en nous. L'autobus s'élance dans les maisons qu'il dépasse et, à leur tour, les maisons se précipitent sur l'autobus et se fondent en lui.

Bref, l'affirmation de la compénétration des plans n'est pas un postulat aveuglement accepté par tous les peintres futuristes. Elle découle des « expériences de portraits et d'études de la vie moderne » auxquelles s'était adonné Boccioni « avec de très violents efforts d'une analyse expérimentale

---

2. U. Boccioni, *Pittura Scultura futuriste*, Milan, 1914, p. 166.

quasi mathématique »[3]. En effet, les deux portraits que Boccioni avait exécutés en 1907 et 1909 : *Portrait du Sculpteur Brocchi* et *Figure au Soleil*, illustraient déjà ce principe de la compénétration des plans. Dans *Portrait du Sculpteur Brocchi*, Boccioni recourait à un procédé formel tout à fait original : la fenêtre devant laquelle pose le sculpteur est si largement ouverte qu'elle coïncide avec le cadre du tableau : il obtenait ainsi un effet de fusion entre le paysage sur lequel s'ouvre la fenêtre et le modèle. La tête du sculpteur entre quasiment dans les maisons de l'arrière-plan et les branches des arbres sont comme fondues dans le dos du modèle. Dans *Figure au Soleil*, Boccioni avait peint sa mère assise sur une chaise : cette chaise et le modèle sont comme enchevêtrés en un tout unifié. Le dos puissant et nu du modèle et la chaise sont comme intégrés l'un à l'autre, le bras se love autour du dossier, dont une partie est comme encastrée sur l'épaule. De même, dans des scènes de la vie moderne, comme *Matin, Usine à la Porte romaine*, de 1907, Boccioni avait amalgamé les ouvriers qui se rendent à leur travail au paysage d'usines, de cheminées, de poteaux télégraphiques.

Le même manifeste nie l'opacité des corps et affirme la puissance redoublée de la vue qui peut donner des résultats analogues à ceux des rayons X. Cette proposition a dû être suggérée aux auteurs par la toile de Balla — *Lampe électrique*, de 1909[4] — où, d'une manière précise, il avait étudié le rayon lumineux dans sa forme et dans les couleurs qui le composent. D'autres propositions encore de ce manifeste se réfèrent également à l'expérience vécue. Ainsi, quand il est dit : « Que de fois sur la joue de la personne avec laquelle nous causions n'avons-nous pas vu le cheval qui passait très loin au bout de la rue », nous avons affaire à une expérience visuelle de Boccioni : il avait vu une petite voiture qui passait au loin entrer « dans la zone de lumière de la joue d'un prêtre arrêté devant un magasin »[5]. La phrase célèbre : « Nous mettrons le spectateur au centre du tableau », qui surgit tout d'un coup dans ce texte, ne semble strictement rien vouloir dire. Comment, en effet, placer au centre du tableau le spectateur? Ce n'est que plus tard que les signataires de ce manifeste auront la possibilité de creuser l'intuition créatrice qui a présidé à cette formulation et donneront une explication satisfaisante d'une exigence qui devait s'avérer si féconde par la suite. Le spectateur ne doit pas seulement contempler l'œuvre, il doit par son émotion occuper le centre du tableau, il doit participer à l'œuvre pour la continuer, la consacrer, l'achever. Cette exi-

---

3. *Id.*, p. 170.
4. N. Y. Museum of Modern Art.
5. U. Boccioni, *Pittura Scultura futuriste, op. cit.*, p. 169.

gence affirmée dans la fougue de l'écriture devait se concrétiser dans de
très nombreux tableaux : *Les Funérailles de l'Anarchiste Galli*, par exemple,
de Carrà[6], où le spectateur est véritablement emporté par l'élan des lignes-
forces, des diagonales qui s'entrechoquent pour créer un effet révolutionnaire. Les spectateurs de cette toile présentée à la Galerie Bernheim, à
Paris, en 1912, le prouvèrent bien, eux, dont André Salmon nous rapporte
qu'ils « trépignaient devant cette toile »[7].

Mais il est également vrai que la prise de conscience réalisée par les
peintres futuristes dans le manifeste leur permit de maîtriser plastiquement
les formes et de donner au principe du dynamisme plastique qu'ils prônent
un achèvement formel tout à fait remarquable. C'est, en effet, tout de suite
après la publication de ce manifeste, que Boccioni peint *La Ville qui se lève*,
Les Forces d'une Rue, *La Rue entre dans la Maison*[8], où, en un tourbillon-
nement pathétique, avec un élan irrésistible, tout, jusqu'à l'espace, est en
mouvement. De même, les toiles de Russolo, *Train en vitesse*, de Carrà,
Ce que me dit le Tram, *Hiéroglyphe du Bal Tabarin*, de Severini[9] traduisent
le dynamisme de la Force, de l'Élan vital qui emporte tout, qui balaye
toutes les formes vivantes ou inertes dans son sillage. Mais, c'est surtout
chez Balla que le manifeste s'avéra hautement opératoire. On observe,
en effet, à partir de là, un changement radical dans ses toiles. Certaines
paraissent être l'illustration littérale de cette affirmation du manifeste :

> Tout bouge, tout court, tout se transforme rapidement. Les objets en mouvement
> se multiplient, se déforment en se poursuivant comme des vibrations précipitées, dans
> l'espace qu'ils parcourent. C'est ainsi qu'un cheval courant n'a pas quatre pattes, mais
> il en a vingt. »

Dans sa toile *Chien en laisse*[10], le mouvement de la dame qui promène
son chien, et dont on ne voit que le bas de la jupe, et du chien lui-même
est traduit dans ses phases successives par une multiplication de pieds
pour la dame, et de pattes pour le chien. De même, y a-t-il un jeu multiple
de laisses qui forment un poétique réseau argenté dans la toile. Mêmes
recherches et mêmes effets dans *Les Rythmes de l'Archet* et dans *Fillette
qui court sur un Balcon*[11]. C'est à partir de ces œuvres expérimentales que

6. Toile de 1911-1912, N. Y., Museum of Modern Art.

7. André Salmon, *Paris-Journal*, 6 fév. 1912.

8. *La Ville qui se lève*, de 1910-1911, coll. N. Y., Museum of Modern Art; *Les Forces
d'une Rue*, Bâle, 1911, coll. part.; *La Rue entre dans la Maison*, 1911, Hannover, Niedersäch-
sische Landesgalerie.

9. *Train en vitesse*, 1911; *Ce que me dit le Tram*, Milan, 1911, coll. part.; *Hiéroglyphe
du Bal Tabarin*, 1912, N. Y., Museum of Modern Art.

10. *Chien en laisse*, 1912, G. Goodyear and the Buffalo Fine Art Academy.

11. *Les Rythmes de l'Archet*, Londres, 1912, coll. part.; *Fillette qui court sur un Balcon*,
Milan, 1912, Civica Galleria d'Arte Moderna.

Balla devait parvenir, un an plus tard, à la parfaite maîtrise des formes
et à l'abstraction plastique.

Nous retrouvons la même dialectique dans la sculpture futuriste où
nous observons le même mouvement de va-et-vient entre l'œuvre et la
théorie, entre la théorie et l'œuvre. *Le Manifeste de la Sculpture futuriste*,
rédigé et signé par le seul Boccioni, le 11 avril 1912, n'est pas un écrit
programmatique, mais plutôt cette « pause momentanée » entre deux étapes
de la création artistique. En effet, les premières sculptures de Boccioni
datent de 1911. Dans sa première sculpture, *Tête + Maison + Lumière*[12],
il essaye de traduire les liens atmosphériques entre l'environnement et le
sujet. Dans cet étonnant complexe plastique, Boccioni a encastré une réelle
balustrade de fer pour rendre plus dramatique le contraste entre la figure
sculpturale et l'environnement. Dans *Fusion d'une Tête et d'une Fenêtre*[12],
la figure est intersectée par le châssis véritable d'une fenêtre d'où partent
des rayons lumineux, la tête est couronnée d'un chignon de vrais cheveux,
des morceaux de verre sont insérés dans la construction pour traduire la
lumière et partent en diagonale; y sont également insérés de nombreux
objets en bois ainsi qu'une maison miniature. Ce sont ces expériences
techniques qui sont érigées en principes plastiques dans *Le Manifeste de
la Sculpture* où nous pouvons lire :

> Naturellement nous donnerons une *sculpture d'ambiance*. Une construction sculptu-
> rale futuriste aura en soi les merveilleux éléments mathématiques et géométriques des
> objets modernes. Les objets ne seront pas placés tout près de la statue, comme des attributs
> explicatifs, ou des éléments décoratifs détachés, mais, suivant les lois d'une nouvelle
> conception de l'harmonie, ils seront encastrés dans les lignes musculaires d'un corps.

De même, lorsque Boccioni préconise les matériaux divers dans la
sculpture futuriste, il s'inspire des expériences qu'il a faites dans ces deux
sculptures. A ce propos, il serait inexact de dire que Boccioni fut l'innovateur de cette technique : avant lui, Degas avait habillé ses danseuses de
tutus en vraie dentelle, les avait chaussées de vrais chaussons en soie, les
avait dotées de vrais cheveux qu'il entourait de rubans de soie. Mais Boccioni
est le premier à promouvoir en proposition plastique l'usage des polymatériaux en sculpture. Les matériaux divers doivent permettre « d'ouvrir la
figure comme une fenêtre » : ils représentent le milieu où vit la figure
sculpturale et ils rendent possible une véritable ouverture de l'espace.
Les « nouvelles idées plastiques » que cherchait éperdument Boccioni
découlent donc incontestablement dans ce cas de l'expérience, du faire,
et ne sont en rien gratuites ou intellectuelles.

12. *Tête + Maison + Lumière*, 1911, sculpture détruite; *Fusion d'une Tête et d'une
Fenêtre*, 1911, sculpture détruite.

Mais Boccioni est avant tout un « artiste-chercheur » et il ne se satisfait ni de ces œuvres expérimentales, ni de la publication du manifeste; au contraire, on le voit, tout de suite après, travailler avec fébrilité et éprouver des doutes qui témoignent de l'authenticité de ses recherches. Il va jusqu'à abandonner, dans sa fièvre créatrice, les principes du dynamisme plastique et l'usage des polymatériaux en sculpture. Angoissé, inquiet, il est complètement requis par la pure technique sculpturale et il crée des œuvres, *Antigrazioso*, *Vides et Pleins abstraits d'une Tête*[13], œuvres statiques et modelées en un seul matériau où il s'intéresse à la dialectique des vides et des pleins, au langage « des bosses et des trous », pour reprendre la formule de Rodin, et où, avec une grande rigueur mentale, il fait preuve de réelles qualités constructives. Ce n'est que vers la fin de 1912 et grâce à de nouvelles expériences sculpturales que Boccioni semble trouver sa solution personnelle et vraiment créatrice. Dans sa sculpture *Développement d'une Bouteille dans l'Espace*[14], se réalise enfin l'union entre le projet créateur et l'œuvre, entre la théorie et la création. Il avait proclamé dans le manifeste « l'abolition complète de la ligne finie et de la statue fermée », la nécessité pour le sculpteur futuriste « de créer le pont idéal qui unisse l'infini plastique à l'infini intérieur ». Dans cette sculpture, en effet, Boccioni crée une seule forme, débarrassée du pathos des premières œuvres — une bouteille — qui se développe d'une manière infinie dans l'espace selon un rythme spiralé. Grâce à la spirale selon laquelle se développent « les lignes-forces » de cette bouteille, Boccioni parvient à traduire comme il le désirait non la forme pure, mais le rythme plastique pur; il donne un corps vraiment en mouvement, une réalité vivante absolument nouvelle et originale. C'est à partir du motif de la spirale que Boccioni sent, sait, qu'il a trouvé son univers plastique personnel. Elle donnera désormais à ses constructions sculpturales l'unité, et ainsi, enfin, pensée plastique et pratique artistique ne seront qu'une : la spirale devient à la fois un concept — celui de la forme-force qui permet de substituer au vieux concept de division le nouveau concept de continuité — et un signe, véritable outil opératoire qu'il utilise dans sa création. Il crée alors en 1913 ses chefs-d'œuvre : *Expansion spiralique des Muscles en Mouvement*, *Muscles en vitesse*, et surtout *Formes uniques de la Continuité dans l'Espace*[15]. En de bouleversantes enjambées,

---

13. *Antigrazioso*, Birmingham, 1912, bronze, coll. part.; *Vides et Pleins abstraits d'une Tête*, 1912, plâtre, sculpture détruite.

14. *Développement d'une Bouteille dans l'Espace*, bronze, début 1913, coll. N. Y., Museum of Modern Art.

15. *Expansion spiralique des Muscles en Mouvement*, détruite; *Muscles en vitesse*, 1913, détruite; *Formes uniques de la Continuité dans l'Espace*, 1913, bronze, N. Y., Museum of Modern Art.

la figure humaine semble s'élancer selon un rythme spiralé et continu vers le Futur utopique appelé de leurs vœux par les futuristes. *Le Manifeste de la Sculpture futuriste* est donc bien une étape dans la production sculpturale de Boccioni, mais une étape nécessaire. C'est en rédigeant le manifeste en 1912, ainsi que deux autres textes capitaux sur la sculpture en 1913[16], que s'est développée la pensée instauratrice des œuvres achevées de Boccioni. Sa production est comme rythmée par la réflexion théorique. La lente maturation de la pensée plastique a permis une véritable puissance dans la création des formes.

De même, les manifestes du théâtre futuriste ont succédé à des pratiques théâtrales qui s'étaient informées en pleine spontanéité. *Le Théâtre de Variété*, publié le 11 septembre 1913, qui eut une influence considérable sur tout le théâtre révolutionnaire d'avant-garde, promeut des principes nés de la praxis des *serate* que Marinetti et ses amis avaient organisées dans toutes les villes italiennes. Dans ces soirées, en effet, où les artistes futuristes livraient aux foules leur verbe fougueux et agressif, les réactions violentes des spectateurs les incitèrent à improviser leurs réponses, leurs attitudes, leurs gestes, dans un véritable *happening*. En exploitant ces expériences, Marinetti, dans le manifeste, parvint à l'idée de communication sincère entre le public et les acteurs, à la participation du spectateur à l'œuvre théâtrale, qui devaient permettre l'ouverture de la forme théâtrale. Ce sont aussi les situations imprévues auxquelles les futuristes eurent à faire face dans ces *serate* qui permirent à Marinetti de développer le nouveau concept esthétique de la surprise. Enfin, l'expérience du ridicule, du grotesque lui permit d'anticiper le théâtre de l'absurde :

> Le Music-Hall détruit tout le solennel, tout le sacré de l'art, avec un grand A. Il collabore à la destruction futuriste des chefs-d'œuvre immortels en les plagiant, en les parodiant, et en les débitant sans façon, sans apparat et sans componction, comme un numéro d'attraction quelconque

lisons-nous dans le manifeste. En même temps, par une réflexion sur le genre du Music-Hall, Marinetti atteint à des propositions qui devaient s'avérer fécondes comme celle sur l'utilisation du cinématographe qu'il appliqua plus tard dans sa synthèse *Le Luci* où, sur le fond, était projetée la très rapide succession des fenêtres illuminées d'un train en marche.

Le Manifeste du Théâtre futuriste synthétique, publié le 11 janvier 1915, contient des propositions qui affirment la nécessité d'un théâtre « synthé-

---

16. « Fondement dynamique de la sculpture et de la peinture futuristes » *in Lacerba*, 1re année, no 6, 15 mars 1913, pp. 51-52; traduction française et introduction parues dans *L'année 1913*, Tome 3 (*Manifestes et documents*), Paris, Klincksieck, 1973, pp. 104-110. Préface au Catalogue de l'*Exposition de Sculpture*, Paris, Galerie La Boétie, 20 juin-6 juillet 1913.

tique, sans technique, simultané, autonome, alogique, irréel ». Elles sont directement issues de l'expérience des « synthèses », brèves scènes théâtrales représentées et improvisées par les futuristes à Florence au Théâtre de la Pergola, en décembre 1914.

Théâtre synthétique signifie ici pièces extrêmement brèves. Quand les auteurs du manifeste écrivent :

> Nous serrons, en quelques minutes, quelques mots et quelques gestes, d'innombrables situations, sensibilités, idées, sensations, fait et symboles

ils ne font que décrire l'expérience de leurs synthèses : en effet, « la synthèse de la nuit » de Cangiullo, *Pas même un Chien*, par exemple, où le personnage principal est « celui qui n'est pas là », montre seulement le mouvement d'un chien qui sort d'une coulisse à gauche pour entrer dans une coulisse à droite. De même, « la synthèse de tout le théâtre moderne », *Détonation*, de Cangiullo, ne comporte pour toute action qu'un coup de pistolet qui semble « porter le coup définitif à toute fiction scénique et procéder ainsi à la dérision suprême de tout coup de théâtre »[17].

Sans technique, les synthèses le sont bien : elles sont conçues pour liquider la fastidieuse technique théâtrale qui exige de trop longs développements.

Théâtre dynamique signifie pour les auteurs du manifeste : « théâtre jailli de l'improvisation, de l'intuition foudroyante, de l'actualité suggestive » et se confond avec simultané. Ainsi, dans *Simultanéité*, Marinetti, sans aucun artifice scénique, met-il en scène les milieux différents de l'appartement d'une cocotte et de celui d'une famille bourgeoise qui, comme dans les toiles futuristes, se compénètrent, exigeant du spectateur une très grande activité d'esprit.

Théâtre autonome, c'est-à-dire un théâtre qui doit représenter la seule réalité théâtrale, la seule vie théâtrale. Ainsi, dans *Ils viennent*, « synthèse d'objets inanimés » de Marinetti, l'argument ne tient en effet que dans l'arrangement scénique de huit chaises et d'un fauteuil que des serviteurs disposent dans l'attente, qui, graduellement, devient métaphysique, d'invités problématiques. Cette synthèse annonce étrangement *Les Chaises* de Ionesco.

Théâtre alogique, nous en avons un exemple dans *Pas même un Chien* de Cangiullo où le personnage — et nous nous approchons du non-sens dadaïste — est « celui qui n'est pas là ».

Théâtre irréel: dans *Clair de Lune*, « compénétration alogique » de

---

17. G. Lista, « Le Théâtre futuriste », *in Travail théâtral*, nº 11, avril-juin 1973, p. 43.

Marinetti, est mis en scène un « monsieur gras et pansu » qui est invisible aux deux amoureux assis sur un banc : ce monsieur n'est pas un personnage réel, mais une projection des deux amoureux : « il est leur crainte de la réalité future, le froid et la solitude de la nuit, la vision de la vie vingt ans après »[18].

Nous le voyons donc encore une fois : *Le Manifeste du Théâtre futuriste synthétique* est loin d'être un écrit programmatique, mais il est davantage une tentative de rationaliser l'intuition qui a présidé à la création des premières synthèses.

A son tour, cette réflexion sur les formes théâtrales déclenchera une liberté créatrice tout à fait exceptionnelle : la réflexion sur « la réalité théâtrale formée d'idées, mots, couleurs, formes, sons et bruits de théâtre » permettra aux dramaturges futuristes d'introduire dans leurs synthèses les onomatopées comme dans *Runio Clacla* de Marinetti où elles sont à la fois mots, sons et bruits de théâtre et où elles assument une grande action subversive. Cette réflexion leur permettra également de créer des spectacles « à voir » où les couleurs et les formes seront les véritables personnages, comme dans *Sensualité* de Fillia.

La même dialectique entre œuvre et manifeste se laisse déceler dans *Le Manifeste du Théâtre de la Surprise*, publié le 11 octobre 1921 : dès 1915, Marinetti et Cangiullo avaient créé des « surprises théâtrales » et ils en avaient publié un recueil en 1918[19]. Les expériences déjà accomplies lors des nombreuses représentations ne sont donc que condensées dans la partie normative du manifeste : l'idée de la liaison théâtre-vie, celle du *happening*, notamment, qui résultent non seulement de l'intervention des spectateurs et des improvisations des acteurs, mais encore, sur le plan musical, des improvisations entre différents instruments de musique, entre piano et violoncelle, par exemple[20]. L'idée aussi du théâtre total : dans un seul spectacle, étaient rassemblées des initiatives empruntées aux autres secteurs des arts futuristes (poésie, peinture, musique, sculpture, projections cinématographiques)[21].

18. Note de Marinetti à l'édition de *Clair de Lune*, premier volume du *Théâtre futuriste synthétique*, paru à Milan en 1915.

19. F. T. Marinetti et F. Cangiullo, *Teatro della Sorpresa*. Réédition, Liverno, 1968.

20. Les musiciens Aldo Mantia, Mario Bartoccini, Vittorio Mortari et Franco Baldi étaient les auteurs de « discussions » entre pianos improvisateurs et entre piano et violoncelle.

21. Les toiles des peintres futuristes étaient présentées à la rampe par Balla. Ce dernier faisait également passer à travers le rideau un poing gigantesque — le poing de Boccioni — qu'il avait sculpté en bois. Les mots en liberté étaient déclamés par Marinetti et par Cangiullo selon les principes de la déclamation dynamique et synoptique. Enfin, Marinetti décrit une série d'instruments de musique très pittoresques qu'un orchestre éparpillé dans les salles du théâtre de la surprise utilisait avec humour.

Même constatation encore pour la cinématographie futuriste : *Le Manifeste de la Cinématographie futuriste*, publié le 11 octobre 1916, succède, en effet, aux expériences de « photo-dynamisme » de Anton-Giulio Bragaglia, effectuées dès 1910 et, surtout, aux expériences de « musique chromatique »[22] que le peintre Arnaldo Ginna avait tentées avec son frère, le dramaturge Bruno Corrà. Ni Bragaglia, ni les frères Corradini n'avaient pourtant voulu faire œuvre cinématographique. Le premier voulait, au contraire, créer un art de la photo-dynamique qui fût tout à fait indépendant du cinématographe, et les seconds ne furent amenés à se servir du cinématographe que comme outil, pour créer une nouvelle peinture, celle de la « musique chromatique » où les couleurs se seraient succédé dans le Temps, comme en musique se succèdent les sons. Ce sont pourtant ces expériences qui conduisirent Anton-Giulio Bragaglia à réaliser en janvier 1916 son film *Perfido Incanto* — premier long métrage de l'avant-garde mondiale[23] — et les frères Corradini, plusieurs courts métrages abstraits, de 1910 à 1912[24]. Ce sont enfin ces expériences conjuguées qui permirent à plusieurs des membres du groupe futuriste de créer ensemble, dans l'été 1916, leur film *Vita futurista*, d'une originalité et d'une modernité encore actuelles. *Le Manifeste de la Cinématographie futuriste* est l'aboutissement de ces nombreuses recherches expérimentales et techniques. Les références dans le manifeste « à la musique des couleurs, aux recherches musicales cinématographiées, aux dissonances, accords, symphonies de gestes, aux équivalences linéaires, plastiques, chromatiques » ne peuvent, en effet, se comprendre qu'à la lumière des expériences de la « musique chromatique ». D'autres propositions comme celles de la « simultanéité et compénétration de temps et de lieux divers cinématographiés » sont comme la description littérale de certaines séquences du film *Vita futurista* dont on a conservé les photogrammes[25], ainsi celle de *Comment dort un futuriste*[26].

On pourrait multiplier les exemples de cette dialectique entre manifeste et œuvre dans le mouvement futuriste, mais il semble que ceux-là soient déjà assez convaincants. Il est temps de conclure : l'artiste cherche d'abord à verbaliser dans le manifeste sa *praxis* artistique; celle-ci, grâce aux mots,

22. Voir Noëmi Blumenkranz-Onimus, Introduction et traduction de Bruno Corradini, *Cinéma abstrait, Musique chromatique* (*1912*), *in Revue d'Esthétique*, nᵒˢ 2-3-4, 1973, pp. 267-277.

23. Le film russe *Drame du Cabaret futuriste nº 13* de Vladimir Kasjanov, réalisé sous la direction de Michel Larionov et de Nathalie Gontcharova en 1913-1914, n'était long que de quatre cents mètres alors que la longueur de *Perfido Incanto* était de quinze cents mètres.

24. Citons surtout *Accord de Couleurs, Etude d'Effets en quatre Couleurs, Chant de Printemps, L'Arc-en-ciel* et *La Danse.*

25. Ces photogrammes sont reproduits par Mario Verdone, *in Bianco e Nero*, anno XXVIII, nᵒˢ 10-11-12, ottobre-novembre-diecembre 1967.

donne alors naissance à une nouvelle pensée artistique qui, à son tour, engendre un nouveau projet créateur actualisé dans les œuvres ultérieures. La pensée verbale et la pensée artistique ne sont pas divergentes : toutes deux jaillissent de la « nécessité intérieure » de l'artiste. La pensée verbale prolonge l'œuvre de même que l'œuvre prolonge la pensée. Nous voyons dans le manifeste l'une des opérations instauratrices de l'œuvre. Étudié conjointement avec l'œuvre, il peut permettre d'atteindre ce que Derrida appelle « une description compréhensive d'une totalité ». La poétique qui s'informe dans le manifeste peut alors être abordée comme une véritable poïétique.

---

26. Un effet de simultanéité est produit dans cette séquence où, sur un seul photogramme, on voit l'environnement de la chambre où dort (debout) le futuriste opposé à l'environnement du passéiste qui dort dans un lit placé horizontalement. Il semble que les expériences de trucage photographique auxquelles s'était adonné Bragaglia aient servi à créer cet effet, exceptionnel à l'époque, de simultanéité.

LA POÏÉTIQUE ET L'ESTHÉTIQUE
A L'HEURE DE L'ANTI-ART

PAR FRANK POPPER

Dans une étude précédente consacrée aux arts de l'environnement et à d'autres tendances actuelles[1], nous étions amenés à constater que le carré classique de l'esthétique était battu en brèche. L'œuvre d'art immuable, l'artiste individualiste, le spectateur contemplatif, le théoricien détaché ne sont plus les acteurs incontestés sur la scène artistique contemporaine.

Que devient dans ce nouveau contexte le rapport entre créativité et réflexion sur l'art, entre poïétique et esthétique? Cette question a été posée de manière générale par R. Passeron[2] et a été discutée amplement pendant les séminaires du Groupe X du Centre national de la Recherche scientifique à l'Institut d'Esthétique et des Sciences de l'Art de la rue Chaptal de 1971 à 1973.

Avant d'aborder ce problème et en même temps celui du nouveau rôle dévolu à l'esthéticien contemporain, il conviendrait peut-être d'examiner en détail la situation actuelle des arts plastiques à travers trois constatations préalables : la tendance à une disparition de l'œuvre, l'annonce de la fin de l'idéalisation, de l'idolâtrie et du vedettariat de l'artiste, enfin la diversité des manifestations artistiques requérant une plus grande participation du spectateur au processus créateur.

Si l'on peut aisément constater la disparition de *l'objet d'art* dans des courants artistiques comme le *Land art*, le *Body art*, le *Conceptual art* et leurs ramifications, le problème de la disparition de *l'œuvre* en général demande cependant un examen plus approfondi.

Dans une grande part de la production artistique actuelle l'objet tangible disparaît ou prend une place secondaire. Il est remplacé par des effets, des événements, « situations » ou « climats » aptes à engager sensoriellement et intellectuellement, en tout cas de façon globale, le spectateur. Évolution dont on pourrait retrouver l'origine soit chez les artistes du « happening » et leurs antécédents dans le Futurisme ou le Dadaïsme, soit

---

1. Frank Popper, *Art-action-participation*, 3 volumes, à paraître aux Éditions du Chêne, Paris, en 1975.
2. René Passeron, « La poïétique », *Revue d'Esthétique*, 3, 1971, pp. 233-246.

chez les membres de la Nouvelle Tendance et leurs prédécesseurs dans le Constructivisme ou le Bauhaus.

Ce mouvement vers la disparition de l'objet est associé tout ensemble à l'idée d'une « dématérialisation » de l'objet lui-même et au souhait exprimé souvent par les artistes de sortir du circuit consacré des galeries et des musées. La première de ces notions s'inscrit dans un mouvement d'idées dominant de nombreuses disciplines (y compris les disciplines proprement scientifiques) selon lesquelles l'accent porte désormais sur l'énergie, sur la relativité des forces et non plus sur la matière solide en tant que telle.

La seconde tendance — celle de l'abandon des musées et des galeries — est associée à une révolte « sociologique », parfois politique, de l'artiste qui désire changer de rôle dans la société. Il souhaiterait voir ses activités associées et prises en charge directement par cette société sans passer par un circuit commercial, le plus souvent aliénant, dans la mesure où il impose un investissement qui répond à la demande à court terme d'un public restreint, et ne correspond donc plus aux besoins esthétiques de tout un groupe social.

Quant à la disparition de l'œuvre elle-même, il faudra se souvenir que l'introduction des objets « ready-made » par les dadaïstes, et celle des objets fonctionnels de matières courantes par les constructivistes avaient entre autres objectifs celui de démystifier l'œuvre d'art. Aussi, quand nous parlons de disparition de l'œuvre d'art dans l'art actuel, devons-nous en considérer deux aspects très distincts. Le premier concerne la disparition d'un objet précieux vénéré par les amateurs et les marchands d'art, le second se réfère au possible remplacememt de la démarche intentionnelle (qui a pour fin l'instauration d'une œuvre tangible), par le processus créateur (qui se suffit donc à lui-même). Le premier de ces aspects est étroitement lié à une esthétique de l'absence tandis que le second met en valeur un choix existentiel, sinon politique et religieux.

Parmi les exemples les plus frappants de la disparition de l'objet à vénérer ou à marchander, on pourrait citer toute la gamme des premiers « environnements » conçus par les artistes américains des années 60. Ils se sont fondés d'abord sur un remplacement d'objets précieux par des objets banals comme dans les « tableaux animés » de Kienholz, puis sur des espaces de plus en plus vides, suivant une tendance déjà amorcée par les « minimalistes », qui mettait le processus de « réduction » au centre des préoccupations esthétiques. Dans ce dernier développement comme dans les « interventions » à l'extérieur des artistes américains (Heizer) et anglais (Long), la présence infinitésimale de la trace artistique (et par conséquent de celle de l'artiste) prête à concevoir une esthétique de l'absence de l'œuvre[3]. Il ne s'agit plus de porter l'effort sur l'œuvre à faire ni même d'instaurer une œuvre ouverte ou active. Nous sommes plutôt en présence d'une transposition de l'activité artistique physique en une activité artistique mentale. Le créateur se contente *d'indiquer* une réalité à commenter et de prendre une attitude artistique devant un phénomène à symboliser, au lieu de créer une nouvelle réalité. On est ici dans le domaine de l'art conceptuel à ses débuts, sans faire une distinction nette entre le *Land art* et ses traces (*earth works*), le *Body art*, le *Process art*, ni l'*Arte povera* qui, dès ses débuts en 1967, exprimait une approche vers un art fondamentalement « anti-commercial, précaire, banal et anti-formel, concerné avant tout par les qualités physiques du médium et la mutabilité des matériaux »[4].

Bien que toutes ces formes d'art aient tendu à faire éclater les circuits établis de la production et de la consommation artistique par une négation de l'œuvre, aucune ne pouvait éviter longtemps d'être « récupérée » par les institutions commerciales et non-commerciales à travers l'utilisation de la photographie se substituant aux œuvres, de la publicité mettant l'accent sur le nom ou la présence de l'artiste, et de toute sorte de moyens plus ou moins subtils pour maintenir le spectateur dans un état de passivité et d'infériorité.

La faille de la démarche artistique « conceptuelle » réside sans doute moins dans l'orientation ou les buts des artistes que dans le refus de renoncer à leur statut et de lui en substituer un nouveau ; ils continuent en effet à revendiquer un individualisme et un idéalisme périmés, ce qui les maintient extrêmement vulnérables aux sollicitations de prestige et aux contraintes économiques des institutions.

Une démarche constructiviste comme celle de Yaacov Agam, qui *a priori* n'est pas sorti du circuit institutionnel, va néanmoins dans le sens d'une absence de l'œuvre. Dans son intention de dématérialiser l'objet, l'artiste propose des vues multiples ne se dévoilant qu'après un itinéraire parcouru par le spectateur : les structures internes ne se manifestent qu'avec l'intervention physique d'un participant. En fait, ce procédé renvoie à une inten-

---

3. Parmi les interventions les plus connues des artistes pratiquant le *Land art* on peut citer *Dissipate* et *Five conic displacements* de Michael Heizer réalisées dans le désert du Névada en 1968 et 1969, *Traces de Pieds dans un Champ de Soude* par Richard Long lors d'une ascension au Kilimandjaro en 1969, *Timetrack* de Dennis Oppenheim tracé dans la neige suivant la frontière horaire entre les États-Unis et le Canada en 1968 et *Asphalt Rundown*, exécuté près de Rome en 1969, et *The Spiral Jetty* dans le Great Salt Lake, Utah en 1970, par Robert Smithson qui a trouvé la mort en 1973 aux États-Unis en surveillant et survolant en avion un de ses *Earth works* en construction.

4. Germano Celant, *Arte povera, Conceptual, Actual or Impossible Art?*, Milan, Mazzota, 1969.

tion kabbalistique de la non-présence physique ou plutôt au fait que ces manifestations ne sont pas immédiatement perceptibles par les sens et ne se dévoilent qu'à condition d'un effort à la fois physique et mental. Nous en reparlerons à propos des relations entre action et contemplation.

Dans ces deux grandes directions que sont l'art conceptuel et l'art constructiviste (optique et cinétique) avec participation du spectateur, représentés par Heizer et Long d'une part, Agam de l'autre, on remarque toutefois une identité d'intention en ce qui concerne l'absence de l'œuvre. Mais ce n'est pas tout à fait le cas en ce qui concerne la valorisation du processus créateur au détriment de l'œuvre.

Chez les artistes « conceptuels » qui ont nettement opté pour le « Process art », tels Rückriem, Rinke et Willoughby Sharp, il s'agit d'abord d'une activité gratuite, voire destructrice. Pourtant se posent aussitôt le problème de la communication avec autrui et celui de la manifestation de soi-même. La seule visualisation ou « narration » de ce processus créateur, entraînant la création d'objets tels que photos, livres, récits, fit basculer cette démarche : elle passa de la gratuité à la fonctionnalité, à la tangibilité et à la présence[5].

Quant au courant constructiviste-cinétiste, le processus créateur y devenait primordial, non pas en tant que démarche artistique en soi, mais en tant que processus ouvert de manière à être répété, ou plutôt recréé et peut-être même créé entièrement par le spectateur. Dans un certain sens, ce sont des démarches comme celles de Colmenarez, Yanez ou Lucena qui vont le plus loin vers une abolition de l'œuvre, grâce à l'instauration d'une situation ouverte, où toutefois le spectateur, d'une part, joue un rôle plus actif et dans laquelle l'artiste, d'autre part, est sensible à son changement de statut[6].

Une telle prise de conscience pose un certain nombre de problèmes très actuels, et qui vont de la fin de l'ère du vedettariat au bouleversement de la hiérarchie artistique, puis à un possible anonymat de l'artiste.

Cette constatation procède pour une large part des exemples récents de jeunes artistes de différents courants et de différents pays — ainsi la

5. Voir à ce propos le livre de Lucy Lippard dont le titre complet est significatif : *Six years : The dematerialisation of the art object from 1966 to 1972 : a cross-reference book of information on some esthetic boundaries : consisting of a bibliography into which are inserted a fragmented text, art works, documents, interviews, and symposia, arranged chronologically and focused on so-called conceptual or information or idea art with mentions of such vaguely designated areas as minimal, anti-form, systems, earth, or process art, occurring now in the Americas, Europe, England, Australia, and Asia* (with occasional political overtones), edited and annotated by Lucy R. Lippard. New York, Washington, Praeger Publishers.

6. *Cf.* les propositions plastiques comme les *Tactiles psychomagnétiques* de Asdrubal Colmenarez, les *Essais de lancer* de Alexis Yanez et les *Poids-surprises* de Victor Lucena.

plupart des artistes ayant exposé en 1973 à la Biennale de Paris[7].

Le phénomène devient encore plus évident quand on élargit le champ d'investigation aux domaines de l'art en équipe, comme le GRAV, le Groupe Zéro, etc., et, plus récemment, de l'art collectif comme, par exemple, le City Arts Workshop de New York, avec sa peinture murale « ethnique », ou encore aux démarches artistiques collectives en faveur dans les universités américaines ou dans les centres universitaires expérimentaux français.

En fait, dans de nombreuses propositions plastiques, l'artiste se contente du rôle d'intermédiaire. C'est le cas des « actions » qui ne sont autres que les séquelles des « happenings » et « events » des années 60. De toute façon, qu'il s'agisse de travaux artistiques sur ordinateur, d'engagement du spectateur dans un processus de rétroaction (*feed-back*) pour des œuvres plus programmées ou encore de création d' « environnements » plus ou moins neutres, le rôle de l'artiste semble bien loin de celui du créateur des époques antérieures. Ni la notion de génie, ni même celle de talent ne sont forcément liées à l'artiste d'aujourd'hui. Il se classe plutôt selon sa disponibilité sociale, sa capacité d'intégration à une équipe ou d'adaptation aux nécessités d'une technique et d'une problématique modernes. Dans cette perspective, l'artiste devient plutôt un programmateur, ce rôle n'étant pas limité à l'artiste cybernéticien mais à de nombreux artistes dans différents domaines de l'art contemporain, qu'il s'agisse de l'adepte de l'art conceptuel, de « l'Art/Language » ou du créateur d'un complexe environnemental dans une ville nouvelle.

Il est également évident que l'artiste aujourd'hui passe, comme l'art lui-même, par une phase conceptuelle et une phase politique pour aboutir à un nouveau rôle où il peut combiner ses qualités de concepteur et de programmateur avec une prise de conscience de ses responsabilités politiques et sociales dans une nouvelle synthèse qui correspondrait à un nouvel art de créativité plus partagée. Il s'intègre ainsi à ce qu'on peut nommer un art plus démocratique où non seulement le fondement de la créativité se trouve considérablement élargi mais où l'œuvre devient une proposition à l'échelle de l'environnement.

Ce rôle d'intermédiaire de l'artiste entre un public de plus en plus créateur et des propositions artistiques de plus en plus dématérialisées se précise dans tous les domaines de l'art (art dramatique, musique, etc.). En fait, la création d'événements, en lieu et place de l'œuvre, implique que l'artiste dépend de certains facteurs et paramètres autres que les éléments psychologiques subjectifs et réductibles à sa seule personnalité.

---

7. *Cf. Catalogue de la 8ᵉ Biennale de jeunes Artistes*, Musée d'Art moderne, Paris, 1973.

En tout état de cause, le rôle de l'artiste comme programmateur dans l'optique esthétique actuelle et son rôle encore plus dépersonnalisé comme créateur d'effets, d'événements, de propositions premières susceptibles de déclencher des actions créatrices chez un public plus ou moins prêt à entrer dans un processus créateur, à multiples rétroactions, nous placent devant de nouveaux problèmes esthétiques. En quoi consiste, par exemple, le travail préparatoire de l'artiste nouveau? Quand et comment interviendra-t-il ouvertement de manière « esthétique » dans la vie? Enfin, comment s'y prend-il pour que ce travail et cette intervention produisent effectivement un type d'événement et un effet qui soient à la fois ouverts, actifs et stimulants (stimulants dans le sens où ils déclenchent une activité créatrice chez le spectateur) ?

La réponse à ces questions réside à la fois dans quelques tentatives artistiques déjà en cours actuellement et dans les problèmes mêmes qui se posent aux artistes depuis quelque temps. Il s'agit notamment de l'emploi de nouveaux matériaux, de la nécessité d'intervenir esthétiquement à l'échelle architecturale et urbanistique. En outre, l'artiste doit trouver une attitude adéquate devant la pluri-disciplinarité croissante. En d'autres termes, comment pourra-t-il sauvegarder une attitude et une action créatrices dans le domaine des interrelations entre art et science, art et technologie?

En ce qui concerne le travail préparatoire de l'artiste actuel, il faut souligner que, dans le cas de l'art conceptuel et en général dans le non-art, l'activité de l'artiste est beaucoup plus théorique que celle de ses prédécesseurs. Bien entendu, les artistes se sont souvent réclamés de la « chose mentale »; dans ce cas, il s'agissait soit de prouver qu'ils n'étaient pas de simples artisans, soit d'élaborer une prémisse théorique, une attitude ou un système dont ils se servaient comme préalable à la genèse de l'œuvre.

Dans l'art conceptuel, où l'accent est mis sur le processus créateur, il s'agit de bien autre chose. La pensée critique doit y être présente et disponible à chaque instant de la création, en sorte que la « chose en question » devienne une réalité mentale, une modification ou une création de structure mentale[8].

En revanche, le travail d'un artiste qui se prépare à une intervention en public en vue d'une plus grande participation du spectateur, ne se situant toutefois pas dans le courant du *happening*, du *Pop art* et de l'art conceptuel,

---

8. Joseph Kosuth, par exemple, a lancé le slogan « art as idea as idea », ce qui signifie que l'artiste assume lui-même le rôle de critique et que son œuvre n'est plus une œuvre d'art, mais le concept de l'art; ainsi l'œuvre ne représente plus rien que « l'analyse de la représentation » (Mikel Dufrenne).

sera de nature différente. Des artistes concernés par les problèmes de la couleur, par exemple, soit comme phénomène physique (Cruz-Diez), soit comme phénomène « sériel » (Lohse, Gerstner ou le Groupe « Anonyma » de New York), auront une toute autre démarche préparatoire, qui consistera en une lecture attentive de traités (souvent vulgarisateurs) touchant d'autres domaines, de préférence celui de la physique et de la chimie et tenteront ensuite de capter artistiquement ces vérités « naturelles ». Une étude plus approfondie de ces différents « faires » préparatoires élucirerait les rapports entre la « science » de l'artiste, celle du théoricien et enfin celle du public.

Quant à l'intervention de l'artiste, le fait qu'il doive actuellement penser aux lieu et mode de son intervention concourt à la mutation du rôle de l'artiste, en train de s'accomplir. Cette intervention dans un lieu public, sous forme d' « actions » (Ghinea) ou de propositions ouvertes de participation (Colmenarez), se fait de telle manière que les quelques outils ou accessoires employés — un filet, une poupée, des bandes aimantées par exemple — seraient insuffisants sans la présence de l'artiste, qui pose des questions sur la nature de l'art, sur des problèmes d'actualité scientifiques ou politiques, etc., son œuvre inaccomplie ne pouvant poser des questions ni parler à sa place. Il est évident que ce rôle de questionneur et de stimulateur est bien différent et moins hiérarchisé que celui de l'artiste traditionnel[9]. Cette nécessaire présence physique et intellectuelle de l'artiste est, bien entendu, un facteur supplémentaire en faveur de la globalité des activités artistiques, jusqu'à présent séparées par des dénominations telles que « esthétique » et « poïétique ».

Enfin, en ce qui concerne la création d'événements ouverts et propres à stimuler la créativité du spectateur, ces mêmes artistes ainsi que ceux de l'art « technologique » et « cybernétique » doivent inclure une dimension pédagogique dans leurs propositions et leurs programmations, ce qui change également le rôle de l'artiste en diminuant sa responsabilité plastique au profit de celle du spectateur. Mais il est important de souligner que ce changement s'accomplit grâce à de nouvelles notions et à de nouveaux problèmes, tels que les rapports entre technologie et art particulièrement intéressants à étudier dans des expressions artistiques comme l'activité « pseudo-didactique » d'un Kowalski, celles à l'échelle architecturale entreprises par d'anciens constructivistes ou des peintres abstraits (Schöffer, Dewasne) jusqu'aux architectes eux-mêmes devenus artistes comme Constant

---

9. Par exemple, à l'occasion de la manifestation qui s'est tenue à Graz (Autriche) en octobre 1972 avec l'intervention d'artistes comme Virgil Ghinea (*Action avec un Filet vert*), Hans Jascha (*Le Sel de la Terre*), Marc Chaimowicz (*Enough Tyranny*) et le groupe TOK de Zagreb (*Perceptions dans la Rue*).

et Sanejouand. L'emploi de nouveaux media, de l'échelle architecturale et de la pluridisciplinarité (différents arts, sciences humaines et sciences exactes) ne fait pas qu'abolir la hiérarchie entre artistes. Il diminue également le rôle « pratique » et unique de l'artiste devenu intermédiaire « pluridisciplinaire ». Les relations établies entre lui, l'œuvre et le spectateur s'en trouvent sensiblement modifiées.

La sollicitation du spectateur est le trait le plus original de l'art contemporain. Il s'agit d'une implication à différents niveaux et selon différentes phases qui vont d'une participation ludique à un comportement autonome et à la créativité. Ce souci d'implication du spectateur se manifeste dans les différentes tendances de l'art actuel que nous avons déjà évoquées, en particulier chez les organisateurs de *happenings* ou d'actions et chez les artistes « ludiques ».

Si l'on regarde de plus près comment s'opère cette implication du spectateur, on s'aperçoit qu'il s'agit très souvent d'une subtile sollicitation dialectique entre l'activité et la passivité, le faire et la contemplation, le physique et le psychologique.

Le *happening*, par exemple, était, à ses débuts, proche de l'expression dramatique, du théâtre *in camera*. C'était le spectacle dans le spectacle[10]. Pourtant, peu à peu, l'organisation de « situations » ou d'événements en présence d'un public restreint est suivie par une descente dans la rue et une implication accrue du spectateur[11]. L'antinomie irréductible entre spectacle et activité du spectateur se trouve ainsi dépassée par la conquête d'un espace social plus vaste qui fournit une gamme plus étendue de sollicitations au spectateur dans ce qui devient, par phases successives, une « performance » et une « action »[12]. Comme nous l'avons vu, dans l' « action », le spectateur n'est pas seulement invité à faire les mêmes gestes et découvertes plastiques que le créateur lui-même, mais encore à participer à un dialogue entre l'artiste et les autres spectateurs afin de s'interroger sur la nature de l'art, le rôle de l'artiste, l'engagement de celui-ci et de lui-même dans le processus créateur. Le spectateur, en fin de compte, adopte une attitude proche de celle de l'artiste contemporain. Il cherche à assumer à la fois une activité artistique pratique et une activité esthétique théorique, c'est-à-dire une réflexion sur le comportement créateur. On peut dire que cette double sollicitation dépasse actuellement les capacités du

10. *Cf*. Michael Kirby, *Happenings; an illustrated anthology*, New York, Dutton, 1965.
11. *Cf*. Allan Kaprow, *Assemblage, Environments and Happenings*, New York, Abrams, 1966.
12. *Cf*. Walter Aue, *P.C.A. Projekte - Concepte - Aktionen*, Cologne DuMont Schauberg, 1971 ; et Karin Thomas, *Kunst Praxis Heute. Eine Dokumentation der aktuellen Aesthetik*, Cologne, DuMont Schauberg, 1972.

spectateur. Mais là n'est pas l'intérêt principal de cette démarche. En portant l'attention du spectateur sur le processus et non sur l'œuvre individuelle à faire, les ambitions du non-art se trouvent exaucées par le spectateur même.

On voit donc que le non-art, défini par Gilbert Lascault comme une pratique sauvage capable de saper le fondement de l'ordre esthétique[13], a cependant joué un rôle positif important dans la démystification du concept de l'œuvre et de celui de l'artiste individualiste en donnant des possibilités d'action sinon de création au spectateur.

Pourtant, il ne faut pas voir dans l'anti-art et le non-art, dans le *happening* et les « actions » une fin en soi. Il s'agit, bien entendu, d'une phase intermédiaire comme celle qui consiste à prendre conscience de la nature « politique » de l'art et de l'activité de l'artiste; cette phase s'intercale entre un processus artistique encore dominé par des idées élitistes et un art plus concrètement « démocratique ».

Cet art démocratique est à l'aval du confluent de plusieurs courants : tout d'abord celui du *Pop art* et de l'anti-art qui a été mis en valeur à Documenta 5 (Kassel, 1972) où l'on voyait en effet rassemblées au même niveau des démarches d'artistes conceptuels, de malades mentaux, de naïfs, de néo-dadaïstes, etc.; puis le courant qui se préoccupe des différentes phases de la participation du spectateur qui va de la participation ludique jusqu'au comportement autonome et à la créativité; ensuite les tendances « politiques » comme le néo-réalisme socialiste, l'art dans la rue et l'art de la propagande (le *Prop art*); enfin, les courants à l'échelle de l'environnement, venus du Bauhaus et du Constructivisme et que l'on a successivement appelés « Environmental art », « Public art » ou « Civic art ».

Mais, si la différence entre l'œuvre d'art faite ou à faire et le processus créateur se détermine par rapport à l'art conceptuel, à l'heure de l'anti-art, c'est à un stade ultérieur que sera résolue cette apparente contradiction, dans ce que nous avons appelé l'art démocratique, où les tendances à la participation et à la créativité à l'échelle environnementale dominent.

Cette hypothèse d'un art démocratique, où la responsabilité artistique est dévolue largement au public, trouve sa justification dans bon nombre de démarches artistiques auxquelles nous nous référons dans cette étude. Des artistes comme Agam, Ascott ou Lygia Clark ont, par exemple, tenté, très souvent avec des moyens ludiques, d'inciter le spectateur à l'action

---

13. Gilbert Lascault, dans l'article « Non-art » de l'*Encyclopaedia Universalis*, donne comme caractéristiques de cette tendance les points suivants : l'activité artistique n'est plus considérée comme normale et naturelle; le privilège donné à la vision est aboli; l'art n'est plus une activité séparée; les matières traditionnellement méprisées sont réhabilitées; la notion de travail artistique devient problématique; le marché de la peinture est attaqué, mais se défend bien; à l'horizon du non-art, il y a la fête.

et à la contemplation. Chez Agam, les thèmes « polyphoniques », successivement et simultanément linéaires, formels et structuraux, noir et blanc et chromatiques, ne se perçoivent qu'après une contemplation attentive et « psychologique » de l'œuvre, de même qu'après un mouvement « physique ». La fonction des œuvres « tactiles » ou des masques « sensoriels » de Lygia Clark ne se découvre qu'après l'aiguisement perceptionnel de plusieurs sens et une initiative réelle du « participant ». Ascott, de son côté, cherche à la fois une dimension « cybernétique » et pédagogique par un appel aux capacités combinatoires mentales du spectateur qui doit manipuler physiquement les éléments plastiques mis à sa disposition.

Un grand nombre d'artistes venant du Constructivisme, de l'*Optical art* ou du Cinétisme, appartenant à des groupes tels que le GRAV, le T de Milan, le N de Padoue, le groupe Zéro en Allemagne, ont mis l'accent sur cette double sollicitation du spectateur, tout comme des artistes individuels proches de la Nouvelle Tendance, ainsi que de plus jeunes artistes comme Pasquer, Colmenarez, Lucena, etc. A travers toutes ces démarches se fait jour à la fois un itinéraire physique qui va de la sollicitation ludique à la création collective ou individuelle et un itinéraire psychologique qui va de l'aiguisement de la perception visuelle à celle de tous les sens.

L'autre courant dont les propositions plastiques sont conçues à l'échelle de l'environnement (et qui mène également à l'art démocratique) reflète à sa manière cette dialectique féconde entre passivité et activité, poïétique et esthétique. Il se situe à la fois dans le contexte social du cadre bâti et dans celui de l'animation culturelle ou artistique.

Le spectateur qui se meut à l'intérieur de ce cadre subit en quelque sorte les propositions artistiques ou architecturales qui l'invitent à la contemplation. D'autre part, une activité culturelle dans ce cadre, et en rapport avec lui, devient par définition nécessaire si toutefois l'on présume que chacun nourrit des desseins et des aspirations esthétiques.

Ce sont surtout des architectes comme Buckminster Fuller, Yona Friedman, Peter Cook et le groupe Archigram qui se sont penchés sur le premier aspect « environnemental » de ce problème[14] tandis que des artistes comme Pillet et Dewasne se sont penchés sur le second[15].

14. *Cf.* Robert W. Marks, *The Dymaxion World of Buckminster Fuller*, New York, 1960; John McHale, *Richard Buckminster Fuller*, New York, 1962; Yona Friedman, *L'architecture mobile*, Tournai, Casterman, 1970; Yona Friedman, *Pour l'architecture scientifique*, Paris, Belfond, 1971; Peter Cook, *Experimental architecture*, London, Studio Vista, 1970; Justus Dahinden, *Structures urbaines de demain*, Paris, Chêne, 1972.
15. *Cf.* Jean Dewasne, *Traité de la peinture plane* (1949), Paris, 1972 et *Catalogue de l'exposition Dewasne, Kowalski*, organisée par l'ARC, Musée Picasso, Antibes, 1971; *cf.* également les peintures monumentales de Dewasne, *La longue Marche* et *Grenoble*, 1970 (surface : 1 200 m²).

Les premiers ont effectivement essayé de créer des environnements « passifs » (plus architecturaux et réels) tandis que les seconds ont essayé de créer des environnements « actifs » (plus artistiques et symboliques), selon les termes employés par François Loyer[16].

Toutes les tentatives comprises sous les termes de *public-art, civic-art,* art social, art mural « optique » (Anuszkiewicz, Morellet) ont porté sur une synthèse entre les deux aspects du problème en donnant cependant encore la priorité à l'intervention artistique dans le cadre bâti et à l'intégration sociale de l'artiste individuel, limitant le rôle du spectateur à la contemplation de ce cadre[17] ou, tout au plus, à une participation symbolique et éphémère aux « environnements » créés par les artistes. C'est le cas du Groupe Dvizenie à Leningrad, en 1967, à l'occasion des célébrations du cinquantième anniversaire de l'Union Soviétique et en 1970 à Moscou dans le cadre d'une exposition industrielle, ou encore à Kazan lors de l'exposition d'un projet pédagogique.

Seule une entreprise comme le City Arts Workshop à New York et ses « ethnic murals » a réellement tenté une synthèse entre l'activité et la passivité du participant. Là, en effet, la thématique est longuement élaborée en commun avant qu'une démarche collective ait effectivement lieu; le résultat est ensuite adopté par toute une communauté ethnique[18].

Si parfois ces « ethnic murals » s'opposent en quelque sorte à des « écritures » sauvages comme les graffiti, les deux expressions n'en sont pas moins des exemples typiques d'une créativité non-élitiste de valeur artistique certaine. Nous sommes là au cœur des tendances sollicitant à la fois le faire et la prise de conscience esthétique et sociale qui joue un grand rôle dans la naissance d'un art démocratique.

On pourra déceler d'autres signes de cet ordre dans des formes d'art actuel déjà mentionnées, telles les « actions », les expressions de participation sensorielle, etc., mais également dans de nombreuses tentatives polyartistiques, par exemple en Chine où les arts mineurs et les arts tradi-

---

16. François Loyer, article « Environnement », *Encyclopaedia Universalis*, 1970.

17. François Morellet a créé un « environnement optique-cinétique » sur les murs du Plateau Beaubourg à Paris en 1970-71, tandis que City Walls Incorporated, organisation née sous l'égide des autorités municipales de New York, a déjà pu terminer une vingtaine de projets de peinture murale abstraite grâce au concours d'artistes comme Anuszkiewicz, Tania, Allan d'Arcangelo, etc.

18. Le City Arts Workshop, sous la direction de Susan Shapiro-Kiok, est à l'origine d'une dizaine de projets dans les quartiers les plus défavorisés de New York. Il a créé, avec la participation de groupes de jeunes Noirs, Porto-Ricains, Chinois, etc., des peintures murales collectives intitulées *Anti-drug mural, Rise up from oppression, History of Chinese immigration to the U.S.A.*, etc. Des organisations similaires existent à Boston, à Chicago et sur la côte Pacifique des Etats-Unis.

tionnels (ballet, opéra, Cirque de Pékin, théâtre, etc.) sont mêlés aux innovations « idéologiques ».

Dans l'hypothèse où la créativité et la responsabilité de nouvelles
couches de la population seront en augmentation croissante, on pourra
assurer que les innovations artistiques se feront également plus nombreuses.
Si le processus créateur reste imprégné par cette double sollicitation à la
réflexion et à la création, on peut même prétendre qu'il s'agira là d'un
véritable art populaire qui tournera le dos à la tentation de la facilité et du
sentiment médiocre, à la répétition et au *Kitsch* par exemple.

Si le nouveau rôle du public reste un peu négligé dans l'art conceptuel
(les « actions » mises à part), ce sont néanmoins les tenants de cet art qui
ont, involontairement sans doute, fait ressortir l'idée que le théoricien peut
entrer dans le processus esthétique au même niveau et en même temps que
l'artiste. Si la production d'*objets* d'art dans un art démocratique devient
ainsi une chose tout à fait secondaire, si l'artiste se borne au rôle de lanceur
d'idées, l'esthéticien, lui, peut entrer pour la première fois dans ce processus
à la fois physiquement et mentalement pour participer à une esthétique et
à une poïétique communes.

On peut, à ce point, se demander s'il convient effectivement de séparer
les concepts de poïétique et d'esthétique?

La poïétique a été définie par Passeron comme « l'ensemble des études
qui portent sur l'instauration de *l'œuvre* et notamment de *l'œuvre d'art* ».

Quand on se place d'abord dans l'optique du seul non-art (et non pas
de l'art démocratique en général), l'esthétique et la poïétique sont une
seule et même chose. L'esthétique et la poïétique vont donc de pair avec
la création et en sont souvent synonymes. Si l'œuvre et la démarche fonc-
tionnelle tendue vers un but disparaissent largement dans l'anti-art, l'esthétique, comme la « science de l'œuvre », n'a plus de raison d'être indépendante. Une définition de la poïétique en tant qu'étude de *l'œuvre* en train
de se faire (Valéry) ne peut pas non plus être acceptée car elle comporte le
terme « d'œuvre » dans son énoncé.

Puisque dans certaines formes de l'art conceptuel les attitudes deviennent formes et la forme cède le pas à l'idée, la disparition de l'objet est
suivie, au moins dans les intentions des artistes, par la disparition de l'événement analysable, utilisable et consommable[19].

19. Grégoire Muller a pu écrire en février 1969, à propos de l'exposition « Quand les
attitudes deviennent formes » tenue à la Kunsthalle de Berne : « La plupart des artistes de
cette exposition rejoignent, pour d'autres raisons, leurs positions : leur travail se fait partout et
n'importe où, dans les journaux, sur les murs des villes, dans le sable, dans la neige...; n'importe qui peut refaire certaines de ces , œuvres ', d'autres sont intransportables, périssables,
invendables, d'autres encore invisibles et connues uniquement par un reportage... avec ce
nouveau mouvement, l'art s'est libéré de tous ses carcans! »

En réalité, ces intentions ne sont pas toujours suivies d'effets, comme nous l'avons déjà indiqué, car ces formes sont « récupérées » en tant que « traces » commerciales et publicitaires qui facilitent la mise en valeur de l'artiste avant et après ses « performances », actions, etc.

La tentative de remplacer l'œuvre dans l'anti-art par le néant a donc échoué faute d'une appréciation adéquate de la situation esthétique, productive et sociale. C'est justement là que l'esthéticien aurait dû, ou pourra encore, intervenir.

Si l'on se place maintenant du point de vue d'un art démocratique en train de naître, où les leçons de l'anti-art, de l'art social, du post-constructivisme, de l'art de l'environnement et de la participation du spectateur ont été retenues, le double rôle de l'esthéticien comme « créateur » et « penseur », au sein d'une équipe pluridisciplinaire, devient évident. Puisque c'est à la fois la sollicitation et l'action de « participants » engagés dans un processus actif et contemplatif, physique et psychologique qui engendrent ce nouvel art, l'esthéticien, à son tour, entre de plain-pied dans le processus créateur avec les artistes et le public participant.

Mais que devient dans ce contexte l'opposition entre l'œuvre d'art finie et le processus créateur?

Dans les formes d'art que nous avons répertoriées plus haut, l'ancien carré œuvre d'art/artiste/spectateur/théoricien a complètement changé d'aspect. Il s'agit maintenant d'un effort commun dans l'expression et l'activité. Les leçons théoriques font partie intégrante de cette pratique car on peut y parler de créativité au sens large qui englobe la poïétique et l'esthétique.

Cette créativité se retrouve-t-elle dans des formes artistiques aussi diverses que les graffiti, la peinture murale ethnique, les actions ou les dernières formes de participation sensorielle du spectateur? Et quelle est sa finalité?

Il semble bien que ce soit celle de la communication dans un lieu et pour un temps bien déterminés. Bien plus qu'un objet ou qu'une œuvre d'art, ce « signe » n'est autre que la parcelle, tangible ou intangible, d'une pensée et d'une activité créatrices qui touchent à l'existence et à la vie de chacun des participants, c'est-à-dire de chacun de nous.

LA NOTION D'ŒUVRE

PAR ÉTIENNE SOURIAU

La notion d'œuvre est sans doute au centre de la crise actuelle, sinon de l'esthétique, du moins de la problématique de l'art. Elle est peut-être l'illustration la plus saisissante de cette crise. En effet, dans le monde présent, on discerne aisément deux attitudes tout à fait contraires, mais également actuelles, concernant la place à donner à cette idée d'œuvre.

D'un certain point de vue, la pensée actuelle semble valoriser l'idée d'œuvre en opposant fortement la subjectivité de la création artistique à l'objectivité de son résultat. C'est ainsi que l'esthétique psychanalytique, surtout sous sa forme freudienne, est véritablement fondée sur cette opposition. Freud écrivait (*L'intérêt de la psychanalyse*, p. 247) : « La relation qui existe entre les impressions d'enfance de l'artiste, le cours de son existence et ses œuvres en tant que réactions sur ces excitations est un des objets les plus attrayants de l'examen psychanalytique ». D'autre part, dans les programmes des manifestes artistiques du temps présent, on entend souvent l'artiste déclarer que l'aspect subjectif de ses œuvres ne l'intéresse pas et qu'il considère seulement celles-ci comme des propositions artistiques mises à la disposition du public et d'ailleurs modifiables par celui-ci. Enfin, dans l'esthétique musicale en particulier, on voit des représentants des attitudes les plus récentes employer avec prédilection, pour désigner l'œuvre musicale, l'expression d' « objet sonore », comme font Pierre Schaeffer, John Cage, Goléa, Moles ou Xenakis, insistant ainsi sur le caractère « chosal » de l'œuvre musicale et son existence en quelque sorte autonome, bref son autarcie.

Mais un autre courant, non moins caractérisé, tend au contraire à dévaloriser cet aspect autarcique et objectif des résultats de l'action artistique, et à leur refuser son intérêt. Ce mouvement est assez complexe (il n'en est que plus fort). On peut y discerner les facteurs suivants.

D'abord les courants dérivés du dadaïsme, et qui se rattachent à ceux qui développent le thème de la mort de l'art, tendent à s'opposer à l'idée d'œuvre comme entérinant et sclérosant des préjugés, ceux notamment qui réservent le nom d'œuvre d'art à certains produits conventionnels de l'action humaine, enfermant ainsi l'artiste dans des cadres pré-fabriqués, contre lesquels s'insurgent toutes les tentatives vraiment neuves et révolutionnaires. Il y a sans doute là une sorte de méprise ou de porte-à-faux, car au fond ce n'est pas l'idée d'œuvre, c'est l'idée d'art que l'on soumet ainsi à critique. Néanmoins, on pose ainsi le problème de l'œuvre.

D'autre part, des raisons d'ordre scientifique et anthropologique apportent leur appui à cette attitude. Ceux qui étudient l'art des primitifs et en particulier l'art préhistorique ont remarqué depuis longtemps que les artistes primitifs, imbus de l'idée de la puissance magique de l'art, considèrent que dans l'effectuation d'un dessin ou d'une sculpture ce qui importe c'est l'action créatrice qu'on fait ainsi, et non les résultats de celle-ci quand l'acte est terminé. C'est ainsi qu'on explique les superpositions de dessins ou de peintures qu'on observe souvent dans l'art des cavernes : l'artiste magdalénien, par exemple, tracera sur une paroi de caverne l'image d'un ours ou d'un rhinocéros sans paraître faire aucune attention à une image antérieure qui se trouvait déjà tracée sur la même paroi, de sorte que cette superposition de deux dessins indépendants engendre pour la vue confusion et incertitude. C'est que, redisons-le, c'est l'acte de tracer, et non le résultat visible, qui constitue le rite.

Remarquons que cette interprétation n'est pas uniformément admise. Certains théoriciens de l'art pariétal, parmi lesquels il faut citer avant tous M. Leroi-Gourhan et Mme Empéraire-Laming, assurent au contraire que ces superpositions sont signifiantes et notamment qu'en les étudiant du point de vue statistique, on constate qu'elles ne sont pas fortuites mais qu'elles répondent à des assemblages voulant exprimer des rapports. Il n'en est pas moins vrai que toute interprétation magique de l'art tend à donner plus d'importance à l'acte créateur qu'au résultat permanent et postérieur à cet acte. On sent assez qu'il est facile et tentateur également de développer ces idées dans le sens d'une supériorité du dynamique sur le statique.

Enfin, il s'établit facilement une sorte de collusion entre ces idées et les orientations théâtrales dont l'idée de *happening* est l'illustration, qui préconisent une activité artistique totalement libre, se développant en toute spontanéité, sans aucune préoccupation de faire œuvre, c'est-à-dire en écartant totalement le point de vue « poïétique »; autrement dit en refusant de subordonner l'action artistique à l'obtention d'un résultat préalablement défini en son genre.

La pensée contemporaine est donc comme écartelée entre deux attitudes inverses à ce sujet.

Dans ces conditions, il semble que chacun en soit réduit à se décider par une pure option, plus ou moins décisoire. Mais on peut du moins, et c'est ce que je voudrais tenter, poser avec précision le problème et comprendre l'option dont il s'agit, en discernant nettement sa nature et ses conséquences.

Pour cela, il faut remonter très haut dans la problématique de la question; car elle est très ancienne et, comme nous allons le voir, les attitudes contemporaines sont dessinées depuis bien longtemps dans l'histoire des idées. Nous verrons d'ailleurs que ces idées élargissent leur domaine non pas seulement aux problèmes esthétiques mais à des questions d'ordre moral, métaphysique et même théologique, par suite de ce parallélisme esthético-théologique que certains théoriciens américains considèrent comme un retard culturel (*cultural lag*), mais qui répond à des faits positifs.

Il nous faut remonter jusqu'à Aristote, qui a traité le problème de l'œuvre. Chose intéressante, ce n'est pas dans sa *Poétique*, c'est dans sa *Métaphysique*. Il s'agissait pour lui de préciser des notions que la terminologie grecque usuelle laisse indécises. En effet, œuvre se dit en grec *ergon*, mais le mot est équivoque car il signifie aussi bien l'ouvrage fait que le travail par lequel on le fait. C'est pourquoi Aristote précise les idées grâce à l'opposition des deux verbes *poïein* et *prattein*, faire et agir. Le faire est caractérisé par la présence du *poiema*, la chose faite. L'extériorité de l'œuvre est d'autant plus fondamentale ici que la notion de faire ne se caractérise pas seulement par opposition avec l'idée d'agir, mais aussi par opposition avec l'idée d'une genèse, d'une advenue à l'existence par suite d'une *physis*, d'un processus naturel. Qu'est-ce qui caractérise l'œuvre d'art dans son opposition avec l'objet naturel? C'est que l'œuvre d'art a sa cause formelle hors d'elle-même. La graine qui germe a en elle-même la cause formelle de la plante qui va pousser. Mais la statue n'a pas en elle-même la cause de sa forme : c'est la volonté de l'artiste qui lui impose cette forme. C'est ce double contraste avec la genèse naturelle et avec l'action qui n'instaure rien en dehors d'elle-même par où se définit la poïétique.

Remarquons d'ailleurs que la question est plus complexe encore et qu'Aristote y introduit de la souplesse par l'idée (qui aura de grands développements dans le stoïcisme) de l'*oikeion ergon*. La statue est distincte du statuaire, mais le statuaire en tant que tel a une sorte de prédestination à faire la statue. Dans un autre domaine, on dira que la santé du malade est l'*oikeion ergon* du médecin. Aristote précise : la statue du médecin est inapte à guérir le malade, de même que la main de la statue est impuissante à écrire ou à manier un objet. Mais la main vivante est apte par une sorte de prédestination à écrire ou à manier les objets.

Tel est le système de notions par lequel Aristote enserre et systématise les problèmes de la poïétique.

Une étape fort intéressante se dessine ensuite avec le stoïcisme. A dire vrai, cette école a évolué en face de ce problème. Le stoïcisme ancien et moyen, Chrysippe par exemple, expulsait l'idée d'œuvre de ses préoccupations en vertu de ce principe que l'œuvre étant extérieure rentre dans le domaine des choses indifférentes, puisqu'elles ne dépendent pas de nous. Mais le stoïcisme terminal, nommément avec Epictète, remarque tout au contraire que ce sont les œuvres qui dépendent de nous. L'historien de la philosophie allemand, Heinrich Ritter, a vu là une véritable révolution intérieure du stoïcisme, en quoi il a peut-être exagéré, mais il y a des textes positifs d'Epictète, notamment le début du *Manuel*, qui affirment nettement ces positions : « Il y a, dit-il, ce qui dépend de nous, il y a ce qui ne dépend pas de nous. Dépendent de nous l'opinion, la tendance, le désir, l'aversion, en un mot toutes nos œuvres propres; ne dépendent pas de nous le corps, la richesse, les témoignages de considération, les hautes charges, en un mot toutes les choses qui ne sont pas nos œuvres propres » (trad. J. Pépin). On constate sans doute que les œuvres dont parle ici le philosophe ont un caractère intérieur et subjectif. Il n'en est pas moins vrai que l'idée d'œuvre, ainsi conçue, devient fondamentale; on peut rapprocher de cette sorte de révolution intérieure du stoïcisme la fameuse formule qui prescrit au Sage de « sculpter sa propre statue ». Le stoïcisme, puissante doctrine qui n'a peut-être pas encore dit son dernier mot, pose ainsi une conception instaurative de la liberté, d'une portée remarquable.

Pour l'étape suivante, il nous faudrait parler du christianisme, mais ce n'est pas encore le moment de le faire avec fruit, car, bien que l'idée d'œuvre ait donné lieu dans le christianisme, comme nous le verrons tout à l'heure, à une problématique conflictuelle, les conflits qui en dépendent ne se sont développés que longtemps après, vers le temps de la Réforme. Passons donc directement maintenant à la philosophie scolastique et à Thomas d'Aquin. On doit en effet noter ici son importante conception de l'art, qu'il définit comme « la droite déduction de l'œuvre à faire ».

Cette conception, très riche de contenu, répond à deux aspects de la question, l'un transitoire et tout d'époque, l'autre fondamental et perpétuel.

L'aspect d'époque c'est le rapport d'une telle formule avec la philosophie du style nommément gothique. Soulignons en effet que la philosophie thomiste et l'éclosion du style gothique sont étroitement liées. En vertu de la loi très générale de la précédence de l'art par rapport à la philosophie, on doit noter que les grandes cathédrales gothiques font éclater ce style architectural nouveau antérieurement à la date (1257) où Thomas, devenu docteur, commence à enseigner. Le chœur de Saint Denis est de 1144, la cathédrale de Canterbury de 1174, celle de Magdebourg de 1209. Si donc la cathédrale gothique est déjà instaurée dans ses formes fondamentales à l'époque où Thomas d'Aquin commence sa carrière philosophique, il n'y a pas moins un lien très étroit entre ces deux sortes d'œuvres. On peut dire que, dans toutes ses formes, l'architecture gothique procède de cette idée que l'analyse est instaurative. L'œuvre gothique procède de l'analyse précise des forces qui se développent dans l'édifice de la cathédrale, de la mise en évidence du principe architectonique qui se dessine ainsi, et du soin de présenter distinctement chacune de ces forces dans les structures qui les mettent en œuvre. Il n'est pas nécessaire d'expliquer longuement comment la méthode scolastique dont la *Somme Théologique* est la mise en œuvre procède exactement de même, illustre le même principe de considérer l'analyse comme instaurative.

Ceci, c'est la philosophie du style gothique : l'œuvre peut être déduite. Mais, dans une perspective temporellement beaucoup plus large, il faut être attentif à l'importance de cette notion d'*œuvre à faire*. Nous avons vu déjà que, dans les courants contemporains hostiles à l'idée d'œuvre, on discerne une attitude qui tend à rejeter cette notion en raison du statisme de l'œuvre faite, auquel on oppose l'attitude active et inventive qui seule conviendrait à l'artiste digne de ce nom. Mais cette opposition cesse d'être légitime dès le moment où l'on a compris et bien posé, une fois pour toutes, que la notion d'œuvre doit s'entendre, sinon exclusivement tout au moins par privilège, de l'œuvre à faire. Aucune esthétique attentive au fait de poïétique ne peut se désintéresser du problème de connaître et de définir le mode d'existence de l'œuvre à faire.

Vers l'époque de la Renaissance, un fait important se produit par rapport à l'idée d'œuvre, fait dont on pensera peut-être qu'il appartient exclusivement au domaine théologique et ne peut nous intéresser. Ce serait une erreur : nous aurons l'occasion de voir qu'il y a des communications certaines ici entre ces deux domaines. Il s'agit du rôle de l'idée d'œuvre dans la Réforme luthérienne. Sans doute du point de vue de la discipline de l'église ou de ses activités sociales bien des faits sont intervenus pour établir la scission qui a abouti à la Réforme. Mais, du point de vue dogmatique, c'est essentiellement sur la notion d'œuvre qu'a eu lieu la rupture. S'appuyant sur l'affirmation paulinienne de la justification par la foi, Luther a proclamé l'inutilité des œuvres, tandis que l'Église catholique, notamment au Concile de Trente, s'appuyant sur l'épître de Saint Jacques, a décrété dogmatiquement que la foi ne peut sauver l'homme sans les œuvres et que la foi qui ne produit point d'œuvres est morte. « Comme le corps sans âme est mort, ainsi la foi sans les œuvres est morte » (épître de Saint Jacques, II, 26).

Évidemment, il s'agit ici d'un problème tout autre que le problème esthétique. Mais, soyons-en sûrs, ce n'est pas un simple hasard si, au temps du romantisme, les plus fortes attaques contre l'idée d'œuvre en art se sont produites en pays luthérien, c'est-à-dire là où les esprits étaient déjà accoutumés à entendre faire, dans le domaine religieux, la critique de l'idée d'œuvre.

Venons-en en effet au romantisme. C'est ce grand mouvement de la pensée qui a nettement commencé à dessiner la critique de l'idée d'œuvre dont les faits contemporains que j'ai cités en commençant ne sont que la dernière vague. Vague décumane assurément, mais dont l'origine est bien nettement située à l'époque romantique.

Déjà l'esthétique de Kant met fortement en question l'idée d'œuvre en mettant en question l'idée aristotélique de l'œuvre d'art opposée, du fait de l'extériorité de la cause formelle, à une genèse naturelle. Le génie, selon Kant, c'est le moyen par lequel la nature donne des lois à l'art. En s'avançant plus loin dans cet ordre d'idées, le romantisme tend de plus en plus à délivrer l'homme de génie de toute obsession de faire œuvre, et à lui conseiller de s'abandonner purement et simplement à ce que Schlegel en particulier finira par assimiler à une sorte de vie végétative. *Nur ein reines Vegetieren*, dira-t-il dans son célèbre roman de *Lucinde*. Il y soutiendra expressément que l'ambition de faire œuvre est bien inutile dans un monde où la beauté est déjà répandue à profusion. La véritable *génialité* consiste dans une libération complète de la pensée, libération qui d'ailleurs, chez Schlegel, postérieurement à *Lucinde* (1799), finit par la recherche d'une unité infinie, en sorte que l'élan initial, qui est purement et simplement celui du *Sturm und Drang*, finit par aboutir à une sorte de quiétisme assez voisin du gnosticisme. On trouve dans l'esthétique contemporaine des positions très voisines de celle-là : celles qui, s'appuyant notamment sur l'idée d'expression, tendent à faire de la création artistique une sorte de récupération et de manifestation d'un fait de nature, situé en profondeur à la racine de l'œuvre.

Un autre thème romantique qui fortifie le dédain des œuvres, c'est la théorie de l'universalité du génie : l'homme de génie n'est pas spécifiquement un peintre ou un poète ou un sculpteur. Il peut être à volonté tout cela. Et il peut aussi manifester sa génialité dans une existence d'action pratique, par exemple de révolte contre la société, à la manière du Brigand de Schiller ou du Corsaire de Byron. Les ambitions politiques qui ont tourmenté tant d'artistes romantiques jusqu'au milieu du XIXe siècle étaient fortement soutenues par cette idée de l'aptitude du génie à toutes choses, sans qu'il soit astreint à aucune tâche spécialisée. On retrouve d'ailleurs cette grande thématique romantique de la liberté du génie par rapport à l'idée d'œuvre dans le romantisme français. Lamartine écrivait, dans une lettre privée qui est du 13 novembre 1818 : « Je pense que les beaux ouvrages sont en puissance dans l'âme, et que peu importe qu'ils en sortent ou n'en sortent pas ». Il est vrai qu'il écrivait cela antérieurement au moment où il devait s'affirmer de façon éclatante comme poète.

On trouvera chez Alfred de Musset un document bien curieux, dans cet ordre d'idées : c'est le poème intitulé *Après une Lecture*, qui est daté de 1842. Musset y expose sa conception du poète authentique, par opposition à un certain type de grand homme littéraire que les contemporains de Musset ont cru avec malignité répondre au Victor Hugo de l'époque. Du poète authentique, Musset fait une description dont on remarque qu'elle est purement caractérielle : il sort seul au hasard, chantant quelque refrain :

> Plus fou qu'Ophélia de romarin coiffée
> Plus étourdi qu'un page amoureux d'une fée...

il doit, durant les nuits brûlantes,

> Se lever en sursaut, sans raison, les pieds nus,
> Marcher, prier, pleurer des larmes ruisselantes...

chose curieuse, Musset n'omet qu'un point dans cette description, c'est le besoin que peut avoir le poète d'écrire des poèmes. Nous sommes encore ici dans le pur romantisme.

Au cours du XIXe siècle, on peut encore noter des flux et des reflux de cette problématique. Balzac parle pour l'œuvre (on s'étonnerait du contraire), notamment dans le *Chef-d'œuvre inconnu*, où le peintre de génie dit à son disciple : « Vois-tu, petit, il n'y a que le dernier coup de pinceau qui compte ». Songeons encore à Flaubert disant que chaque œuvre a sa poétique propre à trouver. Le cas de Croce se rattache nettement au romantisme : pour lui l'œuvre est essentiellement intérieure. Rien n'est plus stupide, pense-t-il, que d'accorder une place à la matière dans l'art (sauf une exception que je signalerai tout à l'heure). Quant à Nietzsche, Andler, commentant son *Gai Savoir*, écrit que pour lui « l'art n'a pas pour fin de laisser des œuvres que le temps effrite, mais de créer des artistes en tous les hommes et d'éveiller dans le vulgaire le génie endormi ». Néanmoins, ceux, notamment parmi les esthéticiens, qui ont valorisé l'idée d'œuvre sont encore nombreux. Henri Delacroix disait en une formule très prégnante : « le poète vise le poème »; formule dont je pense qu'on peut parfois la renverser et dire : « le poème vise le poète ». Alain mettait aussi au premier plan cette idée d'œuvre. Enfin, c'est dans le même sens que se présente la phrase de Marcel Proust selon laquelle : « ce qu'on appelle la postérité, c'est la postérité de l'œuvre. Il faut que l'œuvre... crée elle-même sa postérité ».

On voit par cet exposé, peut-être trop long, comment s'est engendrée la situation conflictuelle du temps présent telle que nous l'avons exposée au début. Mais tout ceci nous fournit peut-être aussi des matériaux pour aider à faire en toute lucidité l'option dont nous avons envisagé la possibilité.

Rejeter entièrement la considération de cette idée d'œuvre, c'est répudier aussi toutes les forces vives qui sont attachées à cette considération de l'œuvre.

Car, enfin, on se tromperait entièrement en opposant un prétendu statisme de l'œuvre au dynamisme de l'action artistique libérée de cette considération. Certaines puissances sont inhérentes à l'œuvre. J'en signalerai trois principales.

La première, je l'appellerai la puissance interrogante de l'œuvre. S'il y a, comme le propose l'hypothèse, une sorte sinon d'opposition du moins d'affrontement de l'homme et de l'œuvre, l'œuvre exerce fortement sur l'homme ce pouvoir d'interrogation. Elle l'exerce dès le début de la création, quand l'œuvre à faire est encore toute problématique. Non rarement, l'œuvre comporte un programme, c'est-à-dire un problème précis à résoudre, dont les données sont posées d'avance. L'édifice doit s'élever en tel lieu, sur tel terrain, dans la cité ou dans un site. L'œuvre dramatique devra être représentée tel jour à tel endroit devant telle société. Et ainsi de suite.

Mais à mesure que le travail avance, et que l'œuvre à faire est déjà l'objet d'un engagement pratique plus ou moins avancé, l'acuité de cette attitude interrogante n'en devient que plus forte. Après tel accord musical il faut trouver un autre accord qui s'enchaîne avec lui. Après que le premier vers du poème est écrit, ce vers que les dieux donnent gratuitement selon Valéry, le second vers c'est à nous d'y subvenir. A chaque étape de la réalisation, l'artiste fait une proposition que l'œuvre accepte ou rejette : la marche de l'œuvre à faire vers l'existence continue à être un triomphe ou se solde par une catastrophe. Expérience d'autant plus pathétique qu'ainsi, à chaque nouvelle démarche de la création, tout est remis en question.

Une des formes les plus curieuses et les plus importantes de cette interrogation perpétuelle de l'artiste par son œuvre en chantier, c'est l'inspiration tirée de l'esquisse, du premier jet. C'est un fait que, bien souvent dans la création artistique, le génie est le fait du troisième souffle. J'en pourrais donner beaucoup d'exemples, ainsi les *Trois Faunes* que Mallarmé a réalisés successivement, et dont le dernier seul est génial. Mais un des exemples les plus purs que je connaisse, c'est le cas du *Chiron* de Hölderlin. Le premier état de l'œuvre est un poème d'une inspiration très peu originale, mais en prise directe sur la réalité : le poète au terme d'une longue nuit d'insomnie attend avec impatience l'aurore. Plus tard il se relit, et l'idée lui vient alors d'une transformation qui donne un bel élan en hauteur à l'œuvre : cette attente du jour se fondra avec une attente de la mort. Enfin, vient la troisième étape, celle seule qui a véritablement génialité : Chiron, le centaure blessé, est immortel. Dans sa souffrance, il appelle avec nostalgie l'impossible mort. Et ce désir de la mort chez l'immortel constitue en même temps une puissante justification de la mort dans le destin du mortel. Or, il est très clair que Hölderlin n'avait d'abord nullement songé à ceci. C'est à la lecture du premier état, non génial, de l'œuvre, qu'il a compris brusquement la possibilité de donner à l'œuvre une sorte d'élan, comme ce coup de pied au fond de l'eau de l'homme qui se noie et se rejette ainsi vers la hauteur : l'œuvre prend soudain une magnification qui la transforme et que seule l'esquisse ou l'ébauche a laissé entrevoir comme une transfiguration possible. Deviner dans l'œuvre encore confuse les délinéaments mal prononcés encore d'une œuvre plus belle et plus grande, c'est l'opération de cette inspiration par l'œuvre au chantier qui est un grand phénomène poïétique.

Le second des grands pouvoirs qu'il faut reconnaître à l'œuvre de par son extériorité et son objectivité, c'est son pouvoir médiateur. Quand Lamartine déclarait qu'il était indifférent que les œuvres sortent ou non de l'âme de leur auteur, il avait peut-être raison d'un point de vue tout égoïste. Encore est-ce douteux. L'orgueilleux sentiment de porter en soi une grande œuvre repose bien souvent sur une illusion. Le plus souvent il ne s'agit là que de vagues rêveries, qui sans doute ont le charme du *non finito* et du vaporeux, mais où l'on se berce d'un enchantement intérieur d'assez mauvais aloi. L'obligation d'extérioriser est souvent aussi une obligation d'être exigeant envers soi-même. Mais, quoi qu'il en soit sur ce point, en tout cas l'œuvre extériorisée est une œuvre partagée. Et n'oublions pas que la jouissance de l'œuvre d'art est une sorte de modèle pour la possession collective des biens. C'est là que nous retrouvons cette exception que faisait B. Croce quant à la subjectivité essentielle, selon lui, et à l'immatérialité de l'œuvre d'art. L'artiste, disait-il, était amené à matérialiser son œuvre et à l'extérioriser par une certaine générosité qui le conduisait à la partager. C'est ainsi qu'il reniait partiellement son idéalisme, au nom d'une générosité dont la valeur est en effet indéniable. La « chose de beauté » n'est pas seulement « une joie pour toujours », comme a dit John Keats, c'est aussi une joie pour tous. Et c'est enfin une force pour tous : nous avons vu avec Proust que c'est l'œuvre elle-même qui forme sa postérité. C'est également un fait positif que les grandes œuvres délivrent perpétuellement de nouveaux messages, qui n'ont pu être conçus par leurs premiers auteurs. C'est du point de vue de la poïétique un fait très grand et très important que l'on constate, en constatant que le pouvoir innovateur et instaurateur peut être exercé par l'œuvre même lorsqu'elle est entièrement détachée de son auteur et d'une façon qui, bien souvent, dépasse et surpasse les forces propres de cet auteur. Je ne dois pas dissimuler, d'ailleurs, que ces sortes de constatations sont en opposition avec certains aspects contemporains de l'idée d'expression. Les partisans de cette notion posent d'une façon générale que tout ce que l'on constate dans l'œuvre a dû exister préalablement et même originellement dans l'âme de son créateur, l'œuvre permettant seulement la reconstitution dans l'esprit du spectateur ou de l'auditeur de tout ce contenu originel de l'âme de l'auteur. Quiconque scrute de bonne foi ces questions devra au moins reconnaître qu'il y a là un problème digne de réflexion et de méditations. Je l'ai dit dès le début de cette étude : elle ne peut être fructueuse que si elle conduit à voir lucidement comment les problèmes se posent.

Et la dernière puissance que je signalerai ici comme inhérente à l'œuvre, c'est ce que j'appellerai sa puissance ontique, c'est-à-dire sa puissance d'exister intensément et d'exister comme une existence justifiée. Car une œuvre d'art digne de ce nom est celle qui répond à la grande interrogation : pourquoi ces choses et non d'autres? Permettez-moi de redire une chose que j'ai dite souvent, mais que je ne puis me lasser de redire : s'il n'existait en ce monde que des êtres comme la Victoire de Samothrace, la cathédrale de Reims ou l'Étude sur les touches noires, nous ne nous demanderions pas pourquoi quelque chose est, ni pourquoi ces choses et non pas d'autres.

Cette puissance de présence éclatante se manifeste évidemment dans une expérience directe aussi bien que dans les expériences indirectes qui révèlent les différentes intensités d'existence. C'est pourquoi il est si utile d'être attentif à cette réalité, même purement matérielle, de l'œuvre d'art. Baudelaire, vous le savez, dénonçait l'infériorité d'un monde où l'action n'est pas la sœur du rêve. Or, l'action même de l'œuvre d'art est sœur du rêve en ce sens que rêve et action y sont indissolublement liés. Tandis que les rêves de nos nuits constituent un monde labile et évanescent, les rêves que l'art a formés ont une indubitable puissance de réalité. Ils sont parmi les hommes et ils y œuvrent. Et je crois que cette puissance active de justification de soi qu'a l'œuvre d'art apporte la solution d'un problème qui pour être esthétique n'en a pas moins un aspect moral indubitable. Vous le savez, Kant disait qu'un homme doit considérer l'humanité en lui comme une fin et jamais comme un moyen. Or, on peut reprocher à l'artiste — et l'artiste doit avoir une inquiétude de ce côté — qu'en se faisant le serviteur de l'œuvre, en se laissant exploiter par elle, en soumettant tout son être à la servir, il commet ce qui constitue le péché fondamental selon Kant : il n'est plus que moyen pour une fin extérieure à lui. Mais, dès le moment où l'existence de l'œuvre se justifie par elle-même, elle justifie aussi l'homme qui ordonne sa vie et son action vers cette œuvre; loin de s'y diminuer ainsi, il s'agrandit de toute la valeur de l'œuvre. Ajoutons encore le rapport fondamental de cette puissance ontique de l'œuvre avec l'idée de vérité. Ce n'est pas sans raison que Heidegger en fait le rapprochement : « Un des modes, dit-il, dans lesquels la vérité se déploie, c'est l'être-œuvre de l'œuvre. »

Il me semble, pour terminer, que de telles considérations ont au moins le pouvoir de rendre lucide l'option que les temps contemporains somment l'artiste d'effectuer. Il ne s'agit pas, pour l'artiste d'aujourd'hui, de savoir s'il limitera ses forces et sa liberté en les inféodant à l'idée d'œuvre, mais s'il les augmentera de toutes les forces qui rendent l'œuvre active.

F.D. IMPRIMERIE ALENÇONNAISE
RUE ÉDOUARD-BELIN, 61002 ALENÇON
Dépôt légal : 1er trimestre 1975, n° d'ordre 83056